Helmut Krauss

Optimist im Leben
Die Biographie

Aus dem Leben eines Blinden
aus Siebenbürgen

Bibliografische Information
der Deutschen Nationalbibliothek:
Die Deutsche Nationalbibliothek verzeichnet diese
Publikation in der Deutschen Nationalbibliografie;
detaillierte bibliografische Daten sind im Internet über
http://dnb.dnb.de abrufbar.

© 2015 Helmut Krauss
Herstellung und Verlag:
BoD – Books on Demand, Norderstedt

ISBN: 978-3-7347-5176-9

„Das Ziel des Schreibens ist es, andere sehen zu machen." (Joseph Conrad, 1857-1924)

> # 1. TEIL

1.

Es geschah in den Jahren, als ich noch zu klein war, um vom Leben eine andere Vorstellung zu haben als die, den ganzen Tag auf den Straßen herumzutoben und vom frühen Morgen bis zum späten Abend durch die Gemeinde zu laufen und die Gegend unsicher zu machen. Und so verging die Zeit sehr schnell, ein Tag nach dem anderen, Woche um Woche, schließlich flogen Monate und Jahre dahin. So unbemerkt und schnell vergingen auch die Jahreszeiten, die uns Kindern sehr viel Freude bereiteten, jede von der Natur mit der ihr eigenen Schönheit bedacht. Der Frühling war für uns Kinder von sehr großer Bedeutung, denn die Tage wurden länger und die Nächte kürzer, und so konnten wir länger draußen spielen. Die Sonnenstrahlen wurden von Tag zu Tag wärmer, und der Winter verabschiedete sich allmählich, Schnee und Eis und deren unheimlichen Zauber mitnehmend. Die Natur ging im Frühling mit ihrer Schönheit sehr verschwenderisch um. Der Boden eroberte von Tag zu Tag seine zauberhafte Schönheit zurück. Die Flüsse schwollen an unter einem strahlend blauen Himmel, und wir Kinder beobachteten das zauberhafte Aufblühen der Natur mit großem Erstaunen und in stiller Andacht. Die ersten Anzeichen des Frühlings, Zeit der Hoffnung und des neuen Lebens, wurden immer sichtbarer, und auch den Blumengeruch nahm man immer häufiger wahr. Überall sprossen Schneeglöckchen und blaue Veilchen aus der Erde, und wir Kinder sammelten sie mit großer Freude und steckten sie in ein Wasserglas, damit sie länger hielten. Weil sie eine so schöne blaue Farbe hatten, wurden sie von unseren Müttern bei der Färbung von Ostereiern eingesetzt.

Die Tage wurden wärmer, die Nächte milder, und so begann für die Bauern nach der Winterpause eine Zeit fieberhafter Geschäftigkeit im Garten und draußen auf dem Feld, vom frühen Morgen bis zum späten Abend. Soweit das Auge reichte, konnte man Bauern sehen, die ihren Boden bewirtschafteten, und ihr Pflug wurde von Pferden, Ochsen, Büffeln oder Kühen gezogen. Einer war fleißiger als der andere, als befänden sie sich im Wettstreit miteinander, als wollte einer dem anderen zeigen, wie man all diese Arbeit am besten bewältigen und wie man sich in der Landwirtschaft eine günstige Wetterlage zunutze machen konnte.

Am späten Abend kehrten die fleißigen Bauern dann nach einem langen Arbeitstag müde, aber zufrieden mit allem, was sie erledigt hatten, heim. Als es wärmer wurde, begannen sie mit den ersten Frühlingsanpflanzungen. Nach einem sehr strengen und langen Winter erwachte die Landschaft zu neuem Leben. Die Wiesen wurden von einem zarten Grün überzogen, die Bäume schlugen aus, und wohin das Auge reichte, sah man die ganze Blütenpracht, von den Blumen und den Obstbäumen bis zu der Akazie und den Ahornbäumen. Fast jedes Haus im Michelsdorf zierte ein kleiner Blumengarten mit herrlich bunten Blumen, was unserem Dorf einen zauberhaften Anblick verlieh. Der wunderbare Blumengeruch, der uns überall begleitete, konnte sich ungehindert entfalten, denn zu jener Zeit gab es noch keine Autos oder Industriegebiete in der Nähe, die die Luft verschmutzt hätten. Die Blumen waren uns Siebenbürgern auch aus einem anderen Grund von alters her wichtig. Fast jeden Sonntag nahmen unsere Mütter auf dem Weg zur Kirche Blumen mit und legten sie unseren Verstorbenen auf den Friedhof ans Grab.

Uns Kindern dagegen war der Ernst des Lebens noch fremd, und so verging für uns die Zeit wie im Flug, wobei unsere Gedanken stets ums Spielen kreisten. Wir organisierten verschiedene Spiele, von früh bis spät, wie zum Beispiel: Ball- und Versteckspiele in der Scheune, in den umherliegenden Häusern und überall, wo es möglich war, sowie das sogenannte Pferdespiel. Dazu nahmen wir ein langes Seil, zogen es über die Schulter eines oder zweier Spielkameraden, während ein anderes Kind von hinten das Seil wie die Zügel der Pferde hielt und die Richtung vorgab, wohin es auf den Straßen der Gemeinde zu laufen hatte. Oft wurde es dunkel, und wir hatten noch immer nicht die Absicht, nach Hause zu gehen, weil wir es vor lauter Spielen schlichtweg vergaßen. Das bereitete unseren Eltern jedoch großen Kummer, wussten sie doch nicht, wo wir denn so lange blieben und ob uns etwas passiert war. Dann gingen sie auf die Straße, um uns zu suchen, erkundigten sich bei den Nachbarn, ob sie uns denn nicht gesehen hätten, da wir noch nicht zurückgekehrt seien. Als wir schließlich eintrafen, waren sie nicht nur traurig, sondern auch wütend genug, um uns eine Lehre zu erteilen. Mein Vater verabreichte mir mit dem Riemen, auf dem er sein

Rasiermesser schleifte, eine solche Tracht Prügel, dass mir davon schwindlig wurde. Das war vielmals auch das Abendessen, mit dem ich ins Bett ging.

Und so verging die wunderbare Kindheit, mit guten und schlechten Erlebnissen. Ich wuchs heran und musste nach und nach auf die Spielzeiten verzichten, um mich für neue Zeiten des Lebens vorzubereiten. Denn auch für mich war die Zeit gekommen, meine Eltern bei ihrer Arbeit nach meinen Kräften zu unterstützen. Denn auf einem Bauernhof gab es genügend zu tun, auch für uns Kinder. Mit der Zeit wurde ich mit Hilfe meiner Eltern immer geschickter, so dass ich ihnen immer mehr eine Hilfe war. Mein Vater pflegte jedem von uns, dessen Arbeitsmoral schwächelte, ein Sprichwort vorzubeten: „Wer nicht arbeitet, darf auch nicht essen". Wenn ich keine Lust auf Arbeit hatte, musste ich stets daran denken.

Mit oder ohne Spaß war die Zeit gekommen, mich dem integrierenden Prozess des Arbeitens zu stellen, und so hatte ich jeden Tag neue Aufgaben und Herausforderungen zu bestehen. Die Tage vergingen einer nach dem anderen, und die Vorbereitung fürs Leben wurde immer ernster. Es war für mich, dessen Gedanken stets beim Spielen waren, nicht einfach, meine Spielkameraden draußen toben zu hören, zumal sie mich immer aufforderten, mitzukommen. Doch ich musste zuerst meine Aufgaben erledigen und konnte ihnen nur Gesellschaft leisten, wenn noch Zeit übrigblieb. Aber die Zeit wurde immer knapper, weil die Aufgaben von Tag zu Tag mehr wurden. Jeden Morgen, bevor sich meine Eltern zur Arbeit aufmachten, überließen sie mir die Hauswirtschaft, und mein Vater erklärte mir, was ich an dem Tag zu erledigen hatte. Denn Kühe, Schweine, Gänse und Hühner mussten gefüttert werden, und das mit großer Pünktlichkeit. Täglich um zehn Uhr musste ich den Rindern und Schweinen zum Fressen bringen, grünes Futter wie Gras oder Klee. Am Mittag gab ich den Schweinen Mais und den Küken in Wasser aufgeweichtes Mehl. Nachmittags um vier wiederholte ich diesen Vorgang. Am Abend und in der Früh übernahmen meine Eltern das Füttern. Am Abend wurde ich von meinem Vater gefragt, ob ich seine Anweisungen befolgt hätte. Das war aber nicht immer der Fall, denn es gab auch Tage, an denen ich einiges vergaß. Wenn das, was ich vergessen hatte, wichtig war, prügelte er mich mit dem Riemen, damit es mir beim nächsten Mal nicht wieder entfiel.

Das waren gute und schlechte Zeiten, an die ich mich gewöhnen musste. Der Sommer mit seinen langen heißen Tagen und seinem Sonnenschein unter einem schönen blauen Himmel rückte heran. Die Sommernächte waren immer sehr kurz, kaum blieben vier bis fünf Stunden Schlaf übrig, um für den nächsten Arbeitstag Kraft zu tanken. Denn wohin man auch blickte, sah man die wunderbare grün-gelbe Landschaft, die viel Arbeit bot, denn die erste Ernte stand vor der Tür. Getreide (Weizen, Gerste), Gemüse (Zwiebeln, Gurken, Tomaten, Paprika) und Obst (Zwetschgen, Kirschen, Aprikosen und vieles mehr) mussten eingelagert werden.

Ich wurde mit einer besonderen Aufgabe bedacht: Vom frühen Morgen bis zum späten Abend musste ich in der heißen Sonnenglut zwei- bis dreimal am Tag kühles und frisches Wasser aus dem Brunnen holen. Zwischendurch half ich meinen Eltern bei der Arbeit, von zehn Uhr morgens bis vier Uhr nachmittags.

Mein Arbeitstag begann aber in aller Frühe, als es anfing zu dämmern. Ich wurde aus dem besten Schlaf geweckt, um mit den Kühen hinauszugehen und sie zu füttern bis um neun oder zehn Uhr, und nachmittags wieder ab 16 Uhr, bis es dunkel wurde. Oft war es so finster, dass ich die Kühe kaum sehen konnte. Dann folgte ich ihrem Glockenklang und ließ mich in der Dunkelheit nach Hause führen. Hier ging es gleich mit dem Melken los, und während ich mich wusch, wurde das Essen aufgewärmt. Ich verschlang hastig ein paar Brocken, denn ich konnte es kaum erwarten, ins Bett zu kommen, so müde war ich. Denn ich fiel sehr spät ins Bett und hatte stets den Eindruck, dass ich nicht mal richtig eingeschlafen war, da man mich schon weckte. Dann gab meine Mutter mir zwei Stück Brot in die Hand, geschmiert mit Schweinefett, und sagte zu mir: „Beeile dich, die Kühe sind schon unterwegs, und dein Vater wartet auf dich." Auf der Weide legte ich mir eine wärmende Unterlage auf das nasse Gras und legte mich schlafen, in der Absicht, nicht länger als ein paar Minuten auszuruhen, um die Kühe nicht aus den Augen zu verlieren. Aber vielmals geschah es, dass ich mehr als eine Stunde im Land der Träume verweilte. Als ich dann erwachte, war von den Kühen weit und breit nichts zu sehen, und ich fing vor lauter Kummer an zu weinen, bis ich sie wiederfand.

Als ich vormittags mit den Kühen heimkam, geschah es sehr häufig, dass ich um 11 Uhr die Kühe anspannte und zur Kantine fuhr, um den Leuten, die Abonnement hatten, das Mittagessen in die Weingärten zu bringen. Dies geschah nur, wenn der Transportwagen Aufgaben von großer Dringlichkeit übernehmen musste. An dieser Stelle sei erwähnt, dass die Weingärten bis zur Nationalisierung Eigentum der in Rumänien lebenden Deutschen waren. Als die Kommunisten an die Führung kamen, wurde ein sogenannter Agrarsektor unter dem Namen I.A.S. gegründet. Da deutschstämmigen Bauern keine andere Wahl blieb, suchten sie hier Anstellung und arbeiteten schließlich als Angestellte auf ihrem eigenen Grund und Boden. Die Weingärten waren auch der Ort, wo die Kühe gefüttert wurden, denn hier gab es fruchtbare Wiesen, und sogar die Wege waren mit Gras bedeckt, weil sie sehr selten benutzt wurden. Schon am Haupteingang in die Weingärten konnte man sich einen Eindruck von deren Schönheit verschaffen. Denn alles war gut gepflegt und bewirtschaftet, so dass man den Eindruck gewinnen konnte, dass auf einer Fläche von über 150 Hektar eigens ein Park angelegt worden war. Die Wege waren von Obstbäumen, Nuss-, Pflaumen- oder Quittenbäumen, umsäumt, an deren herrlichen Blütenpracht und wunderbarem Geruch man sich erfreuen konnte.

Für die Leute, die in den Weingärten arbeiteten, wurden fünf sogenannte Holzschuppen gebaut, die mit Ziegeln gedeckt waren. Innen gab es Bänke wo sie bei Regen Schutz finden konnten. Diese wunderbare Lage war für uns Jugendliche im Sommer fast jeden Sonntagnachmittag ein idealer Treffpunkt. Denn hier gab es viel Schatten und frische Luft. Jedes Jahr Ende August wurde unter dem Stichwort "Weingärtenschließung" ein großes Fest veranstaltet, an dem alle Mitarbeiter teilnahmen. Wo gut gegessen, getrunken, getanzt und gesungen wurde, solange die Leute sich gut fühlten. Ab diesem Fest hielten die Wächter Tag und Nacht Wache, bis alles eingelagert wurde. Fortan durfte niemand mehr die Weingärten betreten. Es wurde so geregelt, dass man zweimal wöchentlich die Weingärten betreten durfte, aber nur in Begleitung und streng überwacht. Auch mir und meinem Kollegen Stefan, dem Sohn des Chefs dieser Firma, wurde ab diesem Datum der Zutritt zu den Weingärten verwehrt. Doch wurde dieses Verbot von uns beiden nicht sonderlich ernst genommen, handelte es sich bei meinem Kollegen doch um den Sohn des Chefs. Für uns galt vielmehr das Gegenteil, denn wir krochen auf die Nussbäume und füllten uns die Hosentaschen mit Nüssen, in unsere Mützen verstauten wir herrlich duftende Pfirsiche und reife Weintrauben. Dann versteckten wir uns in einem Gebüsch, damit die Wächter uns nicht entdeckten. Mit dem Essen beschäftigt, vergaßen wir, die Kühe daran zu hindern, dahin zu gehen, wo es verboten war. Denn die Spuren der Kühe hätten uns verraten können. Aber das geschah trotzdem sehr häufig, weil wir nicht wussten, wie wir es verhindern konnten, dass sie uns nicht auf die Schliche kamen.

Mit meinem Kollegen Stefan gab es oftmals auch Streit, weil er nie meine Kühe hüten wollte, damit ich auch mal ein Stündchen Schlaf abbekam. Er schlief schließlich jeden Tag bis 7 oder 8 Uhr, während ich auch seine Kühe übernahm, bis er dazukam. Denn jeden Morgen, als ich bei ihnen vorbeiging, übergab seine Mutter mir auch ihre Kühe, mit den Worten: „Der Stefan ist jetzt beim Essen, dann kommt er auch." Aber das geschah, wie gesagt, erst um 7 oder 8 Uhr. Dies führte zum Streit, und wir gingen dann getrennt voneinander mit den Kühen, jeder in eine andere Richtung. Die Wächter, die unsere Spuren und unsere Kühe entdeckten, meldeten es Stefans Vater, und weil mein Vater mit ihm im selben Büro arbeitete, fiel die Schuld häufig auf mich. Mein Vater kam so spät nach Hause, dass er mich aufwecken musste, um mich fragen zu können, wie alles geschehen sei. Aber egal, was ich sagte, mein Vater schenkte mir selten Glauben.

Um zumindest jeden zweiten Sonntag einen Nachmittag für mich zu haben, versuchte ich mit Stefan eine Vereinbarung zu treffen. Einmal in der Woche trafen sich auf dem Schulhof alle Jugendlichen. Hier wurden verschiedene Ballspiele organisiert, und die älteren Jugendlichen sangen und tanzten. Und das war für uns Kinder eine sehr große Freude. Aber auch dieser Versuch schlug zu meinem großen Bedauern fehl, denn Stefan, dessen Eltern viel Verständnis für seine Wünsche aufbrachten, war nicht auf meine Hilfe angewiesen. Da mir dieses Verständnis leider nicht in demselben Maße entgegengebracht wurde, gab es häufig Streit zwischen mir und Stefan, aber auch zwischen meinem und seinem Vater, denn ich war sehr betrübt, dass ich nicht einmal Sonntag meine Kindheit ausleben durfte.

So verging auch der wunderbare Sommer mit seinen langen Tagen und seinem warmen Sonnenschein. Die Tage wurden kürzer, die Nächte länger und kälter, der Regen fiel immer häufiger, und der Nebel wurde von Tag zu Tag dichter. Die ersten Anzeichen des Herbstes kündigten sich an. Der Herbst war für uns Bauern von großer Wichtigkeit, da er eine der ertragreichsten Jahreszeiten war. Jetzt zeigte sich, ob sich die harte Arbeit eines ganzen Jahres gelohnt hatte. Denn unser Erfolg hing stets vom Wetter ab, ob es zur richtigen Zeit warm war oder zur richtigen Zeit regnete. Da es in dieser Jahreszeit häufig regnete und sehr kalt war, kam man mit der landwirtschaftlichen Arbeit sehr schwer voran. Denn Kartoffeln, Mais, Weintrauben, Äpfel und vieles mehr mussten so schnell wie möglich unter Dach und Fach gebracht werden, bevor der erste Schnee uns überraschte.

2.

Der Herbst war auch aus einer anderen Sicht für uns Kinder von Bedeutung, denn für uns begann ein neues Schuljahr. Am 15. September 1949 war es dann auch für mich soweit, und ich hörte das erste Klingeln, das uns Schülern die Lehrstunde ankündigte. Da wir uns alle drinnen aufhielten, herrschte ein solch ohrenbetäubender Lärm, dass die Lehrerin sich mit lautem Schreien Gehör verschaffen musste, um uns zu beruhigen. Sie wies jedem Einzelnen einen Platz zu, indem sie sich die Größe von uns Kindern zum Maßstab nahm. Dann sprach sie von der großen Bedeutung, die die Schule von nun an in unserem Leben einnehmen würde. Nur diejenigen könnten gute Schüler sein, die in der Klasse aufmerksam seien und sich nicht umdrehten, um miteinander zu plaudern, solange sie in der Klasse sei. Diese Erklärungen waren für uns Kinder etwas Ungewöhnliches. Ungewöhnlich war für uns vor allem, auf unsere Freiheit zu verzichten und ruhig in den Bänken zu sitzen.

Als Erstes lernten wir das Alphabet und die Zahlen. Nach einer kurzen Zeit begannen wir auch zu schreiben, und wir bekamen Hausaufgaben für den nächsten Tag. Oft vereinbarten wir nach Schulschluss, uns nach dem Mittagessen bei jemandem zu treffen, um gemeinsam die Aufgaben für den nächsten Tag zu erledigen. Dann veranstalteten wir Wettbewerbe, um herauszufinden, wer von uns am schnellsten und besten die Aufgaben lösen konnte. Es gab aber auch Schüler, die die Aufgaben nicht machen konnten oder wollten. Diese kamen etwas früher, bevor die Lehrerin eintraf, um von den anderen die Hausaufgaben abzuschreiben. Denn für nichtgemachte Hausaufgaben oder Unaufmerksamkeit drohten Strafen wie in der Ecke knien, oder es drohten Hiebe mit dem Lineal auf die Hand. In schwerwiegenderen Fällen wurden wir in den Keller gesperrt, wo wir weiterhin Unsinn trieben. Im Herbst, als es sehr viel Obst gab, aßen wir von allem, was uns schmeckte, ohne jemanden um Erlaubnis zu bitten. Als die Lehrerin das bemerkte, schickte sie uns sofort nach Hause. Und so mussten wir uns auch an diese neuen Verhältnissen als Schüler gewöhnen. Es fiel uns zum Beispiel nicht leicht, das Gebot der Pünktlichkeit einzuhalten. Außerdem war meine Freizeit, die nach dem Lernen übrig blieb, größtenteils schon verplant, weil ich arbeiten musste.

So vergingen die Schuljahre eins nach dem anderen, und ich wurde immer größer. Ein uraltes Sprichwort lautet: „Kleine Kinder – kleine Sorgen, große Kinder – große Sorgen". So geschah es ihm Frühjahr 1952, dass die großen Sorgen sich in ein unerwartetes Schicksal umwandelten und zu einem Drama wurden. An einem schönen Frühlingstag – die Sonne schien freundlich vom Himmel herab, und es wehte ein leichter Wind – ein Teil von uns spielten „Verstecken" und der Rest spielten mit dem Ball. Plötzlich hörte ich ein Schreien, und als ich mich umdrehte, um den Grund des Lärms herauszufinden, sah ich, dass sich zwei Schüler miteinander stritten und sich schlugen. Ich lief hin, mit der

Absicht, sie zu beruhigen und den Streit zu schlichten. Als es mir endlich gelungen war, sie voneinander zu trennen, lief einer nach rechts, der andere nach links, während ich in ihrer Mitte blieb. Wütend griff der eine sich einen Stein, um den anderen damit zu bewerfen. Da ich zwischen ihnen stand, bekam ich den Stein ab, der mein rechtes Auge traf. Überrascht von den großen Schmerzen, die nicht mehr nachließen, lief ich zu einem Brunnen, um mich mit kaltem Wasser zu waschen. Ich eilte in die Klasse, ohne jemandem vom Vorfall zu berichten, in der Hoffnung, dass alles nicht so schlimm sei. Der Lehrerin wollte ich mich nicht anvertrauen, weil ich Angst hatte, dass sie meinen Vater benachrichtigen würde, der sehr streng mit uns war.

Aber die Hoffnung, dass es nicht so schlimm kommen würde, musste ich schnell aufgeben, denn die Schmerzen wurden immer schlimmer. Ich konnte das Auge nicht lange offen halten, und bei der kleinsten Bewegung spürte ich Schmerzen wie Messerstiche. Zudem fiel mir auf, dass ich mit dem rechten Auge nicht mehr lesen konnte. Nachts ließen die Schmerzen zum Glück nach, so dass ich ruhig schlafen konnte, aber als ich aufwachte, war mein Auge ganz verklebt. Jeden Morgen säuberte ich es heimlich, damit meine Eltern und Brüder von meinem kaputten Auge nichts mitbekamen. Jedoch konnte ich meinen Zustand nicht mehr als drei Wochen verheimlichen, denn meine Lehrerin hatte inzwischen bemerkt, dass etwas mit meinem rechten Auge nicht stimmte, weil ich es mir sehr häufig mit dem Taschentuch säubern musste. Außerdem konnte ich es nicht mehr gut offen halten und musste stets zwinkern. Und so geschah es an einem unglücklichen Tag, als alle Kinder in die Pause gingen, dass ich meiner Lehrerin erklären musste, was mit meinem Auge passiert war. Ich berichtete ihr von dem Vorfall, während sie mir aufmerksam zuhörte und mich stets ermunterte, die Wahrheit zu sagen. Dann wurde sie ungehalten und warf mir vor, ihr das Geschehene nicht gleich anvertraut zu haben. Sie trat erregt ans Fenster und rief die beiden Streithähne, Andreas und Michael, in die Klasse. Zunächst sagte keiner ein Wort, aber nach einigen Ermahnungen seitens der Lehrerin erzählten auch sie, wie sich alles zugetragen hatte und wie es zu dem bedauernswerten Unfall gekommen war.

Niedergeschlagen rief sie die Schüler in die Klasse, die über die ungewöhnlich lange Pause verwundert waren. Wir setzten uns still auf unsere Plätze, holten die Hefte aus unserer Schultasche und warteten gespannt, was geschehen würde. Die Lehrerin durchschritt schnellen Schrittes die Klasse, trat schließlich ans Katheder und setzte sich auf den Stuhl. Sie sah uns forschend an, ohne ein Wort zu sagen. Man merkte, dass sie fiebrig überlegte, was sie nach einem solchen Drama unternehmen sollte. Dann rief sie meine Nichte Hermine zu sich und flüsterte ihr etwas ins Ohr. Hermine ging aus der Klasse und kehrte nach ungefähr 15 Minuten zurück. Sie setzte sich auf ihren Platz, ohne jedoch mit der Lehrerin zu reden. Nach einer kurzen Zeit klopfte es an der Tür, und ich sah zu meinem Entsetzen meinen Vater eintreten. Er trat zu der Lehrerin ans Katheder, und die beiden unterhielten sich flüsternd, während sie ab und zu mir und den beiden Streithähnen einen prüfenden Blick zuwarfen. Nach einer Weile, die mir unendlich lang vorkam, trat die Lehrerin an die Tafel, schrieb etwas in kleiner Schrift darauf und forderte mich auf, das Geschriebene zu lesen. Die Zeilen zu lesen bereitete mir keine Schwierigkeiten, ich sah ja auf dem linken Auge gut, doch als die beiden mich ansahen, wurde mir angst und bange. Ich wurde gefragt, warum ich meinen Kopf beim Lesen nicht gerade halten würde. „Was ist mit deinem Auge?", fragte mein Vater streng. „Du hast es meist zu und zwinkerst ständig." Dann fing ich an, bitterlich zu weinen und wollte keine Fragen mehr beantworten. Die Schüler wurden hinausgeschickt, damit wir das Gespräch zu dritt in Ruhe fortsetzen konnten, aber ich weinte ununterbrochen weiter. Dann traten die beiden zu mir und versuchten, mich zu beruhigen.

Ja, was geschehen war, konnte nicht mehr rückgängig gemacht werden. Mir wurde schon in jungen Jahren eine riesige Last auferlegt. Jetzt blieb keine Zeit zum Nachdenken, es musste schnell etwas unternommen werden, um zu retten, was noch zu retten war. So begannen meine Eltern und Brüder, sich nach einem Augenarzt zu erkundigen. Denn in jenen Jahren war es nicht so einfach, an solche Informationen zu kommen, vor allem wenn man auf einem Dorf lebte, weit weg von den großen Städten. Es dauerte allerdings nicht lange, bis uns die Nachricht erreichte, dass wöchentlich ein Augenarzt von Muresch nach Semartin käme, eine kleine Stadt, die ungefähr 30 Kilometer entfernt von unserem Dorf lag.

Da keine Zeit zu verlieren war, nutzten wir die erste Gelegenheit, um den Augenarzt aufzusuchen. Obwohl Semartin keine große Stadt war, dauerte es sehr lange, bis wir die Anschrift der Klinik erfuhren und diese schließlich erreichten. Es war schon spät geworden, und mein Vater befürchtete, dass wir unerledigter Dinge wieder heimfahren müssten. Aber als wir eintrafen, konnten wir feststellen, dass wir nicht die Einzigen waren. Denn der Wartesaal war voll mit Leuten mit den unterschiedlichsten Augenkrankheiten. Während wir warteten, hereingerufen zu werden, hörte ich die Patienten klagen, dass jede Krankheit schlimm sei, aber keine wie die, blind zu sein.

Als wir nach vielen Stunden Wartezeit schließlich hineingerufen wurden, fing ich plötzlich an, vor Angst zu zittern, weil ich nicht wusste, was mit mir geschehen würde. Der Arzt bat mich, mich auf einen Stuhl zu setzen, dann begann er die Untersuchung und fragte gleichzeitig, was denn vorgefallen sei. Ich erzählte ihm die ganze Geschichte, dann sagte er, zu meinem Vater gewandt: „Es ist sehr schlimm, er wird das rechte Auge verlieren. Aber damit sich nicht auch das linke ansteckt, muss er an dem gesunden operiert werden." Er überreichte uns einen Zettel, auf dem der Termin festgelegt war, an dem ich mich ihm Krankenhaus in Muresch melden sollte. Die Frage, warum denn das gesunde und nicht das kranke Auge operiert werden müsse, wurde von meinem Vater sehr häufig gestellt. „Soll er jetzt durch einen Fehler auch das gesunde verlieren?"

Müde und niedergeschlagen machten wir uns auf den Heimweg in der Absicht, mit allen Familienmitgliedern die Situation nochmals gründlich zu überdenken, bevor eine endgültige Entscheidung getroffen wurde. Als alle vom Sachverhalt in Kenntnis gesetzt wurden, war die Ratlosigkeit groß. Einer nickte dem anderen zu, ohne ein Wort zu sagen. Das war dann auch die endgültige Entscheidung, denn es wurde nichts mehr darüber geredet. Von Tag zu Tag ließen die Schmerzen nach, und das Auge wurde immer kleiner. Morgens war es immer zugeklebt und musste gesäubert werden, wobei ich mich manchmal mit den Fingern behelfen musste, um es öffnen zu können.

Mit der Zeit gewöhnten sich alle an das, was geschehen war, und so musste auch ich das ganze Drama vergessen und in die Zukunft blicken, denn mit dem Sehen hatte ich keine Probleme. Oft wurde mir etwas gezeigt, um feststellen zu können, ob ich mit einem Auge auch gut sehen könnte. Dabei ergab sich, dass ich mit einem Auge viel besser sah als meine Angehörigen mit zwei. Und so schaffte ich es weiter mit dem Lernen, das mir viel Spaß bereitete, um die vier Schuljahre, die in unserem Dorf angeboten wurden, zu beenden. Nach dem Lernen half ich meiner Familie bei der Arbeit, wie etwa beim Mais haken oder bei der Heuernte. Oder ich fuhr in den Nachbarort, wo die Verwaltung war, um von da verschiedene Chemikalien zu holen, die man beim

Spritzen in den Weingärten benutzte. Manchmal brachte ich Nahrungsmittel für die Kantine, wo mein ältester Bruder Johann Verwalter war und in der alle Familienmitglieder angestellt waren.

So vergingen die vier Schuljahre mit guten und schlechten Erlebnissen, und ich absolvierte die Schule mit einem sehr guten Ergebnis. Dann stellte sich auch für mich die Frage, wie es für mich weitergehen würde. Um eine weiterführende Schule in deutscher Sprache besuchen zu können, mussten wir Schüler die Schule in der Gemeinde Seiden besuchen, die sieben Kilometer von unserem Dorf entfernt war. Ein Wechsel auf die Seidener Schule wurde mir auch dadurch erschwert, dass ich eine ärztliche Untersuchung über mich ergehen lassen musste, die mit dem Problem einherging, dass der Arzt die Notwendigkeit weiterer Studien in Frage stellte, mit der Begründung, dass es sehr viel zu lernen gäbe. Und da der Strom ständig abgeschaltet wurde, sei für mich die Anstrengung zu groß, was zu einer endgültigen Blindheit führen könne. Ich versuchte mit allen Mitteln, ihn zu überreden und erklärte: „Wenn es mein Schicksal ist, völlig zu erblinden, dann wird es auch so kommen, denn die Arbeit in der Landwirtschaft ist viel gefährlicher." Betrübt musste ich feststellen, dass meine Mutter sich allmählich auf die Seite des Arztes stellte, und ich erkannte schnell, dass meinem Vorhaben kein Erfolg beschieden war. Für mich und meine Zukunftspläne war das eine große Niederlage. Niedergeschlagen musste ich mich von meinen Schulkollegen verabschieden, mit denen wir vereinbart hatten, es weiter mit dem Lernen zu schaffen. Das trug sich im September 1953 zu.

3.

Da ich keine andere Wahl hatte und all das, was geschehen war, der Vergangenheit angehörte, tat ich gut daran, mich so schnell wie möglich mit der Arbeit als Landwirt anzufreunden. Denn die reichste und schönste Jahreszeit, der Herbst, stand vor der Tür. Und es gab so viel Arbeit, dass man alle Hände voll zu tun hatte, solange das Wetter es erlaubte. Denn im Herbst regnete es sehr häufig, und die Ernte musste so schnell wie möglich eingelagert werden. Zudem mussten Vorbereitungen für die nächsten Frühjahrsanpflanzungen getroffen werden, bevor der Winter hereinbrach.

Auch im Winter gab es auf einem Bauernhof genügend Arbeit. Meine Hauptaufgabe bestand darin, zweimal täglich die Kühe und die Schafe zu füttern sowie überall für Ordnung zu sorgen. Der Winter zeigte sich für uns Kinder auch von einer anderen, wunderbaren Seite. Denn die Weihnachtsfeiertage, die nach traditionellen Bräuchen gefeiert wurden, bereiteten uns große Freude. Als wir am Weihnachtsabend voller Vorfreude die Kirche betraten, durften wir einen wunderschönen großen Weihnachtsbaum bewundern. Dann sagten wir Kinder unsere Gedichte auf und führten das Krippenspiel vor. Als der Gottesdienst beendet war, umringten wir erwartungsvoll den Weihnachtsbaum, um unsere Weihnachtsgeschenke in Empfang zu nehmen. Dann eilten wir zurück zu unseren Eltern in die Bänke und wollten sofort unsere Päckchen öffnen, um nachzuschauen, was sich darin verbarg, aber wir wurden ermahnt zu warten, bis wir zu Hause seien. Als wir schließlich das Päckchen öffneten, fanden wir neben den traditionellen Geschenken, wie Äpfel, Nüsse und Kekse, auch Schokolade oder Orangen vor. Das war für uns Kinder in jenen Jahren in einem von der Stadt so entfernten Dorf eine besondere Freude.

Nach dem Weihnachtsfest begannen die Vorbereitungen für das Neujahrsfest. Auch zu Silvester gab es für uns Kinder eine schöne traditionelle Feier. Am Silvesterabend stattete uns Kindern Knecht Ruprecht, der einen sehr langen Bart hatte, einen Besuch ab. Er klingelte an der Tür und fragte, ob es in dem Haus Kinder gäbe, und wenn ja, ob sie schlimm oder artig gewesen seien! Dann, ob sie beten könnten. Als wir mit dem Beten zu Ende waren, öffnete sich die Tür ein bisschen, und Knecht Ruprecht warf uns Geschenke hinein, die wir vom Boden aufsammelten. Beim Sammeln schlug er mit seiner Rute um sich und schlug uns auf die Finger, was bedeutete, dass wir schlimme Kinder waren. Am Neujahrstag gingen wir zu unseren Paten, Nachbarn und nahen Freunden, um ihnen ein frohes neues Jahr zu wünschen. Wir erhielten verschiedene Geschenke, wie Geld, Strümpfe, Taschentücher oder andere Dinge. Das sind unglaublich schöne Erinnerungen aus der Kindheit auf dem Dorfe.

Denn in jenen Jahren wurde bei uns im Dorfe Kultur und Religion sehr hochgehalten. Für uns war es eine Freude, jeden Sonntag in die Kirche zu gehen. Der

Winter des Jahres 1954 war ein sehr harter Winter, denn es war monatelang sehr kalt, und es hatte viel geschneit. Wir mussten auf dem Hof den Schnee wegschippen, um die Tore öffnen zu können. Bei dieser Gelegenheit machten wir den Hof frei, um für die kurze Zeit, die wir hatten, Schlitten zu fahren und Schlittschuh zu laufen. Und so verging auch der wunderbare Winter in seiner herben Schönheit.

Der Frühling mit seinen längeren und warmen Tagen kündigte sich bereits an, und so begann nach einem langen Winter die fieberhafte Frühlingsarbeit von Neuem. Außer der schweren Arbeit wie den Garten umzugraben, zu ackern oder verschiedene Anpflanzungen zu erledigen, gab es, auch für uns Kinder, eine leichte Tätigkeit, bei der man etwas Geld verdienen konnte. Diese Arbeit war sehr gut bezahlt und dauerte nicht länger als zwei bis drei Wochen. Mit einer zweihornigen Gabel wurden die Weinstöcke aus der Erde geholt, die im Herbst eingegraben wurden, um im Winter in der Kälte nicht zu erfrieren. Die Männer befestigten die Pflöcke, während die Frauen hinter ihnen das gute Holz aussortierten und es an die Pflöcke banden. Das schlechte Holz wurde mit der Schere abgeschnitten. Danach brachten wir Kinder den Männern neue Pflöcke, um die alten, kaputten zu ersetzen. Gleichzeitig sammelten wir die beschädigten Pflöcke und die Reben, die die Frauen abgeschnitten hatten, ein und brachten sie an den Wegesrand. Von da schafften unsere Eltern das Holz nach Hause und benutzten es zum Feuermachen. Wir nannten es das Sommerholz, weil es sehr schnell brannte.

Und als unsere Eltern spät nach Hause kamen, kochten sie schnell das Abendessen. Bei dieser Arbeit gab es unter uns Kindern einen großen Wettkampf, wer von uns am längsten durchhielt und wer die meisten Weinstöcke ausgrub, denn wir wurden pro Weinstock bezahlt. Dies geschah meist Ende März oder Anfang April. Danach mussten wir Kinder zu Hause bleiben, da es keine Arbeit mehr für uns gab.

So geschah es an einem Tag Anfang April 1954, dass ich, da ich nicht mehr so viel Arbeit hatte, meinen Bruder Andreas besuchte, der fünf Jahre älter war als ich und bei einer Firma arbeitete, in der zwei Pferde bei der Arbeit eingesetzt wurden. Da ich ein richtiger Pferdenarr war, stattete ich ihm, so oft ich konnte, einen Besuch ab. Denn er hatte ein besonderes Pferd, das die Menschen wie die Pest mied. Näherte man sich diesem Pferd, so schlug es wild aus, bis es blutig wurde, und versuchte jeden, der ihm zu nahe trat, zu beißen. Da die Zeit bei ihm immer sehr schnell verging, musste mein Bruder mich oft ermahnen, nach Hause zu gehen. So auch an diesem Tag: „Jetzt ist genug. Geh nach Hause und haue Holz, damit die Mutter das Essen machen kann, wenn sie aus der Arbeit kommt."

Gesagt – getan. Ich ging nach Hause, nahm mir eine kleine Axt, untersuchte das Holz, das ich zum Hauen ausgewählt hatte und worunter sich auch ein paar Pflaumenäste befanden, und begann, Holz zu schlagen. Nach einer Weile hörte ich den Hund laut bellen. Ich lief, mit dem Pflaumenast in der Hand, zum Tor, weil ich wissen wollte, was los war. Als ich vor der Tür, die auf die Straße ging, stand, öffnete plötzlich mein Freund Michael die Tür, um einzutreten, und weil der Hund sich nicht beruhigte, schlug ich mit dem Pflaumenast nach ihm. Vom trockenen Ast sprang mir ein kleiner Splitter in das gesunde Auge. Von dem Moment an war ich völlig blind. Als ich bemerkte, dass ich nicht mehr sehen konnte, fing ich an zu weinen und ließ mich auf den Boden fallen. Mein Freund wusste nicht, was geschehen war, fragte andauernd, was denn mit mir los sei. Ich aber weinte ununterbrochen weiter, ohne eine Antwort geben zu können, denn ich konnte mir nicht vorstellen, dass auch so etwas noch geschehen konnte.

„Was werden meine Eltern sagen, wenn sie auch diese Nachricht erfahren?", brach es weinend aus mir heraus. „Was für eine Nachricht?", fragte Michael irritiert und immer besorgter. „Ich sehe nichts, es gibt keine blutige Verletzung, es kann also nichts Schlimmes sein. Gib mir deine Hand, ich will dir helfen aufzustehen. Was ist denn los? Bitte, sag es mir! Warum machst du deine Augen nicht auf?"

„Das ist ja gerade mein Problem, ich kann nicht. Wenn ich versuche, sie zu öffnen, verspüre ich einen furchtbaren stechenden Schmerz." – „Ich sehe keine Verletzung", wiederholte Michael immer wieder und half mir in die Wohnung. Auch er war sehr niedergeschlagen und begann, sich Vorwürfe zu machen. Wenn er nicht gekommen wäre, hätte nichts geschehen können. „Ich bin sehr unglücklich über das, was geschehen ist", sagte er sehr traurig. „Bleib da ruhig sitzen, ich gehe in die Weingärten, um deinen Eltern Bescheid zu geben." Ich wollte ihn davon abbringen, aber er war schon verschwunden. Nach einer kurzen Zeit kam er mit meinem Vater. Als ich sie kommen hörte, zitterte ich am ganzen Körper und wollte nur für immer verschwinden, um meine ewige Ruhe zu haben. Denn das Schicksal hatte mir eine zu schwere Bürde auferlegt.

Als mein Vater eintraf, fing er an, mich auszuschelten, machte mir Vorwürfe, warum ich denn nicht aufmerksam gewesen sei, jetzt sei es ja gut, dass ich blind sei. Warum würde immer mir so etwas zustoßen? Inzwischen hatten sich auch meine anderen Geschwister und meine Mutter zu Hause eingefunden. Keiner konnte etwas sagen, alle waren ratlos. Rings um mich herum hörte ich weinendes Geflüster. Da die Nachricht sich schnell verbreitet hatte, waren auch die Nachbarn da, um in Erfahrung zu bringen, was geschehen war. Meine arme Mutter weinte ununterbrochen. Dann hörte ich sie sagen: „Von acht Kindern, die wir haben, muss eines so unglücklich sein?"

Da es sehr spät geworden war, konnten wir an jenem lauen, schicksalhaften Frühlingsabend im April nichts mehr unternehmen, und ich verbrachte eine schlaflose Nacht, geplagt von schrecklichen Gedanken und Vorwürfen. Am nächsten Tag nach dem Frühstück machten wir uns auf den Weg. Bis in die Nachbargemeinde, in der es einen Arzt gab, mussten wir sieben Kilometer zu Fuß zurücklegen. Unterwegs musste ich mir von meinem Vater so einiges anhören. Der konnte seine Trauer über das Geschehene nur in Vorwürfen zum Ausdruck bringen: „Wie fühlst du dich nun, an der Hand geführt zu werden und nicht mehr sicher auf deine Füßen zu sein?"

Der Gemeindearzt konnte uns nicht weiterhelfen und schickte uns gleich zu einem Augenarzt nach Blasendorf, eine kleine Stadt, die seit Kurzem über eine Augenklinik verfügte. Die aber leider auch den eigenen Einwohnern noch unbekannt war, denn niemand konnte uns über eine solche Klinik Auskunft geben. Daher fragten wir, wo es denn ein Krankenhaus gäbe und eilten, da es bereits später Nachmittag war, dahin, in der Hoffnung, noch einen Arzt anzutreffen. Zu unserem großen Bedauern mussten wir aber feststellen, dass der Augenarzt das Krankenhaus bereits verlassen hatte. Der Pförtner, der uns diese Auskunft erteilte, fragte uns, worum es gehe. Wir erzählten ihm die traurige Geschichte, und er wunderte sich über das, was er zu hören bekam.

„Und jetzt sieht er mit keinem Auge mehr? Ich arbeite seit so vielen Jahren hier, aber so etwas habe ich noch nicht gehört. Der arme schöne Junge! Schade, schade um ihn." Kopfschüttelnd ging er zum Telefon, und nach einer kurzen Zeit hörte ich: „Bitte verbinden Sie mich mit der Wohnung von Herr Doktor Mihai." Dann hörten wir ihn sagen, es gehe um einen Jungen von zwölf Jahren, der nach einem Unfall vom Vortag mit keinem Auge mehr sehe. Dann legte er den Hörer auf und sagte: „So, er kommt sofort. Es ist ein junger und guter Arzt, sehr engagiert und mit großem Spaß an seinem Beruf. Deshalb erlaube ich mir, ihn zu stören, wenn es besondere Fälle gibt."

Nach kurzer Zeit, in der uns der Pförtner seine eigene Leidensgeschichte darlegte, traf der Arzt ein, der uns nach einem kurzen Rapport des Pförtners bat, ihm zu folgen.

Bis er und die Krankenschwester mit allen Vorbereitungen fertig waren, saßen wir im Wartesaal. Ich zitterte am ganzen Körper, denn vor Ärzten hatte ich große Angst. Auch in der Schule suchte ich stets das Weite, wenn der Arzt zum Impfen kam. Bis er ans Katheder trat, war ich bereits durch die Tür verschwunden. Und wenn mir dieser Fluchtweg versperrt war, sprang ich einfach zum Fenster hinaus. Die Lehrerin lief mir bis nach Hause nach, aber sie konnte mich nicht einholen, denn ich verschloss schnell das Hoftor und verkroch mich im Garten. Hier musste sie dann aufgeben, weil sie Angst vor dem Hund hatte.

Als alles vorbereitet war, bat uns die Krankenschwester hinein. Sie erklärte mir, wie ich auf den Operationstisch steigen solle, aber ich wehrte mich aufs Heftigste dagegen, bis mein Vater eingriff, mir zwei Ohrfeigen verpasste, mich in die Arme nahm und auf den Tisch hob. Mir wurden die Hände zusammengebunden, und ich versuchte, mich zu beruhigen. Das war nicht leicht, obwohl mir erklärt wurde, dass ich keine Schmerzen haben und die ganze Prozedur nur ein paar Minuten dauern werde.

Als der Span entfernt worden war, wurde das Auge verbunden. Dann bat der Arzt, sich auch das andere Auge anzuschauen. Er wunderte sich sehr über das, was er da zu sehen bekam. Wie es mir denn gelungen sei, in einen solchen Zustand zu geraten, fragte er. So etwas habe er noch nicht erlebt. „Ja, es ist sehr traurig, mein Junge. Aber ich werde alles tun, was in meiner Macht steht, um dieses eine Auge zu retten. Über das andere gibt es nichts mehr zu sagen, das ist für immer verloren."

Ich kam in ein Zimmer, wo mir ein Bett vorbereitet wurde. Am nächsten Morgen brachte die Schwester das Frühstück, und weil es ja nicht mehr dieselbe war, begann auch sie, Fragen zu stellen. Die Nachricht von meinem Unglück verbreitete sich schnell, und rings um mich hörte ich immer dasselbe: „Schade, schade, was für ein schöner Junge, und so unglücklich!" Als mir am zweiten Tag das Auge freigemacht wurde, konnte ich zu meiner großen Freude feststellen, dass ich wieder sehen konnte. „Ja, es wird schon besser werden, Junge, aber vielleicht nicht so, wie es einmal war." Der Arzt kam fast jeden Tag vorbei, und die Schwester flößte mir dreimal täglich Tropfen ins Auge.

Nach ein paar Tagen musste ich beim Arzt vorstellig werden. Nach der Untersuchung sah er mich forschend an, atmete tief ein und sprach: „Es geht gut! Aber damit du dir dieses Sehvermögen erhalten kannst, will ich dir einen Rat geben. Pass gut auf, was ich dir jetzt sage. In Klausenburg gibt es eine Blindenschule, die für dich sehr geeignet ist, damit du dir dieses Sehvermögen erhalten kannst. Dort kannst du einen Beruf erlernen und dir eine bessere Zukunft aufbauen."

Von Tag zu Tag sah ich besser, fing an zu lesen, was groß und mit Tinte geschrieben war. Es waren schon zwei Wochen vergangen, und ich hatte Sehnsucht nach zu Hause, denn bis zu dem Zeitpunkt war ich noch nie alleine in der Fremde gewesen. Ich bat immer wieder um meine Entlassung, weil ich den Eindruck hatte, dass alles in Ordnung war. Doch der Arzt erklärte, dass ich mich noch zwei bis drei Wochen gedulden müsse. Damit mein Auge gut ausheile, müsste ich dreimal täglich Tropfen bekommen. Wenn es nicht gut heile, könne es in kürzester Zeit zu einem Grauen Star kommen. Der Arzt war inzwischen einverstanden, mich nach Hause zu entlassen, aber nur unter der Bedingung, dass man mir dreimal täglich die Augentropfen verabreichte. „Sicher werden wir das tun", versprachen ich und meine Angehörigen, als sie mich abholten. „In sechs Wochen kommen Sie mit dem Jungen zur Kontrolle, dann entscheidet sich, wie es weitergeht, ob er eine Brille benötigt oder nicht." Mit diesen Worten wurde ich nach Hause entlassen.

4.

Als ich mich wieder im Schoße meiner Familie sah, war ich glücklich. Auch meine Angehörigen freuten sich, dass ich wieder gesund war. „Hoffentlich ist dir das Geschehene eine Lehre", redeten sie auf mich ein. „Nächstes Mal pass bitte auf und schütze dich vor allem, was dir schaden könnte. Du musst sehr vorsichtig sein, damit du dir das Sehvermögen, das du noch besitzt, erhalten kannst. Denn inzwischen weißt du ja, wie schlimm es ist, blind zu sein." Ja, all das möchte ich nicht mehr erleben, denn es war auch so schon schlimm genug. Abends war ich so müde, dass ich es kaum erwarten konnte, ins Bett zu gelangen. Von den Tropfen wurde gesagt, dass sie nicht helfen würden. Dann erinnerte ich mich an den Rat des Arztes. Aber ich wusste nicht, wie ich ihn meiner Familie unterbreiten sollte, denn ich konnte mir die Antwort darauf gut vorstellen. Aber ich sollte schnell eine Gelegenheit dazu bekommen.

An einem Sonntagmorgen waren wir alle daheim. Ich berichtete ihnen, was der Arzt mir gesagt hatte und dass ich ihm nur zustimmen könne. Plötzlich wurde es still im Raum, einer schaute verstohlen zum anderen, dann sahen sie mich alle forschend an, noch immer sprachlos. Plötzlich brach es aus meiner Mutter heraus: „Was redest du da, was für eine Schule kann auch das noch sein?", und sie fing an zu weinen. „Willst du uns denn verlassen? Nein, du bleibst hier bei uns, wirst alles haben, was du benötigst, nur sollst du immer auf dein Auge achtgeben."

Ja, so klein, wie ich war, wurde mir immer deutlicher bewusst, dass der Rat des Arztes bei der schweren Arbeit, die ich verrichten musste, sehr klug war. Aber ich war zu klein, um gegen den Willen aller anzukämpfen. Auf eigene Faust hätte ich sowieso nichts unternehmen können, obwohl mir das Lernen sehr viel Spaß machte und ich ständig mit meinen Gedanken dabei war.

Die Tage vergingen einer nach dem anderen, weil man sie ja nicht aufhalten konnte. So musste auch das Leben weiter gehen. Mir war es besonders wichtig, meine Freizeit mit meinen Schulkollegen zu verbringen. Wir trafen uns stets am Sonntagnachmittag auf dem Schulhof, und da vereinbarten wir alle miteinander, wie wir den Tag am besten verbringen könnten. Wir organisierten verschiedene Spiele, sangen lustige Lieder oder unternahmen Spaziergänge durch den Wald oder in die wunderbaren Weingärten. Abends gingen wir auf den Straßen des Dorfes spazieren. Bei schlechtem Wetter fanden wir uns bei einem der Mädel ein und unterhielten uns, bis es so spät wurde, dass wir nach Hause gehen mussten. Die Zeit verging so schnell, dass wir uns alle wunderten, wie sie denn so schnell verstreichen konnte.

So schnell und unbemerkt war auch das Jahr nach meinem dramatischen Unfall vergangen. Und auf mich kamen neue, schwierige Zeiten zu. Gerade als man den wunderbaren Blumengeruch zu spüren bekam und der

Gesang der Vögel von allen Richtungen zu hören war. Die Bäume blühten von Neuem, die Wiese war wieder grün, man hörte wieder fröhliches Kinderlachen. Für alle war es ein schönes und wunderbares Frühjahr 1955. Nur ich musste wieder eine harte Prüfung bestehen. Ich spürte, dass es wieder mal der Hilfe eines Arztes bedurfte, konnte mir aber auch die Reaktion meiner Angehörigen gut ausmalen. Das machte mich sehr traurig, und meine Geschwister begannen, mir Fragen zu stellen. Warum ich so lustlos umherstreife, was denn mit mir los sei? Es sei um meine Augen von Tag zu Tag schlechter bestellt, antwortete ich ihnen betrübt. Wieso denn das, fragten sie. Dann erzählte ich ihnen, dass ich vor ein paar Tagen, als ich aus der Wohnung in den strahlenden Sonnenschein trat, ein paar Minuten nur Nebel gesehen hätte, bis sich das Auge daran gewöhnt hätte. Beim Betreten des Hauses hätte ich plötzlich nichts mehr gesehen, es sei völlige Dunkelheit um mich gewesen, wie zu Mitternacht, bis sich das Auge wieder eingestellt habe. Um diesen Gewöhnungsprozess meines Auges zu umgehen, hätte ich beim Verlassen oder Betreten des Hauses einfach die Augen zugemacht.

Nach meinem Bericht waren sich alle einig darin, dass der Arzt wieder aufgesucht werden musste. Als dieser mich in Begleitung meiner Schwester Katharina sah, fragte er mich nach meinem Befinden, und ich schilderte ihm so gut ich konnte meine Situation. Dies sei zu erwarten gewesen, meinte der Arzt und erklärte nach einer gründlichen Untersuchung: „Also, mein Junge, wir versuchen es jetzt mit einer Brille, hoffentlich wird es dann besser." Er setzte mich auf einen Stuhl neben das Fenster und suchte mir der Reihe nach ein paar Gläser aus, bis zwei übrig blieben. Er forderte mich auf, auf die Straße zu schauen und ihm zu sagen, was ich da sehen könne. Gerade fuhr eine Kutsche vorbei, und er fragte, was für eine Farbe die Pferde hätten und wie viele Personen in der Kutsche seien. Über das Ergebnis waren wir beide sehr zufrieden. Ich war überaus glücklich, so gut sehen zu können. Er entließ uns mit der Bitte, die Brille so schnell wie möglich zu besorgen. Die könne man allerdings nur in Muresch kaufen. Nach ein paar Monaten solle ich wieder zur Kontrolle kommen, damit er feststellen könne, wie es mit der Brille ging.

Zu Hause waren alle einverstanden, die Brille zu kaufen. Aber wie? Muresch war über 60 Kilometer entfernt, und an Geld mangelte es sehr. Wir kamen auf die Idee, uns mit dem Präsidenten der Gewerkschaft in Verbindung zu setzen, der wöchentlich nach Muresch in die Sitzung fahren musste. Er war sehr freundlich und schien einverstanden zu sein, uns diese Reise zu ersparen. Erleichterung und Zufriedenheit darüber, dass sich auch für dieses Problem eine Lösung gefunden hatte, machten sich breit.

Ich meinerseits konnte es kaum erwarten, die Brille aufzusetzen, denn ich sah so gut mit ihr, dass ich mir so etwas nicht mehr vorstellen konnte. Täglich gab es Dinge, die mir die Arbeit erschwerten, weil ich nur verschwommene Umrisse wahrnahm. Das störte mich so sehr, dass es mich nervös und unzufrieden machte. Voller Vorfreude wartete ich auf meine Brille. Inzwischen waren schon mehr als zwei Wochen vergangen, und vom Präsidenten kam keine Antwort. Dann ging einer meiner Brüder, um sich bei ihm zu erkundigen. Dieser teilte meinem Bruder freundlich mit, dass er einmal vergessen hätte, vorige Woche aber sei er bei einem Optiker gewesen, der ihm gesagt hätte, er solle es in ein paar Tagen wieder versuchen, denn die Gläser hätte er nicht vorrätig. So vergingen mehr als drei Monate, bis er endlich zugab, dass er nicht mehr wisse, was mit dem Rezept geschehen sei. Vielleicht habe er es verlegt oder gar verloren.

Als ich das hörte, wurde ich sehr traurig. Hätte ich nicht immer wieder darauf gedrängt, dem Präsidenten einen Besuch abzustatten, wäre alles beim Alten geblieben, weil sich niemand für mein Problem zuständig fühlte. Ich verlangte, beim Arzt ein neues Rezept zu holen, doch mein Vater erklärte nur kurz: „Wenn du ohne Brille nicht siehst, dann siehst du auch mit Brille nicht besser." Das war die Denkweise von einfachen Leuten, die auf dem Dorf aufgewachsen sind und dort lebten, weit entfernt von der Stadt, wo es weder Radio noch Fernseher gab. Außer der Arbeit von früh bis spät schien sie nichts zu interessieren.

Mehr konnte ich in meiner Sache leider nicht bewirken, und so ging es weiter mit der schweren Arbeit, den ganzen Sommer durch. Nach der Gersten- und Weizenernte schaffte ich mit meinem Bruder Michael den Stallmist hinaus auf die Felder. Die Arbeit beim Auf-

und Abladen war körperlich so mühsam, dass ich manchmal für Sekunden nichts mehr sah. Michael war drei Jahre jünger und seit meinem Unfall immer neben mir. Unterwegs geschah es immer häufiger, dass meine Augen mir ihren Dienst verweigerten. Dann sagte ich zu ihm, dass es sicher nicht so schlimm gekommen wäre, wenn ich die Brille gehabt hätte. Um neun Uhr abends, als auch meine anderen Brüder aus der Arbeit kamen, melkten wir die Kühe, dann schafften Andreas und ich bis mitternachts aus einem Fluss den Zigeunern Wasser hinaus, die uns 30.000 Ziegeln herstellen sollten. All das dauerte einige Wochen, jeden Abend bis mitternachts, dann mussten über 20 Wagen Holz angeschleppt werden, die beim Brennen der Ziegeln benötigt wurden. Das war eine überaus schwere körperliche Arbeit, die an unseren Kräften zehrte. Doch sie musste sein, denn wir waren eine zehnköpfige Familie und hatten keinen Platz zum Schlafen, die ältesten Geschwister mussten abends bei unseren Großeltern übernachten.

5.

Die Vorbereitungen, ein Haus zu bauen, wurden nicht zum ersten Mal getroffen. Vor dem Krieg waren schon einmal alle Baumaterialien auf dem Hof, doch der Hausbau musste abgebrochen werden, weil mein Vater eingezogen wurde. Nach dem Krieg wurde er nach Russland deportiert, wo er als Zwangsarbeiter fast drei Jahre auf einer Baustelle als Zimmermann arbeitete. Hier, in Sibirien, waren ihm wegen der großen Kälte fast die Finger abgefroren, so dass ihm danach ein Zittern in der rechten Hand blieb, das so stark ausgeprägt war, dass ihm nichts mehr im Löffel blieb, vom Teller bis zum Mund. Er konnte sich auch nicht mehr selber rasieren. Wegen der großen Kälte und des spärlichen Essens war er ständig krank gewesen. Oft gab es nur einen Tee oder eine dünne Suppe mit trockenem oder verschimmeltem Brot. Vielmals durchforstete mein Vater vor Hunger den Müll, um etwas Essbares zu finden, stets in der Hoffnung zu überleben und seine Familie wiederzusehen.

Und so musste er sich regelmäßig einer ärztlichen Kontrolle unterziehen. Als die Ärztin in Sibirien erfuhr, dass er Zimmermann war, bat sie ihn, ihr zwei Stühle und einen Tisch herzustellen. Denn sie hatte nur ein leeres Zimmer und nichts zum Sitzen oder auf was sie hätte schreiben können. Als es ihm gelungen war, die benötigten Materialien von einer Baustelle zu beschaffen und ihr das Zimmer mit einem Schrank, einem Tisch und zwei Stühlen einzurichten, versprach ihm die Ärztin, dafür zu sorgen, dass er Russland mit dem ersten Transport verlassen und in seine Heimat zurückkehren konnte. Von da wurde er durch Polen nach Halle gebracht. Hier wurde er mit ein paar Landsleuten auf einem Bauernhof zugeteilt, wo er mit zwei Pferden in der Landwirtschaft arbeitete. Da es ihm hier gut ging und er wieder reichlich und regelmäßig Mahlzeiten erhielt, erholte er sich in kürzester Zeit. Doch überlegte er fieberhaft, wie er am schnellsten nach Hause gelangen könnte, denn er war seit Jahren ohne Nachricht von seiner Familie. Die Bauerwirtin empfahl ihm, alle Hebel in Bewegung zu setzen, um seine Familie nach Halle zu holen, sie wolle ihn tatkräftig dabei unterstützen. Seine Familie könne bei ihr arbeiten und ein schönes Leben führen. Aber all das hätte meinem Vater zu lange gedauert. Die Sehnsucht nach Frau und Kindern war zu groß, außerdem wollte er seine restlichen Lebensjahre in seinem Heimatort verbringen.

So geschah es, dass er sich nach einigen Monaten mit ein paar Kameraden auf den Heimweg machte. Sie fuhren bis nach Stelzenhof, wo sich ihnen noch einige Landsleute anschlossen, darunter auch eine 20-jährige Dame namens Sara, die ebenfalls unbedingt nach Hause gelangen wollte. Am Abend des 9. November 1947 entschlossen sich sieben Personen, die bayrisch-österreichische Grenze zu überqueren. Sie verliefen sich die ganze Nacht, bis sie von den Grenzpolizisten gefasst wurden. Mit dem wenigen Geld, das sie noch besaßen, kamen sie wieder auf freien Fuß. Weil Frau Sara es zu

Fuß und vor Müdigkeit nicht mehr schaffte (sie war sehr schwach und wog nur noch 39 Kilo), begleitete mein Vater sie zum Bahnhof. Von da stiegen sie in einen Zug und reisten bis nach Wien Ost. Hier suchten sie Arbeit, um Geld zu verdienen und weiter reisen zu können. Frau Sara arbeitete in einem Gasthof, mein Vater fand auf einer Baustelle, wo man besser verdienen konnte, Anstellung. Da es Gerüchte gab, dass die ungarisch-rumänische Grenze sehr streng bewacht wäre, wollte Frau Sara keinen weiteren Versuch mehr wagen. Wie befürchtet wurden mein Vater und andere Flüchtlinge am rumänischen Grenzübergang von den Hunden aufgespürt, festgenommen, in einen Keller gesperrt und nach drei Tagen nach Halle zurückgeschickt. Hier wurden sie erneut in einen Keller gesperrt. Bei einer Kontrolle wurde mein Vater zum Glück von einem Offizier erkannt und sofort auf freien Fuß gesetzt.

Nach kurzer Zeit wurde ein erneuter Versuch gestartet, dieses Mal aber waren es nur drei Männer. In der Tat gelang es ihnen, die Grenze zu überqueren. Todmüde suchten sie ein paar Kilometer hinter der Grenze nach einem Versteck, um sich ausruhen zu können. Um Mitternacht gelangten sie in ein Dorf. Da sie vor Müdigkeit nicht mehr weiterlaufen konnten, suchten sie auf einem Bauernhof Zuflucht und legten sich in den Stall zur Ruhe, unter der Bedingung, dass abwechselnd einer von ihnen wach blieb, damit sie im Schlaf nicht überrascht wurden. Mein Vater, der gut ungarisch, deutsch und rumänisch sprach, sollte am frühen Morgen, wenn jemand in den Stall kam, wach sein. Als es hell zu werden begann, betrat eine Frau den Stall, die zu einem Schrei ansetzte, als sie meinen Vater sah. Er trat sofort zu ihr und versuchte sie, so gut es ging, zu beruhigen. In kurzen Worten schilderte er ihre heikle Situation. Doch sie ließ sich so schnell nicht beruhigen, drängte darauf, sie sollten so schnell wie möglich verschwinden, denn ihr Mann werde sie der Polizei übergeben, weil er ein sehr schlechter Mensch und andauernd betrunken sei.

„Trotzdem", bat mein Vater inständig, „versuchen sie es bitte, nur bis heute Abend, bis es dunkel wird. Auch Sie lieben ja ihre Familie, oder?" Diese Worte waren dazu angetan, ihren Widerstand schmelzen zu lassen. Mit Tränen in den Augen verließ sie den Stall und kam nach einer Weile wieder, diesmal mit heiterem Gesicht. „Ihr sollt sofort ins Haus kommen, sagt mein Mann", verkündete sie fröhlich. Wir packten unsere Habseligkeiten zusammen und betraten verängstigt das Haus. In gebrochenem Rumänisch erklärte der Hausherr: „So, die Leute gehören ins Haus, nicht in den Stall zu dem Vieh." Mit lauter, entschlossener Stimme forderte er seine Gäste auf, am Tisch Platz zu nehmen und ihm zu sagen, was sie denn zu ihm geführt habe. Seine Frau bat er, den Schnaps auf den Tisch zu stellen und ein warmes Essen zuzubereiten.

Alle waren von der Reaktion des Hausherrn überrascht, denn seine freundliche Art wollte gar nicht zu der Beschreibung passen, die seine Frau ihnen gegeben hatte. Trinken wollte keiner aus Angst, aber das Essen kam ihnen gelegen und mundete sehr. Sie fragten den Mann, ob er ihnen nicht helfen könne, einiges von den Kleinigkeiten, die sie bei sich hatten, wie Schuhe, Mundharmonika und anderes, zu verkaufen. Oder ob er ihnen Arbeit verschaffen könne, um Geld für die Reise zu verdienen, und andere Kleider, damit sie nicht so auffielen.

„Wie ich sehe, verlangt ihr sehr viel von mir!", ließ er sich mit ernster Stimme vernehmen, begann dann aber zu lachen. „Schon gut", lenkte er ein „ich werde es versuchen. Jetzt genug, ihr seid müde und müsst schlafen." Seine Frau bat er, ihnen das Bett in einem Zimmer vorzubereiten, damit sie sich ausruhen konnten. Auch diese Nacht hielten sie der Reihe nach Wache, denn sie waren im Ungewissen, was geschehen könnte. Am nächsten Morgen schien der Hausherr, der den Schnaps auf dem Tisch stehen hatte, etwas beunruhigt zu sein.

„Hallo, wie habt ihr geschlafen?" – „Gut, danke." – „Ich habe eure Situation mit meinem Nachbarn besprochen. Er besitzt eine Schuh-Reparaturwerkstatt und ist bereit, euch Arbeit zu geben, wenn ihr euch bei so etwas zurechtfindet, oder ihr könnt das Feuerholz hacken, das er im Hof hat. Und auch bei mir gibt es einiges zu tun, damit ihr euch das Geld für die Reise verdienen könnt. Aber es darf nicht länger als ein paar Tage dauern, damit nicht herauskommt, dass wir fremden Leuten ohne polizeiliche Aufenthaltsgenehmigung Schutz gewähren. Jetzt legt bitte alles auf den Tisch, was ihr verkaufen wollt."

Als er die schönen Schuhe sah, die einer dabeihatte, überreichte er sie sofort seiner Frau, mit der Bitte, sie solle sie anprobieren, ob sie ihr auch passen würden. Die anderen Sachen nahm er an sich, und in ein paar Tagen hatten alle Flüchtlinge neue Kleider und Fahrkarten dazu. Am selben Abend, als es dunkel wurde, begleitete er sie zum Bahnhof und erklärte ihnen, wie sie unbemerkt einsteigen könnten. Und los ging die Reise in die Heimat. Die Fahrkarten waren allerdings nur für 150 km, bis nach Klausenburg gültig, so dass sie von da an versteckt auf Güterzügen reisen mussten.

So geschah es, dass mein Vater nach einer langen und abenteuerlichen Reise an einem kalten Morgen, bevor es zu dämmern anfing, sein lang ersehntes Heim erreichte. Er sprang über den Zaun zu seinen Schwiegereltern, um sich da vor der Polizei zu verstecken. Zu Hause hätten ihn die Kinder vor lauter Freude verraten. Aber das sollte ihm nicht ganz gelingen, denn er wurde von der Frau, die ihre Kühe bei uns im Stall hatte, gesehen, als sie zum Füttern kam. Sie erzählte es sofort meiner Mutter und diese, freudig überrascht, gab es an uns Kinder weiter. All das geschah im Januar 1948, als mein Vater endlich wieder zu Hause war, unverletzt nach zwei Weltkriegen, die er mitgemacht hatte. Bei seiner Rückkehr fand er nichts mehr so vor, wie er es zurückgelassen hatte. Denn im Herbst 1945 hatte der Bürgermeister alles den Zigeunern übergeben: den Boden, bevor er eingeerntet war, das Vieh mitsamt des Wagens und all dem, was man für die Landwirtschaft benötigte. Und die ganzen Ziegeln und alle anderen Materialien, die für den Hausbau benötigt wurden. Meine arme Mutter musste in seiner Abwesenheit mit so vielen Kindern alleine zurechtkommen. Mein Vater konnte nicht glauben, dass sein Hof und sein Stall nun anderen gehörte, und musste wieder ganz von vorn anfangen.

6.

In kurzer Zeit kaufte er eine Kuh, weil wir Milch brauchten, danach kam auch die zweite. Als geschickter Handwerker baute er sich einen eigenen Wagen sowie alles, was wir für die Landwirtschaft benötigten. Für die Hälfte der Ernte bearbeiteten wir den Boden von Leuten, die in die Stadt ausgereist waren. Die Bemühung, sich ein Haus zu bauen, gab mein Vater nicht auf, obwohl ein Hausbau zur damaligen Zeit große Schwierigkeiten bot. Am Geld wurde so gespart, dass schließlich alle Materialien gekauft werden konnten.

Nachdem die Ziegeln fertig gebrannt waren, mussten wir sie nach Hause in den Hof bringen. Diese schweißtreibende Arbeit wurde immer am Wochenende unternommen, als alle Landwirte zu Hause waren. Traditionsgemäß halfen sich in solchen Fällen die Landsleute untereinander. Alle die, die Transportvieh bereitstellten, kamen mit dem Wagen. Andere stellten sich beim Auf- und Abladen zur Verfügung, wo man die Ziegeln von Hand zu Hand warf, damit es schneller ging. Bei dieser Tätigkeit bemerkten meine Angehörigen, mit denen ich zusammenarbeitete, dass ich meinem Sehvermögen nicht recht trauen konnte, da ich die Ziegeln nicht richtig zu fassen bekam. So entstand von allen Seiten von Neuem der Druck, mich von einem guten Augenarzt untersuchen zu lassen, denn es wäre schade um mich. Der Schwiegervater meines ältesten Bruders Johann hatte einen ähnlich schwierigen Fall erlebt, einen Unfall, an dem er sich selber die Schuld gab, weil er nicht vorsichtig genug gewesen war und danach ein paar Tage nichts sehen konnte. Daher wusste er ganz genau, wie schlimm es war, blind zu sein. Ihn hatte ein sehr guter Augenarzt in Hermanstadt gerettet, ein Deutscher, der in Berlin studiert hatte.

Da der Druck von allen Seiten immer größer wurde, gaben meine Familienangehörige diesem schließlich nach und willigten ein, mich von diesem Arzt untersuchen zu lassen. Aber ich wollte zu Doktor Mihai aus Blasendorf, bei dem ich bereits gewesen war und der uns darauf aufmerksam gemacht hatte, dass wir, wenn ich Probleme mit meinem Auge hätte, nicht den Fehler machen sollten, einen anderen Arzt aufzusuchen. Ich wollte unbedingt zu ihm, denn er operierte schon damals äußerst erfolgreich alte Leute am Grauen Star. Aber mein Drängen wurde übergangen, und ich hatte keine andere Wahl, als dies zu akzeptieren.

So geschah es, dass wir uns an einem späten Abend auf den Weg machten, um am Morgen des nächsten Tages anzukommen. Als wir schließlich am Hermanstädter Bahnhof ausstiegen, kam ich aus dem Staunen über all das, was ich zu hören und zu sehen bekam, nicht mehr heraus. Noch nie hatte ich einen so großen Bahnhof gesehen, in dem Hunderte von Reisenden in alle Richtungen drängten, aus- oder einstiegen oder aus dem Gedränge hinauszugelangen suchten, um sich nach dem richtigen Bahngleis zu erkundigen. Als wir uns einen Weg auf die Straße gebahnt hatten, begannen wir uns nach dem Weg zum Krankenhaus zu erkundigen, aber niemand vermochte uns Auskunft zu geben. Noch nie zuvor hatte ich eine so große Stadt mit so hohen Gebäuden und Straßen gesehen, in der so viele Trams, Busse und Autos den Verkehr bestimmten.

Es war an einem schönen, sonnigen Frühlingsmorgen des Jahres 1956. Wir liefen zu Fuß durch die Straßen, um jemanden ausfindig zu machen, der uns den Weg zum Krankenhaus für Bahnangestellte weisen konnte. Inzwischen wurden auch die Geschäfte geöffnet, und so ergab sich für uns eine günstigere Gelegenheit, Erkundigungen einzuholen. Nach einigen Stunden des Umherirrens durch die Straßen Hermannstadts erreichten wir schließlich das Krankenhaus. Doch wir hatten wenig Glück, denn Doktor Werner, der Arzt, den wir suchten, war an diesem Tag nicht im Krankenhaus, und keiner konnte uns sagen, ob er am nächsten Tag kommen werde. Unschlüssig standen wir eine Weile rum und wussten nicht, wie es nun weitergehen solle. Da kam uns die rettende Idee, seine Privatanschrift in Erfahrung zu bringen. Als wir diese nach längerer Wartezeit schließlich in den Händen hielten, ging das Ratespiel, in welche Richtung es nun gehe, wieder los. Der Pförtner und andere befragten Personen erklärten, es sei nicht weit, doch gab es verschiedene Meinungen über die Richtung, in der der Arzt wohnte. Wir könnten zu Fuß gehen oder ein paar Haltestellen mit dem Bus fahren. Aber egal, welche Richtung wir einschlügen, wir kämen stets auf dieselbe Straße – das war das endgültige Fazit der Widerstreitenden.

Wir irrten stundenlang in sengender Hitze durch die Straßen, erschöpft von Müdigkeit, Hunger und Durst. Den Fußgängern, die wir ansprachen, war weder der Name des Arztes noch der gesuchten Straße bekannt. Wir beendeten schließlich unsere Odyssee an einem hohen Gebäude, das einen großen Garten hatte. Der Garten war wunderschön, beide Seiten des Bürgersteigs zierten Bäume und bunte Blumen, und im Schatten dieser Bäume gab es Bänke. Auf einer dieser Bänke saß eine alte Frau. Die Schönheit des Gartens machte auf uns den Eindruck, dass der Arzt hier wohnen könnte. Wir klopften ans Gartentor, um jemanden auf uns aufmerksam zu machen, aber nichts geschah. Dann öffneten wir sie mit Mühe und traten zu der Alten. Wir mussten unser Anliegen wiederholt vorbringen, denn sie hörte schlecht und wusste auch nicht, ob ein Arzt namens Werner im Gebäude wohne. Sie bot sich an, nachzufragen, und sagte, wir sollten uns setzen, bis sie zurück sei. Aber sie blieb sehr lange weg. Daher gingen wir zur Eingangstür und klingelten, bis eine Frau erschien, die ihrer Kleidung nach eine Köchin sein musste. Sie sah uns forschend an und fragte, wen wir denn suchen würden? Einen Augenarzt namens Werner. Ja, aber wir müssten warten, weil er jetzt mit anderen Problemen beschäftigt sei. Die Sprechstunden begännen erst in einer halben Stunde, wir könnten auf einer Bank oder im Wartesaal warten. Wir folgten ihr müde und erleichtert zugleich in den Warteraum. Denn es lag ja in unserem Interesse, so schnell wie möglich unser Problem zu erledigen. Nach einer guten Wartezeit öffnete sich eine der vier Türen, die zum Wartesaal führten, und ein Mann mittleren Alters wandte sich an uns mit der Frage: „Auf wen warten Sie?" Wir schilderten ihm meine Situation, und der Arzt nahm eine gründliche Untersuchung vor. Danach erklärte er, dass es sich bei mir um den Grauen Star handele, der operiert werden müsse. Wir wollten wissen, ob sich der Zustand nach der Operation nicht verschlechtern könne, denn es wäre schade, wenn ich völlig erblindete. Nein, auf keinen Fall, versicherte uns der Arzt. Denn nach der Operation müsse ich so gut sehen, dass ich wieder lesen könne, mit oder ohne Brille. Doktor Werner gab aber zu bedenken, dass ich nur interniert werden könne, wenn jemand aus unserer Familie bei der Bahn angestellt war. Denn wir bräuchten eine Bescheinigung von einem solchen Unternehmen. Wenn alles erledigt sei, sollten wir am 21. Mai wieder vorstellig werden. Zum Glück war auch die benötigte Bescheinigung kein Problem, denn mein Bruder Johann arbeitete seit ein paar Monaten bei der Bahn.

7.

Da auch dieses Problem gelöst worden war, blieb uns nur noch, den festgelegten Termin wahrzunehmen. Nach einem langen Vertrauensgespräch mit dem Arzt, der uns immer wieder versicherte, dass nichts schief gehen könne, verließ mein Vater voller Hoffnung und Vertrauen das Krankenhaus, mit der sicheren Gewissheit, diesmal die richtige Entscheidung getroffen zu haben.

Am Tag nach der Einweisung ins Krankenhaus begann die Behandlung, und es wurden Vorkehrungen für die anstehende OP getroffen. Ich erhielt dreimal täglich Augentropfen, wahrscheinlich dieselben, die ich nach dem Unfall in Blasendorf erhalten hatte. Ich kam ins Staunen und freute mich sehr, dass ich von Tag zu Tag besser sehen konnte. Auch meine Zimmerkollegen waren über meine Fortschritte überrascht, denn ich begann, mit ihnen Schach und Mühle zu spielen. Nach zwei Wochen Behandlung konnte ich wieder lesen, was groß und mit Tinte geschrieben war. Die Freizeit verbrachte ich draußen im Garten, wo ich, ohne auf Hilfe angewiesen zu sein, spazieren ging und mit großer Neugier den vorbeirauschenden Straßenbahnen, Bussen und Autos zusah.

Durch meine Fortschritte ermutigt, versuchte ich den Arzt davon zu überzeugen, die Operation nicht mehr durchzuführen, da mir die Augentropfen sehr geholfen hätten. Mit den Tropfen und der Brille könne man doch einen neuen Versuch wagen, vielleicht klappe es auf diese Weise. Doch der Arzt wehrte ab, mit der Begründung, dass er sein gegebenes Versprechen nicht zurücknehmen könne.

So geschah es, dass er an einem Nachmittag, als er zur Visite kam, erklärte, ich solle am Abend und am Morgen danach nichts mehr zu mir nehmen. Der nächste Morgen brach an, und Doktor Werner holte mich persönlich ab. Er bat mich freundlich, brav mitzuhelfen, denn es läge nicht nur in seinem, sondern vor allem in meinem Interesse, wieder gut zu sehen. Ich wurde auf den Operationstisch gebeten, die Hände wurden mir zugebunden, und ich bekam etwas auf die Nase gelegt, in das ich einatmen sollte. Da ich aber den Geruch nicht vertrug, versuchte ich verzweifelt, durch den Mund zu atmen oder drehte den Kopf nach rechts oder links. So schafften sie es nicht, mich in Narkose zu versetzen, und schon eilte ein kräftiger Mann zu Hilfe. Der hielt mir den Kopf fest, damit ich ihn nicht mehr umdrehte. Aber auch das war nicht so einfach, denn ich hatte einen kurzen Haarschnitt, an dem seine Hände abglitten. So blieb ihm nichts anderes übrig, als mich an den Ohren zu fassen zu kriegen, dann fiel ich endlich in tiefen Schlaf.

Als ich erwachte, ging es mir sehr schlecht. Ich wurde von einem unangenehmen Geschmack und Geruch geplagt, denn von innen drängte es mich, mich zu übergeben, aber es kam ja nichts. Dann sagte die Krankenschwester, ich solle tief ein- und ausatmen, solle versuchen, mich zu beruhigen, denn die Aufregung könne schaden. Ich versuchte, ihren Ratschlägen nachzukommen, aber es war unmöglich. Einige meiner Zimmerkollegen standen um mich herum und hielten mein Hände und den Kopf, damit ich aufhörte zu zittern. Da alles nichts half, verabreichte mir die Krankenschwester ein Beruhigungsmittel.

Es ging mir weiterhin sehr schlecht, denn all das, was ich mit Mühe zu mir nahm, kam nach kurzer Zeit wieder heraus. Von einem kräftigen, gut aussehenden Jungen war in wenigen Tagen nicht mehr viel übriggeblieben, ich war nur noch Haut und Knochen. Gleichzeitig fieberte ich dem Tag entgegen, an dem das Auge freigemacht wurde, an dem sich zeigen würde, wie viel ich sehen konnte. Als die Zeit endlich gekommen war, untersuchte mich der Arzt gründlich und stellte eine Reihe von Fragen: „Wie viele Finger habe ich hier?" – „Ich sehe nicht einmal Ihre Hand, wie kann ich da Ihre Finger erkennen, die doch viel kleiner sind?" Er versuchte es nochmals und nochmals, aber ich konnte nichts unterscheiden. Auch ihn als Person konnte ich nur der Stimme nach erkennen. Er regte sich furchtbar auf, begann mir zu drohen, dass, wenn ich ihm nicht die Wahrheit sagte, er mich noch einmal operieren müsse. Er holte ein paar Mal tief Luft, drehte mit fahrigen Bewegungen am Schalter und fragte, ob das Licht an oder aus sei. Das konnte ich richtig beantworten, aber als er mir ein großes Buch in die Hand drückte, konnte ich ihm die Farbe der Buchdeckel nicht nennen. Der Arzt wurde immer nervöser, und er war wie ich vom ganzen Ablauf sehr enttäuscht. Er forderte die Krankenschwester auf, mich in seinen Behandlungsraum zu begleiten. Dort setzte er mich auf einen Stuhl, drehte mich in alle Richtungen, um mithilfe seiner technischen Apparatur besser ins Auge schauen zu können. Nach einer langwierigen Untersuchung bat er die Krankenschwester, mein Auge zu verbinden und mir weiter dreimal täglich die Tropfen zu verabreichen.

Als ich auf meinem Bett saß, konnte ich nicht umhin, enttäuscht und entmutigt all die traurigen Begebenheiten meiner unglücklichen Kindheit Revue passieren zu lassen. Meine Zimmernachbarn versuchten mich zu ermutigen und fragten nach meiner Leidensgeschichte. Ich schilderte ihnen mutlos meinen kurzen unglücklichen Lebenslauf, und sie waren erstaunt über all das, was sie zu hören bekamen. Auch die Krankenschwester meinte, dass ihr in ihren 15 Berufsjahren ein solcher Fall noch nicht begegnet sei. Dann trat betretene Stille ein, die schnell abgelöst wurde durch Worte der Ermutigung und des Trostes, aber vor allem der Hoffnung, dass der Arzt alles in seiner Macht Stehende tun würde, um mir zu helfen.

Seit dem Eingriff war eine Woche vergangen, und mein Vater besuchte mich im Krankenhaus, um in Erfahrung zu bringen, wie es mir gehe. Seine Unzufriedenheit und Nervosität konnte er nur schwer überspielen. Nachdem ich ihm alles berichtet hatte, war er eine Weile sprachlos. Er ging sich dann nach dem Arzt erkundigen, dem er einige Fragen stellen wollte, aber er erhielt stets dieselbe Antwort. Normalerweise sei er Sonntag nicht im Krankenhaus, und zu Hause wolle er nicht gestört werden. Auch er schien überzeugt zu sein, nichts mehr ändern zu können. Da im Kreise unserer Familie am 23. Juni eine Hochzeit anstand, wollten meine Familienangehörigen, dass ich bis dahin das Krankenhaus verließ, damit wir gemeinsam das Fest feiern konnten. Denn sie konnten sich unmöglich fröhlich unterhalten, wenn der eine im Krankenhaus lag.

So geschah es, dass mein Bruder Danial, der Bräutigam, mich ein paar Tage vor seinem Hochzeitstag aus dem Krankenhaus abholte. Nach einer kurzen Begrüßung eilte er zum Arzt, um ein Gespräch mit ihm zu führen. Nach kurzer Zeit – es musste wohl zu einem hitzigen Wortwechsel gekommen sein – kam er und bat mich, am Gespräch teilzunehmen, da ich ja von Anfang an dabei gewesen war. Ich hörte meinen Bruder in forschem Ton fragen, wann ich denn wie versprochen die Zeitung werde lesen können. Ja, gestand der Arzt, der Junge sei aus ihm unerfindlichen Gründen nach der OP sehr abgemagert. Aber er hoffe, dass ich mich schnell wieder erholen werde. Ich solle täglich bei den Mahlzeiten ein gekochtes Ei essen und nach dem Mittagessen ein Glas alten Wein trinken. Danach machten wir uns auf den Heimweg. Zu Hause waren alle auf meinen Bericht sehr gespannt, aber ich hatte keine Lust mehr, alles nochmals zu wiederholen. Ich beendete meinen kurzen Bericht mit den Worten, dass ich von all dem Erlebten furchtbar enttäuscht sei.

8.

An Arbeit war in meinem Fall gar nicht zu denken, denn ich war mit meinen physischen Kräften am Ende. Täglich gingen die anderen in die Arbeit, nur ich blieb zu Hause, allein mit meinem traurigen Schicksal. Am frühen Morgen weckten sie mich, um mit ihnen zu frühstücken, damit sie sehen konnten, was ich aß. Da ich überhaupt keinen Appetit an den Tag legte, drängte meine Mutter immer darauf, ich solle ihr sagen, was ich essen wollte, denn so könne es nicht weitergehen. Sie ließen mir das Mittagessen auf dem Tisch, ich musste es nur noch essen und den Wein dazu trinken. Aber als sie weg waren, eilte ich in die Scheune und legte mich ins Heu schlafen. Das Trinken von Alkohol versetzte mich, der ich im Alkoholkonsum ungeübt war, in eine solche Müdigkeit, dass ich mich nur schlafend davon erholen konnte. Als die anderen abends heimkamen, fanden sie mich schlafend und das Essen unberührt vor.

„So geht es nicht weiter", hörte ich sie reden, „wir müssen etwas unternehmen! Einer von uns, der am nächsten von zu Hause arbeitet, muss in der Mittagspause vorbeischauen und ihn zum Essen zwingen." Und wer konnte das anders sein als mein Vater, denn nur er war in der Lage, mich zu Sachen zu zwingen, die ich nicht wollte. Da sie es mit dem Essen irgendwie zustande gebracht hatten, dachten sie über eine Möglichkeit nach, auch meine Schlafzeit zu verkürzen. „So viel Schlaf bringt überhaupt nichts Gutes", erklärte meine

Mutter mit Tränen in den Augen. „Deshalb müssen wir etwas unternehmen, damit er wieder zu den normalen Schlafzeiten schläft."

Und so ging der Kampf mit unverminderter Härte weiter, der Druck wurde von Tag zu Tag größer, und ich musste mich ihm nolens volens fügen. Es war ja auch in meinem Interesse, so schnell wie möglich zu Kräften zu kommen, um wieder sicher auf meinen Beinen zu sein. So geschah es nach ein paar Wochen, dass sie mich in die Arbeit mitnahmen, obwohl ich ihnen nichts helfen konnte. „Du musst uns ja nicht helfen", war die Antwort meiner Mutter, „sollst nur mit uns reden bis Mittag, dann kannst du zwei Stunden schlafen." Die Entscheidung war wohl sehr klug, denn ich erholte mich zusehends. Ich verbrachte nunmehr den ganzen Tag an der frischen Luft, im Schatten der Weinstöcke oder verschiedener Bäume, unter einem schönen Himmel und hellem Sonnenschein, und meine blasse Gesichtsfarbe machte wieder einem gesunden Farbton Platz. Auch physisch kam ich wieder zu Kräften. Sogar mein Sehvermögen erholte sich langsam, aber es bestand keine Hoffnung mehr, wieder zu lesen. Nach drei Monaten war ich dann soweit, dass ich mich wieder alleine an mir vertrauten Orten bewegen konnte. Was größer war, konnte ich schemenhaft unterscheiden, auch die Menschen konnte ich bis auf ein paar Meter verschwommen wahrnehmen, erkannte sie aber nur an ihrer Stimme. Einen sehr großen Beitrag in dieser schwierigen und außergewöhnlichen Lage leistete meine Nichte Hermine. Sie war stets in meiner Nähe und nahm mich überallhin mit, wo es möglich war. An den Feiertagen trafen wir uns mit unseren Schulkolleginnen und Schulkollegen, die wie immer alle sehr nett zu mir waren.

Die Zeit, um eine Augenkontrolle durchführen zu lassen, rückte immer näher heran. Und so saßen wir gespannt im Wartesaal und warteten, bis wir an der Reihe waren. Ich überlegte, was der Arzt wohl sagen und was er weiter unternehmen würde. Wenn er die Tür öffnete, um einen neuen Patienten ins Sprechzimmer zu bitten, schaute er gespannt in unsere Richtung. Als wir schließlich so weit waren und wir das Behandlungszimmer betraten, fragte er, ob alles mit meinem Auge in Ordnung sei. Als ich verneinte und ihn an den Zustand meiner Augen vor der Operation erinnerte, als ich ziemlich gut sehen konnte, wehrte er nur ab und begann, mir wieder dieselben Fragen zu stellen: „Wie viele Finger habe ich hier?" Als ich ihm erklärte, dass ich nur einen Schatten sehe, drückte er mir verschiedene Dinge in die Hand, deren Farbe ich erkennen sollte, aber das Ergebnis war genau so niederschmetternd wie vorher. Nach einer gründlichen Untersuchung sagte er: „Ich kann das alles nicht glauben, denn alles sieht so gut aus." Er wusste selber nicht, wie er sich am besten den Kopf aus der Schlinge ziehen sollte. Er überlegte eine Weile, schaute uns dann forschend an und erklärte bestimmt: „Wir versuchen es weiter mit anderen Tropfen, immer dreimal täglich. Und in sechs Monaten kommen Sie wieder vorbei, damit wir sehen, wie sich alles entwickelt hat.

Dann werde ich entscheiden, ob er von Neuem operiert wird, oder es klappt vielleicht auch mit der Brille."

Mut- und hoffnungslos verabschiedeten wir uns von ihm, mit dem Gedanken, dass es keinen Sinn hatte, das wenige Geld aus dem Fenster zu schmeißen. Unterwegs im Zug wurden wir von anderen Mitreisenden in unserer Entscheidung bestärkt. Denn im Wartesaal wurde die Glaubwürdigkeit des Arztes von einigen Patienten, die unzufrieden mit dem Verlauf ihrer Genesung waren, in Frage gestellt. Sie berichteten von einem anderen, besseren Arzt, der schon vielen Leuten geholfen hätte und mit seinen Patienten viel besser umgehe, höflich über deren Krankheit rede und sie ausführlich über die Risiken und Möglichkeiten in Kenntnis setze. Ein Mitreisender warf dann ein, Ärzte könnten auch nur das bewirken, was möglich sei, sie könnten auch nur mit Gottes Willen helfen, denn die Wissenschaft stoße auch auf ihre Grenzen. Diesmal war ich fest entschlossen, die Tropfen regelmäßig anzuwenden, genau wie im Krankenhaus, damit ich mir keine Vorwürfe machen musste.

9.

Es war ein schöner, warmer Sommer, sehr geeignet, um in der Scheune zu schlafen, auf dem Heu in der frischen Luft. Ich lauschte dem wundersamen Zwitschern der Vögel und quälte mich mit düsteren Gedanken und tausend Fragen, wie denn meine Zukunft nun aussehen könnte. Denn mit den Sehenden konnte ich nicht mehr arbeiten, völlig blind war ich aber auch nicht. All das verursachte ein unangenehmes Gefühl. Schließlich begann ich, mein Sehvermögen durch meinen Tastsinn und mein Gehör zu unterstützen. Fortan übte ich mich, als ich alleine zu Hause war und auf meine Familie wartete, in dieser Fähigkeit, und ich konnte von Tag zu Tag mehr Erfolge verbuchen. So fing ich wieder an, manches zu tun, da, wo es sich auch für mich mit dem Tasten eignete. Für uns Bauern war es ein äußerst erfolgreiches Jahr. Alle waren der Meinung, dass sich die mühsame Arbeit eines ganzen Jahres gelohnt habe. Von früh bis spät hörte man die Landwirte mit ihren Wägen voller Kartoffeln, Mais und Weintrauben bei uns vorbeifahren, und ihre Zufriedenheit war nur schwer zu überhören. Sie sagten, einen solch reichlichen Erntesegen habe es seit Jahren nicht mehr gegeben.

Auch in unserer Familie gab es diesmal außergewöhnlich viel Arbeit. Ich bat sie, mich aufs Feld mitzunehmen, um ihnen da, wo es möglich war, zu helfen. Bei der Kartoffelernte hielt ich ihnen die Säcke auf, damit sie sie füllen konnten, oder wir füllten zusammen einen großen Korb und trugen ihn zu zweit zum Wagen. Beim Auf- und Abladen, beim Sortieren der Kartoffeln nach deren Größe konnte ich meinen Tastsinn erfolgreich einsetzen. Auch beim Mais gab es gute Aussichten, ihnen zu helfen, so beim Abbrechen der Maiskolben von den Stängeln, die ich dann dem Gehör nach auf die entsprechenden Haufen warf. Abends, als man wegen der Dunkelheit auf dem Feld nicht mehr arbeiten konnte, befreiten wir die Kolben von den Blättern. Bei dieser Arbeit, wie auch in anderen Fällen, organisierten wir einen sogenannten Frontdienst. Wir gingen der Reihe nach von einem zum anderen. Beim hellen und wunderbaren Mondschein schnitten wir die Maisstängel mit der Sichel ab. Denn diese Arbeit musste getan werden, solange die Stängel feucht waren. Wir banden die Maisstängel zu Garben und legten sie der Reihe nach hin, eine neben die andere, damit ich sie einfacher finden konnte. Dann sammelten wir sie in größeren Haufen bis zu 30 Garben ein, damit es beim Aufladen schneller ging. Die Maisstängel benötigten wir zum Füttern der Kühe und Schafe. Vielmals konnte man diese Arbeit nicht rechtzeitig beenden, weil es Jahre gab, in denen es häufig regnete. Und manchmal hatten wir einen solch klebrigen Schlamm, dass man sich mit normalen Schuhen gar nicht fortbewegen konnte. Dann halfen nur noch lange Gummistiefel oder das sogenannte Stelzbein. Diese Tätigkeit wurde im Allgemeinen im Herbst und im Frühjahr verrichtet, manchmal auch im Winter, wenn es nicht so kalt war und der Schlamm nicht gefror.

Als es draußen auf dem Feld keine Arbeit mehr für mich gab und auch die Kühe nicht mehr zum Fressen hinausgingen, beschäftigte ich mich mit all dem, was für mich auf dem Hof geeignet war. Ich stand in der Früh um sechs Uhr auf und ging in den Stall, gab den Kühen zu fressen, dann machte ich sauber, warf den Mist hinaus und striegelte die Kühe mit einer Bürste. Dann streute ich frisches Stroh zwischen sie, damit sie sich darauf legen konnten. Als diese Arbeit beendet war, kam mein Vater zum Melken, erst dann zeigte sich, ob ich gute Arbeit geleistet hatte. Denn als es ihm gefiel, wie es aussah, sagte er: „Jetzt hast du dir einen Schnaps vor dem Frühstück verdient". Weil der Schnaps ja sehr stark gemacht wurde, über 50 Grad, mischten sie ihn mit Wasser und machten ihn süß. Als ich zum Frühstück kam, sagte meine Mutter stolz: „Komm und trink einen Schnaps, dein Vater ist mit deiner Arbeit zufrieden." Sie waren alle sehr froh darüber, dass ich meinen Möglichkeiten entsprechend wieder arbeiten konnte.

So verging ein Tag nach dem anderen, und der Winter 1956-1957 klopfte an die Tür. Als ich an einem frühen Morgen aufstand, um in den Stall zu gehen, schaute ich zum Fenster und sah nur weiß vor mir. Ich war überrascht und fragte mich, was das wohl wieder bedeuten könnte. Trotzdem entschied ich, in den Stall zu gehen. Als ich die Tür öffnete und einen Schritt machte, stellte ich fest, dass der Schnee mir bis über die Schuhe reichte. Ich überquerte den Hof und ging in den Stall, um den Kühen Futter zu geben. Ich suchte tastend einen Besen und kehrte den Schnee weg. Dann ging ich auf die Straße und machte auch da sauber. Als ich in den Hof trat, stellte ich fest, dass ich da, wo der Schnee weggekehrt war, schwarze Striche sah, zwischen dem weißen Schnee. Das war eine Überraschung, denn ich merkte, dass ich mich auf diese Art und Weise viel besser zurechtfand. Das verhalf mir zu mehr Sicherheit, und ich hatte ein größeres Vertrauen, wohin ich ging.

Für die Kinder war der Schnee eine große Freude, denn sie konnten kaum erwarten, mit den traditionellen, lustigen Winterspielen zu beginnen. So weit das Auge reichte, waren nur Kinder mit Schlittschuhen oder Schlitten zu sehen, die eine Schneeballschlacht veranstalteten. Alle Freunde, die bei uns vorbeigingen, fragten: „Was macht ihr, kommt ihr nicht mit?" Nach kurzer Überlegung stimmte ich zu. Michael und ich holten den Schlitten, zogen uns warm an, um nicht zu frieren, und gingen los, ohne jemanden davon in Kenntnis zu setzen. Wir organisierten Wettbewerbe, wer schneller Schlittschuh- oder Schlittenfahren konnte, wir bauten Schneemänner und vieles mehr. Und so verging die Zeit wie im Flug. Nach einer Weile fragte ich Michael: „Hallo, wie spät wird es denn sein? Ist es nicht Zeit, die Kühe zu füttern?" Er aber wehrte ab, und wir rannten noch eine gute Weile. Doch dann beschlossen wir, so schnell wie möglich den Heimweg anzutreten. Wir versteckten den Schlitten und eilten in den Stall. Wir waren erstaunt, als wir sahen, dass die Kühe bereits ihr Futter gekriegt hatten. Das konnte nur bedeuten, dass jemand unsere Abwesenheit bemerkt hatte. Wir machten uns schnell an die Arbeit, warfen den Mist hinaus, sammelten die Maisstängel aus der Krippe und gaben den Kühen das Heu. Als wir mit dieser Arbeit fertig waren, mussten wir wie jeden Abend das Feuerholz in die Stube tragen, bevor es dunkel wurde. Aber keiner von uns hatte den Mut, als Erster hineinzugehen. Michael sagte, ich solle gehen, und ich wiederum forderte ihn auf, als Erster die Stube zu betreten. Dann entschieden wir, es so wie immer zu tun. Wir füllten unsere Arme mit Holz und gingen, vor der Tür blieb Michael jedoch stehen, um mir den Vortritt zu lassen. Wir legten das Holz ab und wollten wieder hinaus, als mein Vater in strengem Ton fragte: „Wo wart ihr bis jetzt?" – „Im Stall, wieso denn?" – „Ich war da und habe den Kühen zu fressen gegeben." – „Wir waren Schlittenfahren." Da kam uns unsere liebe Mutter zu Hilfe und rettete uns vor dem Riemen. „Was willst du denn, lass sie doch in Ruhe", sprach sie zu meinem Vater, „sie sind doch Kinder, oder willst du, sie sollen jetzt schon unsere Sorgen haben?" Dann wandte sich mein Vater zu uns und sagte: „Morgen nach dem Frühstück sägt ihr das Holz, das vor dem Schuppen liegt." Seine Stimme klang sehr ernst, und auch der Auftrag machte den Eindruck, dass es sich um eine Strafe handelte.

Wir hofften, die Arbeit so schnell zu schaffen, dass noch Zeit zum Schlittenrennen übrigblieb. Am nächsten Morgen machten wir uns beherzt mit einer Zwei-Personen-Säge an die Arbeit. Aber zu Mittag mussten wir feststellen, dass es uns nicht gelingen würde, das Holz in der erhofften Zeit zu schaffen. Beim Mittagessen waren wir müde und traurig, und unsere Mutter fragte, was denn mit uns los sei. Wir beklagten uns, dass wir es an dem Tag nicht schaffen würden. „Ihr habt auch morgen noch Zeit, die Tage enden ja nicht heute", war ihre Antwort. Es war eigentlich ein gut gemeinter Rat, aber nicht den, den wir zu hören erhofft hatten. Denn nachdem wir mit dieser Aufgabe fertig waren, kam es noch schlimmer. Die Ältesten gingen mit unserem Vater in den Wald Holz hauen und nahmen uns mit, um hinter ihnen das Holz in größeren Haufen zusammenzutragen, und das in einem kniehohen Schnee. Für Michael und mich war es zwar auch schön, im Schnee herumzutoben, aber doch nicht so gut wie mit den anderen Kindern, wo alles freiwillig war. Sie hatten uns sogar ein Feuer gemacht, wo wir uns wärmen konnten, hatten Schnaps und Wein dabei, den wir tranken, um uns zu wärmen. Vielmals war es so kalt, dass sogar das Essen gefror. Mit solcherlei Beschäftigungen verbrachten wir den Winter.

10.

Am frühen Morgen des 11. Januars 1957 reiste unser Vater in die Stadt Semartin, jedoch nicht ohne die Aufgaben für den Tag unserer Mutter überlassen zu haben. Als wir aufwachten, gingen wir wie immer in den Stall und verrichteten unsere Arbeit. Weil wir ja wussten, dass er nicht zu Hause war und von unserer Mutter eine größere Freiheit erhielten, überlegten wir voller Vorfreude, wie wir den Tag am besten verbringen könnten. Beim Frühstück fiel uns sofort auf, dass unsere Mutter nicht so gut aufgelegt war wie immer, doch wir wussten nicht, woher ihre Traurigkeit herrührte. Wir setzten uns an den Tisch, und sofort eröffnete sie uns, dass wir bei unseren Schwestern Maria und Regina das Holz aus der Scheune sägen und es in den Schuppen schaffen sollten. Als wir das hörten, verließ uns schlagartig der Appetit. Wir versuchten zu protestieren, obwohl wir wussten, dass das keinen Sinn hatte. Denn sie konnte sowieso nichts dagegen unternehmen, weil wir jeden Abend von unserem Vater gefragt wurden, ob wir unsere Aufgaben erledigt hätten. Maria war die Älteste von uns und wohnte nur vier Häuser weiter. Die Großeltern hatten sie, als sie noch klein war, zu sich genommen und großgezogen. Inzwischen hatte sie geheiratet und zwei Kinder in unserem Alter, Hermine und Martin, die für uns wie Geschwister waren. Ihre Mutter zog sie alleine groß, da ihr Vater nach dem Zweiten Weltkrieg in Deutschland geblieben war.

Wir fügten uns also unserem Schicksal und machten uns mit einer Handsäge an die Arbeit. Es war ein sehr schöner, kalter Wintertag, denn der Schnee knirschte unter den Schuhen und kam uns bis unter die Knie. Wir überlegten betrübt, warum uns denn immer so wenig Zeit zum Spielen übrig blieb. Und dass wir die Winterspiele nicht auskosten konnten, wie wir uns das wünschten. Der Hof bot eine ausgezeichnete Lage, von der Scheune bis zur Straße ein Schlittschuh- oder Schlittenrennen zu veranstalten, und so kamen wir auf die Idee, eine Spur zu machen. Gesagt – getan! Wir griffen beherzt zu Schaufel und Besen, und als wir fertig waren, rannten wir eine Weile. Dann bat ich Michael und Martin, uns an die Arbeit zu machen. Das Holz hatte eine Länge von einem Meter und war nicht besonders dick. Man konnte es sehr gut mit der Handsäge durchsägen. Wir suchten uns jeder einen Sägebock, auf den wir das Holz legten, dann begann der Wettbewerb, wer am meisten sägen könne. Bis zur Mittagspause hatten wir mehr als die Hälfte hinter uns. Beim Essen war es sehr warm in der Stube, und die Müdigkeit überkam uns mit aller Macht, so dass wir keine Lust auf Arbeit hatten. Außerdem hatten sich inzwischen bei meiner Schwester zwei Mädel mit Handarbeit eingefunden, mit denen wir uns über alles Mögliche unterhielten. Wir lachten und hatten eine Menge Spaß zusammen. Dann fragte eine von ihnen: „Was ist los mit dir, dass du so guter Laune bist? Hat Hermine dir zu viel zu trinken gegeben?" – „Ja, ich habe fast ein Liter Wasser getrunken", gab ich schelmisch zurück. „Was sagst du da, vom Wasser bist du so guter Laune? So lustig haben wir dich seit Langem nicht mehr gesehen."

Der Tag war wunderbar und ging schnell vorüber. Inzwischen war es später Nachmittag, Zeit also, um die Kühe zu füttern. Beim Abschied erteilte ich Michael und Martin den Auftrag, die letzten vier oder fünf Stück Holz zu sägen und dann alles in den Schuppen zu bringen. Nachdem ich den Kühen zu fressen gegeben hatte, entschied ich, meinen guten Freund Michael zu besuchen, der für ein paar Tage nach Hause gekommen war. Denn er besuchte eine Schule, in der er eine Ausbildung als Schlosser machte und die sehr weit entfernt war, so dass er nur selten nach Hause kam. Als ich aber das Haus betrat, fiel mir auf, dass alle sehr traurig waren und weinten, weil eins der vier Kinder seines Bruders sehr krank war und hohes Fieber hatte. So vertagten wir unser Gespräch auf einen anderen Tag.

Als ich heimkam, war auch mein Bruder Michael schon zu Hause. „Was ist los, seid ihr schon fertig mit dem Holzsägen?" – „Nein, Martin soll sich selber machen, was geblieben ist." – „Wieso denn?" – „Wir haben uns um deine Säge gestritten." – „Ihr seid ja beide verrückt, man kann sich auf euch wirklich nicht verlassen." Da unser Vater bald eintreffen musste und fragen würde, ob wir unsere Aufgabe für den Tag erledigt hätten, ging ich zurück zu meiner Schwester, um nachzuschauen, ob Martin das übrige Holz gesägt hatte. Aber alles war unberührt geblieben, und von Martin keine Spur. Ich machte mich schnell an die Arbeit, und nach dem

Sägen lud ich das Holz in zwei große Körbe auf den Schlitten, um sie dann in den Schuppen zu schaffen. Es war halb fünf, schon fast dunkel, und mit meinen schlechten Augen konnte ich sowieso nichts in der Scheune sehen. Ich verließ mich auf meinen Tastsinn, und als ich mich bückte, um das Seil vom Schlitten zu fassen, traf ich mein Auge. Womit, kann ich nicht sagen, denn es lag in der Scheune viel durcheinander, Drähte und Sägeböcke mit Nägeln, die nicht ganz hineingeschlagen waren. Es war furchtbar! Ich hob den Kopf und versuchte, mir einen Weg ins Haus zu bahnen, in der Hoffnung, dass nicht das Auge verletzt wurde, da ich ja keine Schmerzen verspürte, sondern dass eine andere Stelle des Gesichts betroffen war. Mit den Händen fasste ich ins Gesicht und, als ich warmes Blut spürte, schrie ich aus Leibeskräften, um auf mich aufmerksam zu machen. Als Hermine meiner so blutverschmiert ansichtig wurde und das Blutbad im Schnee und in der Scheune sah, fing sie ebenfalls zu schreien an: „Was ist denn los mit dir? Was hast du getan, du bist ja ganz blutig!", fragte sie und brach in Tränen aus. Dann nahm sie mich an der Hand und führte mich ins Haus. Ich versuchte, mir mit Wasser das Blut aus dem Gesicht wegzuwaschen, während Hermine bangend neben mir stand und sich nicht traute, nachzuschauen, ob es nun das gute Auge oder das schlechte getroffen hatte. Weinend ging sie auf ihren Bruder Martin los und machte ihm die schrecklichsten Vorwürfe. Wenn sie beide vorher das Holz gesägt hätten, wäre das alles nicht geschehen.

Ich versuchte weiter, mir das Blut aus dem Gesicht zu waschen, doch es gelang mir kaum, die Nase und den Mund zu befreien, um atmen zu können. Hermine stand völlig ratlos neben mir und wusste sich nicht zu helfen. Sie versuchte, mir das Auge zu verbinden, aber es gelang ihr nicht, denn das Blut spritzte immer noch daneben heraus. Dann versuchte sie es mit einem Handtuch, das sie fest um meinen Kopf band. Völlig aufgelöst, schickte sie ihren Bruder nach meiner Mutter. Als diese von dem neuen Unglück erfuhr, entfiel ihr das, was sie in den Händen hatte, und sie begann zu wehklagen: „Wie viel Unglück sich über dieses Kind zusammenbraut, immer ist es das Auge."

Als meine Mutter mich und das Blutbad im Hof sah, wurde ihr übel, und sie begann bitterlich zu weinen. Meine arme Mutter musste wegen mir auch so unglücklich sein und so viel leiden. Die Nachricht verbreitete sich in Windeseile, es sah aus wie bei einem Todesfall. Die Leute kamen und gingen, jeder mit einem Rat, wie man den Blutsturz stoppen könne.

Inzwischen hatte die Nachricht auch den Pfarrer ereilt, und er kam vorbei. Es war Mitternacht, und das Blut rann noch immer. Sie saßen der Reihe nach neben mir und reinigten mich vom Blut! Dann sagte der Pfarrer, wir sollten es mit Eis probieren, und in der Tat, das Blut wurde gestillt. Ich war von der Aufregung und dem ganzen Chaos furchtbar erschöpft. Auch regten mich das andauernde Flüstern und die unterschiedlichen Meinungen auf. Einige waren der Ansicht, dass man sofort einen Arzt aufsuchen müsse, andere sagten, dass es besser sei, tot zu sein als blind und unfähig. Dem konnte ich nur zustimmen. Ich verweigerte mich standhaft der Bitte meiner Familienangehörigen, ins Krankenhaus gebracht zu werden. Sie versuchten, mich zu überzeugen, wenigstens einen Krankenwagen aus der Nachbargemeinde holen zu lassen, weil sie sich um das Gerede der Leute sorgten, aber ich wünschte nur, in Ruhe gelassen zu werden, die Zeit solle alles erledigen. Schließlich gelang es meiner Schwester Katharina, mich zu überzeugen, und ich willigte ein, aber nur unter der Bedingung, dass sie mich persönlich begleitete.

So fuhren wir am späten Nachmittag mit einer Kutsche in die Nachbarsgemeinde, da uns kein Auto zur Verfügung stand. Von da wurde ich in die Augenklinik nach Blasendorf gebracht. Da es sehr spät war und wir davon ausgehen konnten, dass wir den Arzt nicht mehr im Krankenhaus antreffen würden, fuhren wir direkt zu ihm nach Hause. Als er meine Schwester erkannte, fragte er besorgt: „Ich hoffe, es ist nichts mit Helmut passiert!" Doch das war es. Aufgeregt versuchten beide, mich von den vielen Tüchern zu befreien. Als der Arzt Mihai aus Blasendorf das Ausmaß der Verletzung erkannte, war er sehr betrübt und sagte: „Wie konnte denn das passieren?" Er schickte uns sofort ins Krankenhaus und erklärte, dass er in ein paar Minuten auch da sein werde.

Als wir ankamen, liefen die Vorbereitungen für die OP schon auf Hochtouren. Auch die Schwester erkannte uns sofort und sagte: „Mein Gott, du armer Junge, was ist jetzt schon wieder los mit dir?" Im Behandlungszimmer, der Arzt war bereits eingetroffen, klagte die Krankenschwester noch immer über mein schweres Schicksal, während ich freigebunden wurde. Dann baten sie meine Schwester, hinauszugehen, aber ich hielt sie ganz fest an der Hand. Sie war schon draußen vor der Tür, ich aber ließ ihre Hand noch immer nicht los. Schließlich gab der Arzt nach und fragte meine Schwester, ob sie schwanger sei und ob sie das alles aushalten könne. „Ja", antwortete sie bestimmt, „ich habe ihm zu Hause fest versprochen, bei ihm zu bleiben, bis alles vorbei ist." Ich stieg auf den Tisch und hörte den Arzt zur Schwester sagen, sie solle die Narkose vorbereiten. Da begann ich unruhig zu werden und mich aufs Heftigste zu wehren. „Was ist los?", fragte der Arzt erstaunt, „woher kennst du denn so etwas?" Wir erzählten, dass ich bereits von einem Arzt in Herrmanstadt operiert worden sei, und er sagte verärgert: „Ich habe euch doch gesagt, ihr sollt zu mir kommen, wenn du Probleme mit dem Auge hast. Und warum ist er nicht in die Blindenschule gegangen, so wie ich es euch geraten habe? So hätte er sein Sehvermögen erhalten und sich allein zurechtgefunden, ohne auf fremde Hilfe angewiesen zu sein. Denn mit der Brille hat er ja sehr gut gesehen."

Aber darauf gab es keine Antworten mehr, denn es war zu spät. Der Arzt reinigte mein Gesicht vom Blut und sagte, dass es seiner Meinung nach keine Hoffnung mehr gebe, das Auge zu finden. Aber da er sich immer mehr dem Auge näherte, sagte er zur Schwester, sie solle mir ein paar Tropfen verabreichen. „Warum denn?", wollte ich wissen. „Du sollst keine Schmerzen haben." – „Sie können ruhig weitermachen, es gibt überhaupt keine Schmerzen, ich höre nur, wie die Schere knirscht, wenn Sie schneiden." Der Arzt wunderte sich sehr, und sie kamen meinem Auge immer näher. Auch beim Nähen verspürte ich keinerlei Schmerzen. „Ich habe mein Bestes gegeben", erklärte der Arzt. „Aber glaube nicht, dass es noch eine Hoffnung geben könnte."

Erst nach Mitternacht kam ich ins Bett. Ich war so erschöpft von all dem, was ich auch diesmal erleben musste, dass ich mir nur noch wünschte, so schnell wie möglich einzuschlafen. Es war ein Frauenzimmer mit mehreren Betten, weil meine Geschwister der Reihe nach neben mir sein wollten, solange es notwendig war. Seit diesem Tag hatte ich die Gewissheit, dass ich das Tageslicht nie wieder sehen würde. Für mich war es sehr schwer, mich damit abzufinden, aber alles, was vorgefallen war, konnte nicht mehr rückgängig gemacht werden. Das Geschehene gehörte der Vergangenheit an, auch wenn immer wieder dieselben Fragen aufkamen, warum es nur so hatte kommen müssen. Was habe ich falsch gemacht? Und warum muss ich ein so hartes Los ertragen, ein Leben lang? Das waren Fragen, mit denen ich mich herumschlug und die nichts Neues brachten. Die Patientinnen aus meinem Zimmer hörte ich darüber mit meiner Schwester reden. Sie stellten die Frage: „Wie wird er jetzt essen können mit Löffel und Gabel, wenn er überhaupt nichts mehr sieht? Wie wird er nur im alltäglichen Leben zurechtkommen?" Vielleicht wäre es doch besser gewesen, wenn ich an das Sprichwort gedacht hätte: „Was man heute nicht tun kann oder nicht machen will, soll man auf morgen oder für immer verschieben."

Ich wollte weder essen noch trinken, um nicht aufstehen zu müssen. Ich wusste nicht, wie ich den ersten Schritt tun sollte. Denn ich schämte mich, da ich stets den Eindruck hatte, dass alle mich mit ihren Blicken verfolgten, um zu schauen, was ich als Nächstes unternehmen würde. Früher oder später musste ich aber der Realität „ins Auge schauen", denn meine Schwester ließ mir keine Ruhe. Es fiel mir nicht leicht, mich unter den Blicken aller vorzutasten, aber meine Schwester hatte sie gebeten, mir Mut zu machen. Sie sagten, es könnte doch ein Wunder geschehen, und ich könnte dann vielleicht wieder sehen.

Als ich aufstehen musste, weil ich nicht mehr im Bett liegen konnte, hatte ich das Gefühl, in einer anderen Welt zu leben. Denn ich war so geschwächt, dass sich in meinem Kopf alles drehte. Es war sehr schwer und unangenehm, wieder von vorne zu beginnen. Aber da ich von Natur aus mit viel Mut ausgestattet war, begann ich mit den ersten Schritten. Ich hielt mich am Bett fest und lief von einem Ende zum anderen. Dann von einem Bett zum anderen, bis ich das ganze Zimmer kennengelernt hatte. Es ging von Tag zu Tag besser, und alle wunderten sich über meine Fortschritte.

Schließlich kam der Tag, an dem sich endgültig entschied, ob ich noch etwas sehen würde oder nicht. Nach allem, was geschehen war, war der Arzt zufrieden, wie alles aussah. Nur war das Auge jetzt viel kleiner, ich konnte es nicht genügend öffnen, musste mich mit den Fingern behelfen. Er führte eine gründliche Untersuchung durch und war erstaunt über das, was er feststellen konnte. Denn nach dem Zustand, in dem er mich vorgefunden hatte, hatte er Schlimmeres befürchtet. Dann fragte er, ob ich etwas sehen könne, eine Frage, die ich ihm nicht eindeutig beantworten konnte. Er gab mir ein Buch und forderte mich auf, ihm zu sagen, was für eine Farbe der Buchdeckel hatte. Ich bemühte mich aus allen Kräften, drehte es auf alle Seiten, bis ich endlich eine Antwort geben konnte. Das Buch hatte auf beiden Seiten verschiedene Farben. Meine Antwort war also richtig. Der Arzt wollte es nicht ganz glauben, und auch ich war nicht ganz überzeugt, ob ich es nun erraten oder gesehen hatte. „Gut", bemerkte er, „wir wollen sehen, wie sich alles weiterentwickelt. In ein paar Tagen werde ich entscheiden, wie es weitergeht."

Nach ein paar Tagen kam es zu einer weiteren Kontrolle. Auch diesmal klappte es mit den Farben, aber als er den Lichtschalter betätigte und von mir wissen wollte, ob das Licht an- oder ausgeschaltet sei, traf ich nichts mehr. „Ich habe daran gedacht, dich nochmals zu operieren, um dir das Augenlid zu verkleinern, damit du das Auge öffnen kannst. Das ist das Einzige, was ich noch für dich tun kann, aber das ist auch keine Garantie, dass

du sehen wirst. Die endgültige Entscheidung für diesen Eingriff bleibt aber bei euch."
Und so vergingen mehr als sieben Wochen, bis der Augenarzt mir endgültig den Bescheid gab, dass er mir nicht mehr weiterhelfen und dass ich das Krankenhaus verlassen könne. Gleichzeitig wiederholte er mit Nachdruck seinen Rat, denn das sei für mich die optimalste und einzige Lösung. „Wenn du dir auch diesmal nicht überlegst, was du mit deinem Leben anfängst, wirst du dich später mit Bedauern an meine Worte erinnern".

11.

Als ich nach mehreren Wochen wieder heimkehrte, kam mir alles fremd vor, obwohl mir die Wohnung mit allen Gegenständen sehr vertraut war. Die ersten Tage war ich etwas ängstlich, doch dann bekam ich alles wieder in den Griff, im Haus und auf dem Hof. Schwieriger war es jetzt auf der Straße, denn es gab sehr viele Brücken, und die Straßen waren sehr schlecht. Immer wenn ich vor unserem Haus stand oder ein paar Schritte machte und die Leute mich sahen, riefen sie mir zu: „Pass auf, du fällst neben die Brücke. Willst du dir jetzt auch noch eine Hand oder ein Bein brechen? Hast du nicht schon genug erlitten?" Auch die, die zu Besuch kamen, wechselten ein paar Worte mit mir, vergaßen aber nie, mich an den schrecklichen Unfall zu erinnern: „Ist es gut, was du getan hast und dass du jetzt nicht mehr siehst?" Dann gingen sie und unterhielten sich flüsternd mit meinen Eltern über meine Zukunft: „Was wird er jetzt tun, wo er doch völlig erblindet ist? Und wer wird auf ihn sorgen, wenn die Eltern nicht mehr sind? Wer weiß, was für Männer oder Frauen sich seine Geschwister finden werden. Dann werden die richtigen Schwierigkeiten erst beginnen." Sie glaubten vielleicht, dass ich als Blinder auch nichts mehr hören würde. Ich konnte deren Gerede nicht mehr ertragen. Auch meine Angehörigen merkten, dass all das mich beunruhigte. Aber sie sagten, dass sie den Leuten ja schlecht den Mund verbieten könnten. Dann stellte ich vielen die

Frage, woher sie denn mit Sicherheit sagen könnten, dass alles meine Schuld war?

Es war eine außergewöhnliche und unerträgliche Situation, der so schnell wie möglich ein Ende bereitet werden musste. Und weil ich tagsüber mit meinem Bruder Michael zu Hause war, versuchte ich ihn zu überreden, mich zum Schuldirektor zu begleiten. „Mein Gott, was willst du auch mit dem noch?" – „Das geht nur mich persönlich an." – „Bist du verrückt geworden?", entfuhr es Michael. „Wie soll ich das tun, ohne dass die Eltern davon Bescheid wissen?" – „Denen darf das auf keinen Fall zu Ohren kommen." – „Wieso denn?" – „Du bist noch zu klein, um das zu verstehen. Wenn du nicht mit mir gehen willst, dann such ich mir einen Stock und gehe allein." Michael befand sich in der Zwickmühle. Allein wollte er mich nicht gehen lassen. Doch mich zu begleiten bereitete ihm große Sorge, da ihn die Reaktion meines Vaters ängstigte. „Du gibst die ganze Schuld auf mich, wenn dich jemand fragt", wandte ich beschwichtigend ein. „Aber ich habe keine Lust auf Schläge!" – „Sicher wird es nicht so weit kommen. Und wenn, dann wirst du es wie bisher auch überleben." – „Na gut, dann gehen wir, wenn du unbedingt willst", lenkte mein Bruder ein, und wir zogen los.

Auf dem Schulhof kam uns der Direktor entgegen und fragte, was uns zu ihm führe. Ich erklärte, dass ich einige Fragen an ihn hätte, und wir gingen hinein. Wir kannten uns sehr gut, denn er unterrichtete die russische Sprache, als ich noch die Grundschule besuchte. Er wusste auch, dass mir das Lernen sehr viel Spaß machte. Ich schilderte ihm meinen sehnlichen Wunsch, wieder die Schulbank zu drücken, und erklärte, dass ich dafür seine Hilfe bräuchte, er sei nämlich der Einzige, der mir helfen könne. „Mein Gott", entfuhr es dem überraschten Direktor, „welche Schule willst du denn noch besuchen?" – „Die, wo ich noch etwas lernen kann." – „Was redest du denn da, Helmut! Wo, glaubst du, gibt es eine Schule für blinde Kinder?" – „Ja doch, Herr Direktor, es gibt auch für Blinde Schulen, wo man einen Beruf erlernen kann." – „Woher weißt du das alles? Ich bin seit so vielen Jahren Schuldirektor und habe keine Ahnung davon." – „Ich dachte, Sie seien der Einzige, der so etwas wissen könnte, Sie sind meine ganze Hoffnung. Der Augenarzt aus Blasendorf hat mir gesagt, dass es eine solche Schule in Klausenburg gäbe." – „Was? Davon weiß ich ja nichts. Wenn all dies wahr ist, wird alles unternommen, um dir zu helfen. Wenn ich in die Sitzung gehe, werde ich mich erkundigen, und wenn die nichts davon wissen, gehe ich zum Sozialamt, um Erkundigungen einzuholen. Wissen deine Eltern denn von deinen Absichten?" – „Noch nicht, aber ich werde es ihnen sagen."

Auf dem Heimweg fing mein Bruder an, sich aufzuregen und mir Vorwürfe zu machen. Wenn er all das gewusst hätte, wäre er nicht mit mir gekommen. Dann fing er an zu weinen und fragte mich, warum ich von zu Hause weggehen wolle. Und was die anderen sagen würden, wenn sie von dem Ganzen erfuhren.

Nach der Begegnung mit dem Schuldirektor war fast ein Monat vergangen, und ich hatte meinen Eltern noch immer nichts von meinen Plänen erzählt, weil ich zuerst den Bescheid des Direktors abwarten wollte. Langsam gewann ich den Eindruck, dass er mich nicht ernst genommen hatte. Ich überlegte schon, wie ich ihn wieder besuchen könnte, wusste aber, dass es schwierig sein würde, ein erneutes Treffen in die Wege zu leiten, denn mein Bruder war aufgeregt, weil noch immer alles geheim war. Er drängte mich immer wieder, es den Eltern zu erzählen, damit sie es nicht von anderen erfuhren, sonst wäre es viel schlimmer für uns.

So verging die Zeit, bis mich endlich die ersehnte Nachricht erreichte. An einem Abend, als wir schon im Bett waren und mein Vater nach Hause kam, fragte er meine Mutter: „Schlafen die zwei Spitzbuben schon?" – „Was hast du schon wieder mit ihnen, du glaubst, sie könnten so lange warten, bis du so spät nach Hause kommst?" – „Nein, das verlange ich ja nicht, aber ich werde dir jetzt eine Überraschung mitteilen, wozu diese zwei im Stande gewesen sind." Dann fingen sie an, sich im Flüsterton miteinander zu unterhalten, um uns nicht zu wecken. Mein Vater erzählte, dass der Schuldirektor bei ihm gewesen sei, um ihn über das, worum ich ihn gebeten hatte, zu informieren. Er habe ihn fragend angeschaut, weil er ja von nichts wusste. „Dann sagte der Direktor zu mir: ‚Was schauen Sie mich denn so an? Oder wissen Sie noch nichts?' – ‚Nein, entschuldigen Sie bitte, Genosse Direktor, aber ich verstehe überhaupt nicht, um was es sich handelt.' – ‚Hat Helmut Ihnen denn nicht gesagt, dass er bei mir gewesen ist?' – ‚Nein!' – ‚Dann muss ich Ihnen alles von Anfang an erklären. Er will eine Blindenschule besuchen und hat mich gebeten, mich zu erkundigen, ob es eine solche Schule gibt. Und was er tun müsse, um hingehen zu können.' Ich war sehr überrascht, so etwas zu hören, und wusste nicht, wie ich darauf reagieren sollte. Ich war eine Weile sprachlos. Alle, die im Büro waren, sahen einer zum anderen, dann sahen sie mich an. ‚Was ist los mit Ihnen, sind Sie denn damit nicht einverstanden?', wollte der Direktor wissen. ‚Meiner Meinung nach sollten Sie sich ihm nicht widersetzen, wenn das sein Wunsch ist. Denn er wird keine Ruhe geben, wenn er sich das vorgenommen hat. Es ist eine sehr kluge Entscheidung, wenn es eine solche Schule gibt, denn eine andere Wahl hat er nicht. Er ist davon überzeugt, dass es für ihn hier auf dem Dorf keine Zukunft gibt. Sie sollten dankbar sein, dass es eine solche Möglichkeit gibt und dass er selbst über sich bestimmen will. Wie es aussieht, besitzt er viel Mut, den man anerkennen sollte. Er ist noch jung und fähig, unterstützen Sie ihn in seinem Bestreben zu lernen, stärken Sie ihm den Rücken'." Mit diesen Worten beendet der Schuldirektor sein Plädoyer für mein Wohl.

Die außergewöhnliche Nachricht kam für alle überraschend. Niedergeschlagen und sprachlos wägten meine Familienangehörige die unerwartete Nachricht ab und versuchten, mich von meinem Ziel abzubringen. Doch ich bemühte mich aus allen Kräften und mit wohlüberlegten Worten, ihnen zu vermitteln, dass ich keine andere Wahl hatte. Mit ihnen zu arbeiten war unmöglich, den ganzen Tag herumzusitzen auch ziemlich unerträglich. „Außerdem möchte ich nach dem Tode unserer Eltern keinem von euch zur Last fallen. Wenn es schon diese Möglichkeit gibt, mich aus eigener Kraft im Leben zurechtzufinden, dann muss ich sie auch nutzen."

Das schien dann doch alle zu überzeugen. Seither sah ich meine Mutter immer mit Tränen in den Augen. Jeden Morgen, bevor sie in die Arbeit ging, weckte sie mich auf, damit ich essen konnte. In mütterlicher Fürsorge führte sie mich zum Waschbecken und reichte mir das Handtuch. Sie führte mich an den Tisch, zeigte mir den Teller und sagte: „Auf der rechten Seite neben dem Teller hast du den Löffel und die Gabel. Wer weiß, was du im Teller haben wirst, wenn du weggehst. Dort musst du essen, was man dir gibt! Die Mutter ist nicht mehr da. Wer weiß, was für Leute das sind, die sich um euch kümmern." Ich musste auch häufig mit den Tränen kämpfen, wenn ich so traurige Worte zu hören bekam, die von einer leidenden Seele kamen. Es waren bewegende Worte einer Mutter, die ihre acht Kinder aus ganzer Seele liebte. Sie musste die großen Sorgen tragen, um eine so große Familie zu ernähren und anzukleiden. Auch mir fiel der Abschied schwer, aber es musste sein. Egal, was jeder von uns dachte oder sagte, denn all das, was geschehen war, gehörte der Vergangenheit an. Wir mussten uns alle an die neue Situation gewöhnen, denn eine andere, bessere Wahl hatten wir nicht.

12.

13. Oktober 1957. Ein Tag voller Hoffnung und Freude war endlich gekommen. Keiner meiner Lieben hatte den Mut, mir die neue Nachricht zu überbringen. Es war ein sehr schöner Herbsttag, alle waren mit der Arbeit im Hof beschäftigt, nachdem sie von der Landwirtschaft heimgekommen waren. Ich war auch draußen im Hof an der frischen Luft und half ihnen, wo es möglich war. Denn im Herbst gab es ja immer sehr viel zu tun. Es könnte fast dunkel gewesen sein, so wie sie es mir sagten, aber meiner Meinung war es noch nicht die Zeit, um die ich hineinging. Als Erster kam mein Bruder Andreas heraus und bat mich in die Stube. „Es ist noch Zeit", gab ich zurück, „ich bleibe noch ein wenig an der frischen Luft." – „Wir sind aber alle drinnen, nur du bist allein hier im Hof." Ich merkte sofort an seiner Stimme, dass etwas nicht in Ordnung war. Dann kam meine forsche Schwester Katharina, zu der ich ein sehr inniges Verhältnis hatte. „Was machst du denn hier draußen allein? Das Abendessen ist fertig. Komm jetzt mit mir." Sie nahm mich am Arm, und wir gingen gemeinsam hinein. Es herrschte eine ungewöhnliche, gespannte Stimmung, niemand sagte ein Wort, ich hörte nur, dass sie schnieften, als weinten sie. Dann sagte Katharina mit zitternder Stimme: „Du hast Nachricht bekommen, dich am 13. Oktober beim Sozialamt in Semartin zu melden, wegen der Schule." – „Sehr gut, dass die Nachricht endlich gekommen ist und dass auch an mich jemand gedacht hat. Deshalb seid ihr alle so

traurig? Vielleicht habe ich mehr Glück von nun an im Leben, wenn es die Möglichkeit gibt, einen Beruf zu erlernen." – „Ja, aber was werden die Leute aus dem Dorf sagen, wenn du von zu Hause weggehst? Weil du blind geworden bist, wollen wir dich nicht mehr bei uns haben?" – „Was die Leute sagen werden, geht mich und auch euch überhaupt nichts an, denn einige von ihnen haben sowieso schon zu viel gesagt."

In Ruhe wurden Vorbereitungen für die Abreise getroffen. Ich sollte den Koffer selber packen, um genau zu wissen, wo und was drinnen war. Am nächsten Morgen um vier Uhr, als der Wecker klingelte, sprang ich auf, wusch mich und zog mich schnell an. Denn wir mussten bis zum Bahnhof zwei Stunden zu Fuß gehen. Es war ein sehr kalter und nebliger Morgen, in den ich große Hoffnung setzte. Als wir nach langem Fußweg das Sozialamt in Semartin erreichten, erfuhren wir, dass die Dame, die für mich zuständig war, erst später kommen würde. Also mussten wir ein paar gute Stunden Wartezeit in Kauf zu nehmen. Ein Kollege aus unserem Dorf, der von Geburt an blind war, war auch mit dabei, und unsere Väter entschieden, in die Stadt zu gehen, um einige Kleinigkeiten einzukaufen. Da seine Eltern von meinem Vater von der Blindenschule erfahren hatten, versuchten sie, ihn zu überzeugen, er solle auch mitkommen. Doch der junge Mann, der schon über 20 Jahre alt war, war mit sich und seiner Situation zufrieden, weil er sich in so vielen Jahren daran gewöhnt hatte. Wir saßen beide im Wartesaal, die Zeit verging, eine Stunde nach der anderen, und keiner von uns sagte ein

Wort. Jeder wägte in Gedanken ab, wie sich wohl alles weiterentwickeln würde.

Endlich erschien auch die zuständige Beamtin, und wir wurden hineingerufen. Sie überprüfte in Ruhe unsere Papiere, dann sagte sie: „Es gibt Probleme mit Klausenburg. Hin können wir nur diejenigen schicken, die das vierzehnte Lebensjahr noch nicht erfüllt haben. In eurem Fall haben beide diese Grenze überschritten. Das bedeutet, dass ihr nach Bukarest gehen müsst." – „Kein Problem", warf ich ein, „nur nach Hause dürfen Sie mich nicht schicken." – „Nein, das geht nicht, denn das Schuljahr hat schon seit einem Monat begonnen. Alles muss auf das nächste Schuljahr verschoben werden." Obwohl ich alles daran setzte, sie zu überzeugen (man könne ja das, was in einem Monat gelehrt wurde, nachholen), blieb es dabei: Ich musste noch ein Jahr abwarten.

Alle waren überrascht, als sie uns zurückkommen sahen. Als wir ihnen alles erklärten, sagten sie: „Die alten Leute haben doch Recht, wenn sie sagen, dass der 13. ein Unglückstag ist." Ich war über die ganze Entwicklung sehr betrübt, aber ein Jahr sei ja nicht so lang, bekam ich tröstend zur Antwort. Da es in der Landwirtschaft keine Arbeit mehr gab, war auch Hermine oft zu Hause. Um die Zeit schneller zu überbrücken, kam sie fast jeden Tag zu uns, oder wir gingen zu ihnen. Weil die Nächte im Winter ja so lang waren, gingen wir jeden Abend bis um 22 Uhr in die sogenannte Rockenstube. Das ging so die ganze Woche durch, ein Abend nach dem anderen, außer Samstag. Die Mädel nahmen stets Handarbeit mit, zum Stricken, Häkeln oder andere Näharbeiten. Die Buben spielten Karten, Remy oder andere Spiele. Sonntagabends wurde nur gesungen, getanzt und viel Spaß gemacht. Alle gingen wunderbar um mit mir, vor allem die Mädchen, die mich der Reihe nach zum Tanz aufforderten. Und damit ich mir die Zeit noch schöner und besser vertreiben konnte, wurde an einem Abend eine große Überraschung für mich vorbereitet. Als mein Vater aus der Arbeit kam, bemerkte meine Mutter sofort, dass er sich in einem anderen Zustand als sonst befand. Sie glaubte, dass er einmal zu tief ins Glas geschaut hätte, denn nur bei solchen Gelegenheiten war er so gut gelaunt. Wir Kinder hätten uns gefreut, wenn er immer so lieb zu uns gewesen wäre.

„Was ist los mit dir, bist du betrunken?", fragte ihn unsere Mutter. Aber er machte weiterhin Spaß, so dass sie über ihn lachen musste. Dann öffnete er seine Tasche, holte eine Schachtel hervor und legte sie auf den Tisch. Er forderte mich auf, sie zu ertasten und ihm zu sagen, was drin sein könne. Beim Tasten gefiel mir die Schachtel, aber was sich darin verbarg, konnte ich mir nicht vorstellen, denn sie war nicht sehr groß, hatte aber eine schöne Form und war sehr glatt. Mein Bruder Michael, neugierig geworden, näherte sich, um zu lesen, was drauf geschrieben stand. Aber es wurde ihm verboten, weil ich erraten musste, was drin sein könnte. Ich versuchte dann, sie zu öffnen, aber es ging nicht so einfach. Mit Gewalt wollte ich nicht vorgehen, denn sie war zu schön, um sie kaputt zu machen. Dann öffnete sie mein Vater und holte etwas hervor. Ich drehte es in meinen Händen und tastete mit großer Aufmerksamkeit, dann fing ich vor Freude an zu lachen. Es war eine Mundharmonika mit der Aufschrift „Mundharmonika Weltmeister". Ich versuchte, darauf zu spielen, entlockte ihr auch ein paar wohlklingende Töne, wusste aber nicht, wie man mit ihr umgeht. Dann nahm mein Vater sie und versuchte, mir ein Lied vorzuspielen. Weil er sich ein bisschen auskannte, denn er war über 17 Jahre Musikant bei der Blasmusik gewesen. Nur konnte er nicht mehr so, wie er es wünschte und wie es einmal war, denn er hatte keine Zähne mehr. Er erklärte mir, wie man damit umgehen müsse, um besser und schneller eine Melodie zu erlernen. „Wo hast du denn so etwas aufgetrieben, in diesem elenden Dorf?", wunderte sich meine Mutter. „Sag mal, wer hat dir sie verkauft, und wo?" – „Stell dir vor, es ist genau so, wie du denkst. In diesem elenden Dorf habe ich sie gekauft. Es ist jemand aus der DDR zu Besuch gekommen und hatte ein paar Stück zum Verkaufen. Weil sie mir gefielen, nahm ich auch eine." – „Es ist sehr lieb von dir, dass du diesem Jungen eine solche Freude gemacht hast."

Als ich in die Rockenstube ging und meinen Freunden die Mundharmonika zeigte, freuten sich alle, und mein guter Schulfreund Johann, der mit mir vier Jahre in derselben Bank gesessen war, sagte schelmisch: „Jetzt musst du so schnell wie möglich drei Lieder lernen: einen Walzer, einen Tango und eine Polka, dann wollen wir sehen, was die Mädel noch arbeiten werden!" Seitdem übte ich jeden Tag auf meiner Mundharmonika und gab mir alle Mühe, so schnell wie möglich meinen Traum und den Wunsch aller zu erfüllen. Auch Hermine rief immer wieder neue und bekannte Lieder in mir wach, die ich auf meiner Mundharmonika übte. Nach einer ziemlich kurzen Zeit war es so weit, dass es losging. Alle waren froh, dass es in unserem Kreis diese wunderbare Unterhaltungsmöglichkeit gab. Seitdem hatten die Mädchen keine Ruhe mehr und kamen nicht mehr zum Arbeiten. Wir waren froh, dass wir die Gelegenheit hatten, uns zu treffen. Wir waren glücklich, unsere Freizeit in einer so wunderbaren Atmosphäre verbringen zu können. Auch für mich war es wunderbar, und ich fühlte die Zufriedenheit aller, mit denen ich die schönen Stunden verbrachte.

2. TEIL

13.

14. September 1958. Es war ein trüber und windiger Herbsttag. Zwei meiner Brüder waren zu Hause geblieben, um die Nüsse einzuernten, bevor die Wetterlage sich änderte. Der Wind brachte inzwischen Regentropfen mit sich, und meine Brüder waren unschlüssig, ob sie sich bei dem Wetter auf den Weg machen sollten oder nicht. Schließlich zogen wir alle los. Der eine schlug die Nüsse von den Bäumen, der andere sammelte sie ein, und ich entfernte die grüne Schale von den Nüssen, die noch nicht davon befreit waren. Doch ich konnte meine Arbeit nicht beenden, denn am späten Nachmittag fing es an zu regnen, und so ging es für mich mit dem Putzen im Keller weiter.

Es war spät geworden, aber ich wollte meine Arbeit beenden, wie es meine Gewohnheit war. Eine meiner Schwestern meinte, ich solle aufhören, doch ich machte weiter. Dann kam mein Bruder Andreas und sagte: „Komm, hör auf, es gibt noch Tage! Du kannst das auf morgen verschieben." Während wir uns unterhielten, wurde ich auch mit der Arbeit fertig. Wir gingen gemeinsam hinein, und ich verlangte warmes Wasser und ein gutes Reinigungsmittel, um mir die Finger sauber zu machen. Doch es war schwierig, die Flecken auf meinen Händen zu entfernen, und mir wurden freundlich immer neue Reinigungsmittel gereicht, die jedoch nichts brachten, denn die grünen Flecken von den Schalen der Nüsse blieben. Schließlich nahm ich die ungewöhnliche

Stimmung wahr. „Also, wann muss ich mich in der Schule melden?", warf ich die Frage in den Raum, und es trat augenblicklich eine tiefe Stille ein. Wir Geschwister hatten eine sehr innige Beziehung zueinander, so dass uns allen der nahende Abschied sehr schwer fiel. Dann kam die kurze Antwort: „Schon morgen, den 15."

In Windeseile wurden alle Vorkehrungen getroffen, damit ich mich von meinen Geschwistern verabschieden konnte. Alle wurden zum Abendessen eingeladen, und auch unser Vater wurde verständigt, früher nach Hause zu kommen. Inzwischen war ich ins Dorf gegangen, um mich von meinen Freunden zu verabschieden. Als ich zurückkehrte, hatten sich meine Geschwister bereits vollzählig eingefunden, und das Essen stand auf dem Tisch. Nur unser Vater fehlte noch. Ohne ihn konnten wir aber mit dem Essen nicht beginnen, also warteten wir noch. Es herrschte eine gespannte Stimmung, keiner sagte ein Wort, alle waren traurig. Dann hörten wir den Hund bellen. Das war das Zeichen, dass unser Vater kam. Er ließ seinen Blick über die Anwesenden streifen, um sicherzugehen, dass niemand fehlte, dann begann er zu reden. In seiner Rede betonte er meine unglückliche Vergangenheit, die zu diesem traurigen Abschied geführt habe. Gleichzeitig versuchte er in ernstem Ton den Blick auf meine unsichere Zukunft zu lenken. So lange er und meine Mutter lebten, würde auch ich haben, was ihnen gehöre. „Aber die große Frage, die sich stellt, ist: Wer wird sich seiner nach unserem Tod erbarmen? Wer von seinen Schwägerinnen oder Schwäger wird ihm ein Stückchen Brot geben, damit er nicht vor Hunger stirbt?"

Die Rede des Vaters war dazu angetan, die bis vor Kurzem ruhige Stimmung zu unterbrechen und alle, die ihm mit großer Aufmerksamkeit zugehört hatten, aufzuwühlen. Tränen flossen, und einige versuchten, meinen Vater zu beruhigen, indem sie ihm sagten, dass es nicht so weit kommen würde. Es war eine sehr traurige, unangenehme und schmerzhafte Situation für alle. Dann wurden Fragen gestellt, was für eine Schule das denn sei, in der Blinden Lesen und Schreiben beigebracht werde und in der sie einen Beruf erlernen könnten. Aber auf all diese Fragen gab es keine Antwort, weil ja noch nichts über solche Schulen bekannt war. So ließen wir es dann auch bleiben, im Bewusstsein, dass diese Fragen bald beantwortet wurden.

Als sich die Lage wieder beruhigte, war es weit nach Mitternacht, und es blieben gerade noch drei Stunden, um etwas Schlaf abzubekommen. Aber an Schlaf war für viele nicht zu denken, denn ich hörte sie reden, und meine arme Mutter weinte die ganze Zeit durch. Dann war es so weit, dass wir uns verabschieden mussten, und Mutter weinte noch immer. Dann sagte sie zu mir: „Wenn es dir nicht gut geht oder nicht gefällt, gib uns ein Zeichen, dann kommt einer von uns und bringt dich sofort nach Hause."

Als beim Sozialamt in Semartin alle Formalitäten erledigt waren, wurden uns auch die Fahrkarten für die

Bahn ausgehändigt. Danach konnten wir in die Stadt gehen oder im Bahnhof bleiben, denn Zeit gab es bis zum späten Nachmittag, als der Zug abfuhr, zur Genüge. Ich wurde von meinem Bruder Andreas begleitet, mein Kollege Johann von seinem Vater. Als wir uns endlich im Zug befanden, inzwischen war es schon dunkel, versuchte ich, da es sehr ruhig war, einzuschlafen, denn ich fiel vor Müdigkeit fast um. Doch das Rattern der Räder ließ mich keinen Schlaf finden. Von der wunderbaren Landschaft und den schönen Gegenden, an denen wir vorüberfuhren, bekamen Andreas und Johann, da es dunkel war, leider auch nichts mit.

Am frühen Morgen erreichten wir schließlich den Nordbahnhof in Bukarest und waren von dem, was wir zu sehen oder zu hören bekamen, überrascht. Es herrschte ein großes Gedränge, die Leute rannten einer in den anderen, und man hörte nichts anderes als „Entschuldigung, Entschuldigung!" Wir blieben eine Weile auf der Stelle stehen, in der Hoffnung, dass sich die Lage entspannen würde, aber davon konnte keine Rede sein. Dann versuchten wir, dem großen Lärm und Gedränge zu entkommen. Ich stieß mit jemandem zusammen, von dem in zischendem Ton die Bemerkung kam: „Bist du denn blind, Junge?" – „Ja, das bin ich", entgegnete ich. „Willst du eine Faust kriegen, damit du siehst?" – „Ja, das möchte ich gerne", gab ich zurück. Als der Passant jedoch bemerkte, dass ich es ernst gemeint hatte, entschuldigte er sich und ging weiter.

Es gab mehrere Ausgänge, und wir wussten nicht, welcher der richtige war. So schickte man uns von einem zum anderen, bis wir schließlich den richtigen Ausgang fanden. Auf der Straße ging die Fragerei weiter, denn keiner konnte uns sagen, mit welchem Verkehrsmittel wir zur Schule kommen könnten. Einer schickte uns zu dem anderen, selbst die Polizei konnte uns keine Auskunft erteilen. „Vielleicht kann euch ein Busfahrer weiterhelfen?", schlug uns ein Fußgänger vor. So stiegen wir in einen Bus und zeigten dem Fahrer die Anschrift. Er fragte, um was für eine Schule es denn gehe, denn seines Wissens handele es sich bei dieser Adresse um ein sogenanntes Institut für Schwerbehinderte, aber vielleicht habe sich ja auch die Anschrift geändert, denn seitdem die Kommunisten an der Regierung seien, gebe es jeden Tag Neuigkeiten, die man nur zufällig erfahren könne. Die Kommunisten bevorzugten kapitalistische Straßennamen und waren darauf bedacht, die Namen der Institutionen, die nicht ganz in ihr Bild passten, zu ändern.

Endlich erreichten wir die Schule. Als wir mit allen Formalitäten fertig waren, schickte man uns zu einer ärztlichen Untersuchung. Hier musste ich mich nackt ausziehen, damit der Arzt eine gründliche Untersuchung vornehmen konnte. So etwas hatte ich bis zu dem Tag auch noch nicht erlebt. Aber als der Arzt meine Finger sah, fingen die Schwierigkeiten an. Was die schwarzen Flecken auf meinen Fingern zu bedeuten hätten, und seit wann ich sie denn hätte, wurde ich gefragt. Ich erklärte ihm, dass sie von den Nussschalen herrührten, aber der Arzt wollte mir nicht recht glauben, da seiner Meinung nach die Flecken von den von mir angegebenen Reinigungsmitteln hätten verschwinden müssen. Ich erklärte ihm, dass es eine Woche oder zwei dauern könnte, bis die Flecken verschwänden. Die hätte ich nämlich jedes Jahr nach einer solchen Arbeit. Aber all meine Bemühungen waren erfolglos. Er schickte mich sofort in die Klinik zu einem Hautarzt. Dem musste ich alles von Neuem erklären. Auch dieser Arzt zögerte, verschrieb mir dann aber ein Reinigungsmittel und entließ mich unter der Bedingung, mich jeden Tag beim Schularzt zu melden.

Nachdem auch diese Untersuchungen abgeschlossen waren, wurde ich in ein Zimmer geführt, in dem mir ein Bett und ein Schrank zugewiesen wurden. Dann wurde uns ein Gebäude gezeigt, das am anderen Ende eines Hofes lag, in dem der Unterricht abgehalten wurde. Danach bekamen wir im Speisesaal eine warme Mahlzeit. Mein Bruder und der Vater meines Kollegen Johann staunten sehr, als die Besichtigung zu Ende war. Wir kehrten zurück ins Schlafzimmer, und bevor wir uns verabschiedeten, sagte mein Bruder: „Ich hoffe, es wird euch hier gut gehen. Denn die jungen Leute im Hof finden sich alle so gut zurecht, dass man nicht glauben könnte, sie seien blind. Außerdem ist der ganze Hof durch seine viereckige Form so angelegt, dass ihr euch nicht verlieren könnt."

Von der Straße her betrat man durch eine Tür den Hof, und nach ein paar Schritten gelangte man durch einen Flur in den inneren Hof. Entlang der beiden Seiten des Flures und über diesem erstreckten sich die Verwaltungsbüros und die Druckerei. Auf der linken Seite waren die Schlafzimmer, auf der rechten Seite die Klassen, und an dem anderen Ende befanden sich der Speisesaal und die Küche. In der Mitte des Hofes verliefen von einem Ende zum anderen sehr viele Blumen und Bäume, und um diese waren 15 Zentimeter dicke Zementbordsteine angebracht, damit wir Blinden nicht auf die Blumen traten. In der Mitte des Hofes, in der Nähe des Speisesaals, befand sich ein Springbrunnen, den man von Ferne gut hören konnte. Gleichzeitig stellte dieser Brunnen für viele von uns eine gute Orientierungsmöglichkeit dar. Nicht weit vom Brunnen entfernt, auf der Seite der Klassen, prangte das Denkmal von Luis Braille, des Entdeckers der Blindenschrift. Um das Gebäude herum war ein riesiger Garten mit vielen Bäumen und Bänken angelegt, in dem man seine Freizeit verbringen konnte.

14.

Am nächsten Morgen um halb sieben wurde ich von einem lauten Klingelton aus dem Schlaf gerissen. Ich wollte mich sofort wieder auf die andere Seite drehen, um weiterzuschlafen, aber es gab keine Zeit mehr, denn ich hörte, wie die anderen aus dem Bett sprangen und wie manche zu schreien begannen: „Aufstehen, es hat geklingelt!" Dann hörte ich auch einen Pädagogen mit lauter Stimme rufen: „Aufstehen, Betten machen, wascht euch, und wenn es nochmals klingelt, alle raus in den Flur. Und stellt euch in einer Reihe auf, einer neben dem anderen, und wartet, bis man euch sagt, was ihr als Nächstes tun sollt."

Als wir hinausgingen, war der Pädagoge schon da. Er erklärte uns, was wir tun sollten. Dann wurden wir in den Speisesaal zum Frühstück geführt. Jedem von uns wurde ein Platz an einem Tisch zugewiesen, an den wir uns jedes Mal setzen sollten, wenn wir zum Essen gingen. Es herrschte ein solcher Lärm, dass man sich untereinander kaum verstehen konnte. Die Pädagogen mussten sich durch lautes Rufen Gehör verschaffen, und als endlich Ruhe einkehrte, teilten sie uns alles Notwendige mit. Dann wurden den Neulingen ihre Klassen bekannt gegeben, damit wir nach dem Essen dahin begleitet werden konnten.

Alles war so geregelt, dass man von der Seite der Schlafzimmer in den Speisesaal gelangte und auf der

Seite der Klassen hinausgehen musste. Als wir schließlich alle auf unseren Plätzen in der Klasse saßen, hörte ich es von Neuem klingeln, kurz darauf kam der Lehrer. Er hieß uns alle herzlich willkommen, dann ging er zum Katheder und las diejenigen vor, die auf seiner Liste waren, um zu überprüfen, ob alle anwesend waren. Dann fragte er jeden von uns, woher wir kämen, wie wir blind geworden seien und ob wir bereits eine Ausbildung absolviert hätten. Schon beim Vorlesen der Namen konnte man feststellen, dass wir ein bunt gemischter Haufen waren: zwei Deutsche, zwei Albaner, ein Bulgare, ein Serbe und ein Ungar. Was mich sehr in Erstaunen versetzte, war die Tatsache, dass der Lehrer, außer mit dem ungarischen Schüler, mit jedem von uns in seiner eigenen Sprache reden konnte. Und gerade der Ungar, der Serbe und die zwei Albaner sprachen kein Wort rumänisch. Nur mit dem Ungarn konnte er nicht in seiner Sprache kommunizieren, obwohl seine Frau Ungarin war. So musste sie sehr häufig als Dolmetscherin einspringen, bis der Schüler genügend rumänisch konnte. Danach stellte auch er sich vor. Er hieß Avram und war, wie wir, seit dem Zweiten Weltkrieg völlig blind. Er ermutigte uns, ihm zu vertrauen und mit Fragen zu ihm zu kommen. Dann erklärte er uns die Schulordnung und betonte die außerordentliche Bedeutung der Schule für unser Leben. Er sprach von Respekt und Disziplin, die ein gutes Miteinander ermöglichen würden. Auch auf die Körperpflege werde großer Wert gelegt, unsere Aufgabe sei es, dieser ebenfalls große Aufmerksamkeit beizumessen. „Die Schule stellt euch neue Kleider zur Verfügung: Anzüge, Schuhe, Hemden, Strümpfe und alles, was ihr benötigt. Eure Verpflichtung ist es, sorgsam damit umzugehen. Wenn euch ein Knopf fehlt, geht sofort zur Schneiderei, damit sie ihn euch annäht. Ihr werdet auch Schuhcreme erhalten, um eure Schuhe zweimal wöchentlich sauber zu machen. Jeden Morgen müsst ihr sie mit einer Bürste reinigen. Ihr erhaltet auch Zahnpasta, damit ihr euch jeden Morgen und jeden Abend die Zähne putzen könnt. Und jeden Abend müsst ihr euch den Oberkörper und die Füße waschen."

Als ich das hörte, kam ich aus dem Staunen nicht mehr heraus, aber der Lehrer kam, wie versprochen, jeden Morgen zur Kontrolle, bis wir uns an die neuen Regeln gewöhnt hatten. Nach all den Jahren, die wir auf dem Dorf zugebracht hatten, war uns die neue Ordnung fremd, aber der Lehrer achtete streng darauf, dass wir sie befolgten. Manche meinten, es sei schlimmer als beim Militär. Es gab viele, die diese strengen Regeln nicht einhalten konnten oder wollten. Doch sie waren ein sehr gutes und gleichzeitig notwendiges Konzept für unsere Ausbildung und unser zukünftiges Leben. Daher fand ich all diese Maßnahmen sehr sinnvoll.

Für die Lehrer und Pädagogen war es hingegen nicht einfach, über 500 Schüler in den Griff zu bekommen. Denn wir waren von unterschiedlicher Nationalität und unterschiedlichen Alters, junge Menschen zwischen 14 und 45 Jahren aus allen Ecken des Landes. Jeder hatte eine andere Erziehung genossen, brachte andere Gewohnheiten mit, die er nicht so einfach ablegen konnte. Außerdem herrschten unter den Blinden selbst sehr große Meinungsverschiedenheiten vor. Man konnte zwischen den Blinden von Geburt an und denen, die durch Krankheit oder Unfälle erblindet waren, unterscheiden. Die Mentalität, die Weltanschauung und das Lebensbild der von Geburt an Blinden weichte von der unseren ziemlich stark ab. Schuld daran waren nicht sie, sondern die, die sie erzogen hatten, bis sie zur Schule kamen. Oft war es aber zu spät, eine Änderung ihrer Denkweise zu bewirken, weil sie zu alt waren, um noch etwas zu lernen. Die nahen Angehörigen hatten sie mit zu großer Fürsorge behandelt und sie somit unselbständig gemacht, im Glauben, dass ein Blinder sowieso nichts lernen könne und dass er nur noch zum Betteln gut sei. Von all den vielen Schicksalen, von denen ich in dieser Schule erfahren habe, möchte ich nur eins hervorheben.

In unsere Klasse wurde uns ein 23-Jähriger aus Siget zugeteilt, in der Hoffnung, dass vielleicht unser Lehrer noch etwas für ihn tun könne. Seine Klassenkollegen mussten sich jeden Tag der Reihe nach mit ihm beschäftigen, weil er zu nichts in der Lage war. Er erzählte uns, wie er in den Jahren zuvor gelebt hatte. Dass er einen Vater und einen Bruder hatte, die ihn den ganzen Tag über in einem großen Holzfass gehalten hätten. Dass er keine anderen Angehörigen, Freunde oder Nachbarn zu Gesicht bekommen hätte. Das Essen hätte man ihm in einem Topf ins Fass gereicht, und er hätte daraus getrunken oder mit den Fingern gegessen. Von Löffel,

Gabel, Messer oder Tisch wusste er nichts. Er konnte sich nicht einmal an- oder ausziehen. Er hatte Angst, auf seinen eigenen Füßen zu gehen, weil er das nicht gelernt hatte, und wir mussten ihn am Arm hinter uns herziehen, um ihm das Gehen beizubringen. In der Früh musste derjenige, der an der Reihe war, sich den ganzen Tag mit ihm zu beschäftigen, eine Stunde früher aufstehen, um sich und ihn fertig zu machen, bis wir zum Frühstück gingen. Als wir ihm erklärten, wie er sich anziehen müsse, wie er sich alleine das Bett machen und sich waschen könne, regte er sich furchtbar auf und warf sich wie ein Hund auf uns, um uns zu beißen. Oder er fing zu beten an, ohne allerdings etwas von dem, was er sagte, zu verstehen. Keiner von uns konnte ihn aufhalten, bis er nicht von selbst aufhörte. Beim Essen erklärten wir ihm den Umgang mit Löffel und Gabel, aber er machte es so, wie er es im Griff hatte. Er nahm den Teller in beide Hände und führte ihn zum Mund oder bückte sich zum Teller und aß auf seine Weise. Wir mussten immer etwas dabeihaben, um ihn sauber zu machen, oftmals mussten wir ihn am Waschbecken gründlich waschen, bevor der Unterricht begann. Noch schlimmer war der Gang zur Toilette. Die Lehrer wunderten sich sehr über den Grad seiner Vernachlässigung und fragten sich, wie es so weit hatte kommen können. Das, was er wunderbar beherrschte, war, die Tiere naturgetreu zu imitieren. Er bellte wie ein Hund, krähte wie ein Hahn und konnte Katzen, Schafe, Kühe, Pferde oder Schweine nachahmen. Aber nach einem ganzen Jahr harter Arbeit mussten sowohl die Lehrer als auch wir Klassenkameraden feststellen, dass wir nichts oder ganz wenig erreicht hatten. Seitdem er in die Schule gebracht worden war, hatte sich keiner seiner Angehörigen mehr blicken lassen. Sie waren wohl froh, dass sich für sie eine Möglichkeit ergeben hatte, ihn endgültig loszuwerden. Solche Eltern hat es leider zur Genüge gegeben, Eltern, die ihre Kinder von klein auf in ein Kinderheim brachten, um sich danach nie wieder um sie zu kümmern. Und als sie so groß waren, dass sie einen Personalausweis beantragen konnten, kannte keiner die Geburtsdaten. Noch trauriger und zugleich eine bodenlose Unverschämtheit war die Tatsache, dass diese Eltern, die sich jahrelang nicht um ihre Kinder bemüht hatten, plötzlich Interesse an ihnen zeigten, als sie erfuhren, dass sie eine gute Ausbildung absolviert hatten. Dann versuchten sie mit Lügen und üblen Ausreden ihre jahrelange Abwesenheit zu entschuldigen.

Diejenigen allerdings, die von ihren Eltern und Angehörigen geliebt und akzeptiert wurden, mit denen man sich beschäftigt hatte wie mit normalen Kindern, denen Spielzeuge geschenkt wurden und gleichzeitig erklärt wurde, wie jedes von ihnen zu handhaben war, waren sehr gute und intelligente Schüler. Man konnte sich mit ihnen über alle möglichen Themen unterhalten. Sie konnten sich auf den Straßen und im öffentlichen Verkehr gut zurechtfinden. All diejenigen, die wegen Krankheit, infolge eines Unfalls oder im Krieg erblindet waren, hatten bereits eine Ausbildung. Sie waren zu einer Umschulung gekommen, um die Blindenschrift zu erlernen. Einige von ihnen waren Lehrer, Ingenieure oder Offiziere der Bundeswehr.

Nachdem sie die Blindenschrift gut im Griff hatten, wurden einige von Ihnen Lehrer in Blindenschulen.

15.

Als ich zum ersten Mal ein Buch in Punktschrift tastete, war ich der Meinung, so etwas nie erlernen zu können. Denn ich glaubte, normale Buchstaben vor mir zu haben, die ich ertasten sollte. „Du bist ja nicht der Erste, der so denkt", war die Antwort meines Lehrers, „und du wirst auch nicht der Letzte sein. Man darf die Hoffnung nicht aufgeben, denn nur mit großer Mühe und viel Mut werden wir in zwei Monaten ganz anders darüber reden".

Und so begann der strenge Alltag einer Blindenschule mit seinen täglichen Anforderungen und Regeln, mit sehr viel Arbeit und Beschäftigung, so dass kaum noch Zeit blieb, an andere Sachen zu denken. Vom frühen Morgen ab 7 Uhr, als wir zum Frühstück gingen, bis abends um 20 Uhr durften wir die Schlafzimmer nicht betreten. Von 8 bis 12 Uhr hatten wir Theorieunterricht, von 12 bis 16 Uhr Praktikum in der Werkstatt, von 16 bis 18 Uhr Nachhilfestunden, und von 18 bis 20 Uhr wurden verschiedene Aktivitäten wie Chor, Musik, Theater, Sport und vieles mehr angeboten, Veranstaltungen, an denen wir teilzunehmen hatten. Darüber hinaus gab es auch einen Bügelraum, der zweimal wöchentlich die Gelegenheit bot, das Bügeln zu erlernen. Die Pädagogen und Lehrer waren nachmittags überall zu sehen, sie überwachten uns und halfen uns bei den Aufgaben, wo es notwendig war. Sie teilten die Briefe aus und schrieben gleichzeitig zurück.

In den zwei Wochen seit meiner Ankunft hatte ich kaum Gelegenheit gehabt, meinen Lieben von zu Hause ein paar Zeilen zu schreiben. Um sie zu beruhigen, um ihnen mitzuteilen, dass es mir gut gehe, damit sie sich keine Sorgen machten. Denn das Bild, das sie sich von einer solchen Schule gemacht hatten, stimmte mit dem tatsächlichen nicht überein. Aber es war kaum ein Tag vergangen, seitdem ich den Umschlag in den Briefkasten geworfen hatte, als ich am nächsten Morgen auch schon von meinem Bruder Andreas geweckt wurde. Ich war völlig überrascht, wusste nicht, ob ich träumte oder wach war. Er streichelte mich und flüsterte mir ins Ohr, um die anderen nicht zu stören, ich solle mich nicht erschrecken. Denn es war so früh, dass alle noch schliefen. Noch ganz benommen setzte ich mich neben ihn auf die Bettkante und fragte, was los sei. „Ich bin gekommen, um dich nach Hause zu bringen, weil wir Geschwister das so vereinbart haben. Denn du fehlst uns aus unserer Mitte, und die Mutter weint den ganzen Tag über, und außerdem können wir uns nicht an den Gedanken gewöhnen, dass du alleine so weit entfernt von uns bist."

Das war eine Überraschung, mit der ich niemals gerechnet hätte. Ich war für eine Weile sprachlos. Obwohl ich mich auch nach meinen Lieben von zu Hause sehnte, konnte ich die Schule nicht so einfach verlassen, noch dazu nach einem so langen Kampf. In der kurzen Zeit hatte ich auch ein paar gute Freunde gefunden, mit denen ich sehr gut zurechtkam. Als meine Kollegen aufwachten und von den Neuigkeiten erfuhren, versuchten sie, meinen Bruder von seinem Vorhaben abzubringen. Als es klingelte und wir uns in der Klasse einfinden mussten, kam er auch mit, um den Lehrer von seiner Entscheidung in Kenntnis zu setzen. Auch er war verblüfft und meinte, dass das eine sehr schlechte Entscheidung sei. Doch mein Bruder drängte darauf, mich mitzunehmen, weil dies eine von allen Familienangehörigen getroffene Entscheidung sei. „Gut", sagte der Lehrer, „aber ich bin überzeugt, dass er in einem Jahr ganz bestimmt zurückkommen wird. Solche Fälle hat es genügend gegeben. Aber um ihn mitnehmen zu können, müssen Sie einige Formalitäten erledigen. Warten Sie bitte in der Klasse, bis ich zurückkehre, denn ich muss dem Direktor Bescheid geben."

Meine Klassenkollegen umringten mich und baten mich, bei ihnen zu bleiben. Mein Kollege Johann, der aus demselben Dorf wie ich kam, war sehr traurig und fragte meinen Bruder, ob seine Eltern nicht gesagt hätten, er solle auch mitkommen. Doch die hatten davon nichts wissen wollen. Inzwischen war der Lehrer zurückgekehrt und erklärte, dass der Direktor für ein paar Tage verreist sei, so dass die Angelegenheit leider nicht erledigt werden könne. Aber er machte uns den Vorschlag, bis Ende Oktober zu bleiben. „Und wenn Helmut dann noch immer gehen will, kaufe ich ihm eine Fahrkarte und begleite ihn persönlich zum Bahnhof, damit Sie den langen Weg nicht mehr machen müssen."

Das war in der Tat ein guter Vorschlag, gegen den wir nichts einzuwenden hatten. In dieser Zeit konnte ich mir die ganze Sache ruhig durch den Kopf gehen lassen. Nach ein paar Tagen setzte ich mich hin und machte in einem Schreiben noch mal großen Druck, um meine Angehörigen davon zu überzeugen, dass es gut wäre, die Zeit bis zu den Winterfeiertagen abzuwarten. Dann könnten wir in den zwei Wochen, die uns zur Verfügung standen, alles in Ruhe besprechen. Nach allem, was ich schon erfahren hatte, dass mir in einer solchen Schule vielerlei Möglichkeiten offenstanden, wollte ich diese auch nutzen und meine Träume verwirklichen. Den ganzen Tag wieder alleine die Zeit totzuschlagen konnte ich mir jetzt, da ich Meinesgleichen gefunden hatte, die am selben Strang zogen wie ich, nicht mehr vorstellen. Vor allem da ich hier einen Beruf erlernen konnte, der mir die Möglichkeit bot, selbstständig mein täglich Brot zu verdienen. Gerade das war es, was ich mir immer gewünscht hatte – mich im Leben allein zurechtzufinden.

Also blieb nichts anders, als alle Kräfte zu bündeln, um alles so schnell wie möglich in den Griff zu bekommen. Von Tag zu Tag wurden neue Fächer unterrichtet, wie Mathematik, Erdkunde, Naturkunde, die vielen von uns schon bekannt waren. Und so blieb das Hauptproblem, die Punktschrift zu bewältigen, die vielen großen Respekt einflößte. Schließlich kam der Tag, an dem mit dem ersten Buchstaben begonnen wurde. In der Tat war es nicht so einfach, weil man sehr lange tasten musste, bis man die einzelnen Buchstaben unterscheiden konnte. Und so geschah es sehr häufig, dass ich beim Tasten die Geduld verlor. Der Lehrer erklärte uns, mit dem

Zeigefinger der rechten Hand zu beginnen, weil dieser geschützter vor Verletzungen sei. Der Zeigefinger der linken Hand könnte mit einem Messer, Hammer oder anderen Dingen, die man mit der rechten benutzte, verletzt werden. Dann wurde uns beigebracht, dass sich alle Buchstaben aus einer aus sechs Punkten bestehenden Gruppe zusammensetzen, von eins bis sechs, und dass jeder Buchstabe eine andere Anordnung von Punkten hätte, die wir mit dem Tasten unterscheiden müssten. Danach gab er jedem eine kleine Metalltafel, zeigte, wie wir das Papier hineinlegen konnten und dass man von rechts nach links schreiben musste. Und weil die Punkte von oben nach unten gedrückt wurden, musste man das Papier beim Herausholen umdrehen, um von links nach rechts zu lesen.

Diejenigen, die noch über ein gutes Sehvermögen verfügten, versuchten, sich mit den Augen zu behelfen, weil sie sicher waren, dass der Lehrer sie nicht sah. Aber es dauerte nicht lange, bis er sie entdeckte, denn er besaß ein sehr gutes Gehör und langjährige Erfahrung. Er erkannte sofort, wenn jemand sich beim Vorlesen über die Bank beugte oder etwas nahe vor dem Mund hatte. Denn mit ihrem spärlichen Sehrest mussten die Schüler das Buch sehr nahe vor Augen und Mund halten. Um sicherzugehen, dass sie ihn nicht belogen, kam er zu ihnen, legte seine Hände über ihre Augen und bat sie, vorzulesen. Er versuchte, sie davon zu überzeugen, dass es viel zu schade wäre, den verbliebenen Sehrest wegen einer solchen Anstrengung aufs Spiel zu setzen. Andere wären froh, noch einmal so gut zu sehen. Auch die normal sehenden Lehrer beklagten sich über Kopfschmerzen oder Schwindel, wenn sie die Hausaufgaben korrigierten, weil die Buchstaben, Zahlen und all das, was in Punktschrift geschrieben war, dieselbe Farbe hatten wie das Papier. Deshalb forderten sie ihre Schüler auf, nur das zu Papier zu bringen, was sie für wichtig erachteten.

Um uns Schülern das Tasten näherzubringen, legte uns unserer Lehrer im Botanischen Unterricht verschiedene Blätter vor, Nuss-, Quitten- oder Weintraubenblätter, und wir sollten ihm sagen, von welchem Obstbaum sie stammten. Für viele von uns war es nicht einfach, die Blätter anhand des Tastens zu erkennen. Ich für meinen Teil hätte so etwas nie für möglich gehalten, denn sie waren von unterschiedlicher Größe, Form und Beschaffenheit. Da nur wenige die Blätter voneinander unterscheiden konnten, gab er uns das Obst, das dazugehörte, zur Hilfe. Vor allem den von Geburt an Blinden brachte er die unterschiedlichsten Dinge aus dem alltäglichen Leben zum Ertasten mit, z.B. Spielzeuge, Haushaltsgeräte und vieles mehr, damit sie sich eine Vorstellung davon machen konnten. Das war ein interessanter Unterricht, der uns viel Spaß bereitete und darüber hinaus sehr lehrreich war.

Doch es gab auch Schüler, die nicht lernen wollten oder es nicht konnten, weil ihnen in großem Maße der Tastsinn fehlte. So zum Beispiel meinem ungarischen Mitschüler, der einen Unfall hatte, als er mit seinen Kameraden die Schafe hütete. Die arglosen Jugendlichen hatten eine Mine gefunden, die in seinen Händen explodierte. Bei diesem Unfall verlor er nicht nur sein Augenlicht, sondern auch die Finger der einen Hand, an der anderen blieben ihm nur noch der Ringfinger und der kleine Finger, mit denen man nicht so gut umgehen konnte. Und weil ich etwas ungarisch verstand, hatte mich der Lehrer gebeten, ihm zu helfen, ihm die Aufgaben vorzulesen und zu erklären, damit er schneller rumänisch lernen könne. In den Nachhilfestunden beschäftigte ich mich nur mit ihm, weil es mir unmöglich war, mich in einem solchen Lärm zu konzentrieren. Denn die meisten Schüler kamen in Gruppen von drei oder mehreren Personen zusammen und unterhielten sich über andere Probleme als die, die wir für die Schule zu lösen hatten. So schritten wir durch die Klasse von einem Gegenstand zum anderen, ertasteten ihn, und ich erklärte ihm das rumänische Wort dazu. Er war ein sehr eifriger Schüler, so dass er all das in kurzer Zeit in den Griff bekam.

Ja im Griff hatten auch die meisten von uns, die sich bemüht hatten, die Punktschrift, denn am 15. Dezember 1958 erklärte der Lehrer: „Heute haben wir den letzten Buchstaben des Alphabets gelernt. Sicher war es für viele von euch schwierig, aber diejenigen, die sich bemüht haben, haben es auch geschafft. Dies bedeutet noch lange nicht, dass alles schon vorbei ist. Jetzt müsst ihr in der Handhabung der Punktschrift immer sicherer werden und versuchen, auch mit dem Zeigefinger der anderen Hand zu lesen, denn man kann nie wissen, was mit dem einen oder anderen Finger geschehen kann. So aber werdet ihr für alles, was kommen mag, gut gerüstet sein." Auch wir Schüler waren stolz und unheimlich froh, das gemeistert zu haben, was uns anfangs unmöglich erschien.

Bei all dieser Beschäftigung verging die Zeit wie im Flug, und die Winterferien rückten immer näher. Meine Freizeit verbrachte ich zum größten Teil mit Lesen, um meinen Lieben von zu Hause zu zeigen, was alles möglich war. Als ich schließlich nach drei Monaten wieder im Schoße meiner Familie weilte, war die Freude aller übergroß. Meine Eltern und Geschwister waren sehr gespannt auf meine Erlebnisse in der Blindenschule. Sie waren froh, mich wieder in ihrer Mitte zu haben, umringten mich bei Tisch und stellten so viele Fragen, dass ich lachen musste, weil ich nicht wusste, welche Frage ich zuerst beantworten sollte. So ging es bis am nächsten Morgen durch, sie löcherten mich mit ihren Fragen, auf die ich nie selbst gekommen wäre. Und meine arme Mutter hörte zu, mit Tränen in den Augen, aber diesmal waren es Freudentränen, weil sie feststellte, dass ich mit all dem, was ich erreicht hatte, zufrieden war.

Am nächsten Tag war ich noch im Bett, als meine Mutter mich aufweckte und mir zuflüsterte, ich hätte Besuch. Es waren meine Freunde, die kaum erwarten konnten, mich nach einer so langen Zeit wiederzusehen. Auch sie waren neugierig und wollten Näheres über die Blindenschule erfahren. Auch sie löcherten mir Fragen in den Bauch und wunderten sich über all das, was sie zu hören bekamen. „Aber es ist trotzdem schwer zu verstehen, wie ihr mit den Fingern lesen und schreiben könnt", sagten sie. Dann nahm ich das Buch und die Schreibtafel, die ich mitgenommen hatte, und legte sie auf den Tisch. Sie drängten sich alle um mich, um zu gucken, wie es aussieht, schauten sich die Seiten näher an, konnten aber nichts herausfinden. Dann sagte ein Freund: „Gib mir das Buch, ich glaube, ihr haltet es falsch, deshalb versteht ihr ja auch nichts." – „Ja, das kann möglich sein", antwortete ein anderer, „bitte, vielleicht kannst du uns ja sagen, was da geschrieben steht." Dann fingen alle an zu lachen und machten viel Spaß. Als sich die Lage beruhigt hatte, reichten sie mir das Buch, und ich las ihnen eine Aufgabe vor. Meine Freunde kamen aus dem Staunen nicht mehr heraus. Dann nahm ich ein Blatt Papier, steckte es in die Schreibtafel und fing an zu schreiben, von rechts nach links. Als sie auch das sahen, wurde es still im Raum, und es blieb ruhig, bis ich mit dem Schreiben fertig war. Ich hatte das Alphabet geschrieben, um ihnen besser erklären zu können, wie sich die Buchstaben voneinander unterschieden. Sie baten mich dann, ihren Namen oder einen Text zu schreiben, um sich eine genauere Vorstellung davon machen zu können. Ich las ihnen danach alles, was sie mir diktiert hatten, vor, und sofort bemerkte einer, dass ich von links nach rechts las. „Ja", sagte dann ein Mädel, „Gottes Kraft ist sehr groß und sorgt für alle und alles."

Nachdem sich die Geschichte im ganzen Dorf verbreitet hatte, kamen auch der Chef meines Vaters und der Schuldirektor zu Besuch, um sich selber von der Blindenschrift ein Bild zu machen. Nachdem ich auch ihnen eine Aufgabe vorgelesen hatte, wunderten sie sich sehr und sagten, es müsse ein gutes Gefühl sein, als Blinder lesen zu können. Der Direktor blätterte im Buch, suchte sich einige Stellen aus und forderte mich auf, ihm vorzulesen. Ich las die ganze Seite, und als er bemerkte, dass sich der Inhalt von dem zuletzt Vorgelesenen unterschied, erklärte er: „Es handelt sich hier um eine außergewöhnliche Sache, deshalb kann ich nicht verstehen, warum das Kultusministerium uns und die Ärzte davon nicht in Sitzungen oder Zeitungen in Kenntnis setzt, damit wir blinde oder sehbehinderte Kinder und ihre Eltern beraten können." Gleichzeitig hob er die außerordentliche Leistung des Erfinders der Punktschrift hervor. „Es handelt sich um einen Franzosen namens Luis Braille, der diese Schrift im Jahre 1825 entdeckt hat", erklärte ich, der nach einer langjährigen Augenkrankheit im Alter von zehn Jahren erblindet ist."

Der interessierte Direktor wollte ferner wissen, wie viele Fächer unterrichtet würden, wie viele Schüler in einer Klasse seien und wie viele Schüler die Blindenschule besuchen würden, schließlich, ob eine Statistik vorliege, wie viele blinde Schüler es landesweit gäbe. Ob es noch solche Schulen gebe, und welche Berufe die Blinden erlernten. „Wir sind ca. 14 Schüler in einer Klasse, 500 in unserer Schule und ca. 18.000 Blindenschüler im ganzen Land. Die meisten von uns kommen aus Moldawien, sie haben in den Kriegszeiten ihr Augenlicht verloren, weil hier die größte Schlacht des Zweiten Weltkrigs stattgefunden hat. Blindenschulen gibt es in vier Orten: in Busau von der ersten Klasse an bis zum Abitur für weibliche Schüler und in Klausenburg für die männlichen, in Arad die Berufsschule für die weiblichen und in Bukarest für die männlichen Schüler. Es gibt an die neun Berufe, die Blinde erlernen können, z.B. Telefonist, Masseur, Kartonagemacher und Korbflechter. Und diejenigen, die begabt sind und Spaß am Lernen haben, können sich weiter zum Juristen oder Lehrer für die Blindenschulen ausbilden." Der Direktor war erstaunt, all diese Neuigkeiten zu erfahren, und zugleich empört, dass ihnen solche wichtige Informationen vorenthalten wurden. Er versprach, in einer Sitzung allen Lehrern diese neuen Informationen zukommen zu lassen, damit es ihnen nicht so wie ihm erging.

Ja, für mich war es eine sehr harte Arbeit, alle Fragen zu beantworten, doch ich kam dieser Aufgabe stets mit einem Lächeln auf den Lippen nach. Denn in jenen Jahren herrschte auf dem Dorf eine Mentalität, die allem Neuen skeptisch gegenüberstand. Und so vergingen auch die schönen und wunderbaren Winterferien für mich im stetigen Bemühen, allen zu beweisen, dass auch Schwerbehinderte eine gute Ausbildung genießen konnten. Doch nicht alle konnte ich davon überzeugen. Denn es gab noch immer einige, die mich fragten, ob ich nun zu Hause bleibe oder zurück in die Schule gehen wolle. So entschied ich mich, zwei Tage früher als geplant abzureisen, um allen klarzumachen, dass für mich kein anderer Weg in Frage kam.

Es war eine große Freude, meine Klassenkollegen wiederzusehen, von denen viele in den Ferien ähnliche Erfahrungen gemacht hatten. Nachdem wir uns lange über unsere Erlebnisse unterhalten hatten, kamen wir zu der Entscheidung, dass wir zusammengehörten und es gemeinsam schaffen mussten. Denn von allen Seiten wurden wir mit Vorurteilen konfrontiert, und nur untereinander konnten wir uns frei und unbeschwert fühlen. Nachdem wir auch unserem Lehrer unsere Erlebnisse in den Ferien mitgeteilt hatten, begann wieder der normale Schulalltag.

16.

An dieser Stelle möchte ich auf das Praktische eingehen und einiges über die Werkstätten, die uns zur Verfügung standen, berichten. Um einen Beruf zu erlernen, mussten eine Reihe von Bedingungen erfüllt werden. So war es wichtig, den theoretischen und praktischen Voraussetzungen gerecht zu werden. Denn es gab Berufe, für deren Erwerb man sehr viel Theorie lernen musste, und Berufe, die eher physische Kraft benötigten. Und damit die Lehrer sich einen Überblick über die Vorzüge und die Geschicklichkeit eines jeden von uns verschaffen konnten, stand uns eine Modellier-Werkstatt zur Verfügung, in der jeder seine besonderen Gaben unter Beweis stellen konnte. Hier gab es Modelliermasse, mit der jeder nach Belieben gestalten konnte, was seine Geschicklichkeit und Phantasie hergab.

Und so begann das lustige Spiel, es wurden Schränke, Tische, Stühle, Autos, Bälle, Bügeleisen, Tassen, Äpfel, Birnen, Karotten, Tomaten und vieles mehr hergestellt, Hauptsache, man hatte Spaß bei der Arbeit. Dann nahm der Werkstattleiter, was ihm am besten gefiel, und gab es der Reihe nach jedem von uns, um es zu ertasten. Dann stellte er es ins Regal, bis wir alle dieses ausgesuchte Teil nachmodellieren mussten.

Danach konnte er feststellen, wie schnell und gut jeder von uns einen unbekannten Gegenstand modellieren konnte. So wurde auch die Grundlage für die Notengebung gelegt. Viele von uns fanden die Arbeit in der Modellier-Werkstatt sehr interessant, weil wir viel hinzulernen konnten, unserer Phantasie freien Lauf lassen und neue Erfahrungen sammeln konnten.

Nach einigen Monaten wurden wir in eine Kartonage-Werkstatt verlegt. Hier lernten wir, wie man mit Hilfe automatischer Maschinen Schachteln unterschiedlicher Form und Größe herstellen kann. Diese Maschinen waren aus anderen Ländern importiert und speziell für Blinde gebaut, damit sie sich nicht verletzten. Doch die Gefahr, in nur wenigen Sekunden die Finger zu verlieren, war trotzdem groß, wenn man nicht genug Vorsicht walten ließ. Deshalb gab es für die, die sich für diesen Beruf entschieden hatten, sehr strenge Arbeitssicherheitsmaßnahmen, die einzuhalten waren. Hier waren wir alle mit einer uns unbekannten Technologie konfrontiert. Mit einer Maschine umzugehen oder den Karton in verschiedene Größen zu schneiden und zu falten fiel uns allen nicht allzu schwer, schwieriger war für uns die Theorie, weil wir alle Maschinen lernen mussten, von der ersten Schraube bis zu der letzten, aus welchen Teilen sie sich zusammensetzte, wie man den Karton herstellte und was für Chemikalien hierzu verwendet wurden. Bei diesem Beruf hatten diejenigen Vorrang, die an einer Hand verletzt waren, weil dieser Beruf ihnen von allen die besten Möglichkeiten bot, ihre Fähigkeiten einzusetzen. Auch mein ungarischer Kollege, für den dieser Beruf wegen seiner Behinderung an den Händen sehr geeignet war, war froh und zufrieden, als er feststellen konnte, dass er bei einer der Maschinen sehr gut arbeiten konnte. Und als auch der Werkstattleiter ihm sagte, dass er nächstes Jahr bei ihm arbeiten werde, bemühte er sich aus allen Kräften, um seine Sache so gut wie möglich zu machen. All diese organisatorischen Maßnahmen, der Wechsel von einer Werkstatt zur anderen, verfolgten das Ziel, den Neuankömmlingen die Möglichkeit zu bieten, in die Blindenberufe reinzuschnuppern, um sich dann, wenn die Zeit gekommen war, für einen Beruf zu entscheiden. Und so erfuhren wir jeden Tag etwas Neues, was unseren Horizont erweiterte und die Weichen für unsere Zukunft stellte.

17.

Aber auch viele andere Probleme des täglichen Lebens als Schüler in einem kommunistischen Land hielten uns in Atem und bereiteten uns Kummer und Sorge. Von großer Wichtigkeit für uns Schüler war die Schüler-Lehrer-Beziehung. In der Schule gab es einen Lehrer, der aufgrund der vielen Sprachen, die er beherrschte, über alles informiert war und allmählich das Vertrauen und die guten Beziehungen, die wir Schüler zueinander hatten, zerstörte. Denn er wusste ganz genau, was jeder von uns in seiner Freizeit oder am Wochenende unternahm. Die rumänischen Kollegen hatten zu denjenigen, die mit ihm in anderen Sprachen redeten, kein Vertrauen mehr, solange sie nicht wussten, wer das sein könnte, der ihm alles erzählte. Und es dauerte nicht lange, bis auch ich an der Reihe war. Denn ich hörte so vieles über mich reden, das ich nicht verstand, Worte, die mir fremd waren und auf die ich mir keinen Reim machen konnte. Es kamen ehemalige Schüler aus anderen Klassen und höheren Jahrgängen zu ihm, denn er stellte diejenigen, die bei ihm gelernt hatten, immer vor. Dann hörte ich, wie mein Name fiel, konnte den Inhalt aber nicht verstehen, hörte nur, was der Lehrer ihnen antwortete: „Nein, er hat noch faschistische und Mystizismus-Ideen." Meine rumänischen Freunde waren ebenfalls empört, als sie dieses über mich hörten, aber auch von ihnen wusste keiner, was sie bedeuteten und was der Lehrer damit meinte. Einen anderen Lehrer nach der

Bedeutung dieser Worte zu fragen traute ich mich nicht, weil ich noch keine Vertrauensperson hatte.

Obwohl ich seither nicht mehr gut schlafen konnte, weil mir die ganze Geschichte Kopfzerbrechen bereitete, entschied ich abzuwarten, bis sich eine Gelegenheit bot, mir über all das Unbekannte Klarheit zu verschaffen. Aber die Gelegenheit wollte sich nicht einstellen, und der Druck, des Rätsels Lösung zu finden, wurde immer größer, denn er benutzte dieselben Worte auch bei anderen Gelegenheiten. Er war der einzige Lehrer, der seine Schüler von Anfang an und so schnell wie möglich in das kommunistische Gedächtnis eingliedern wollte. Aber warum nur war ich derjenige, den er mit solch seltsamen Worten bedachte? Vielleicht, weil ich ein Deutscher war? Nein, das konnte nicht sein, denn meinen Kollegen Johann, der ebenfalls Deutscher war, ließ er in Ruh. Dafür musste es einen Grund geben, und den musste ich herausfinden, um wieder zur Ruhe zu kommen.

Einige Wochen, nachdem das Schuljahr begonnen hatte, an einem schönen Sonntagmorgen, suchte mich ein Schüler auf, der beim Pförtner war. Weil ich im Schlafzimmer und in der Klasse nicht zu finden war, fing er im Hof an, nach mir zu rufen. Aber ich war mit ein paar guten Kollegen im Garten auf einer Bank, die mich schließlich darauf aufmerksam machten, dass jemand meinen Namen rief. „Du sollst zum Pförtner gehen", sagte dann einer zu mir, „denn es wartet jemand auf dich, der mit dir reden will." Mein Gott, wer kann auch das noch sein, dachte ich bei mir und ging an die Pforte. Als ich den Pförtner fragte, wer nach mir suche, trat ein Mann auf mich zu, reichte mir die Hand und sagte, dass er mit mir reden wolle. Er nahm mich am Arm, und wir entfernten uns vom Tor in Richtung Garten. Hier begann er sofort deutsch zu reden, sagte mir, dass er in Bukarest wohne, aber aus der Hermanstädter Gegend komme. Dann fragte er mich, ob ich sonntags nicht in die Kirche gehen wolle, er sei bereit, mich jeden Sonntag abzuholen und mich zurückzubringen. „Mit einem Unbekannten die Schule zu verlassen ist nicht so einfach, solange wir uns nicht kennen", meinte ich. „Machen Sie sich keine Sorgen, denn es sind noch drei ihrer Schulkollegen, die auch mitkommen. Denn ich komme schon seit Jahren zu dieser Schule, um Blinden zu helfen, die gerne Sonntag zum Gottesdienst gehen wollen." – „Gut", sagte ich, „das ist sehr schön von Ihnen, aber ich will zuerst auch die drei Kollegen kennenlernen."

Wir gingen ein paar Schritte weiter, und da waren sie und warteten auf uns. Als ich ihre Stimme hörte, fiel ich aus allen Wolken, denn sie waren gute Bekannte und hatten mir nichts davon erzählt. Einer von ihnen hieß Martin, war an die 45 Jahre alt und ging schon seit Jahren mit diesem Mann zum Gottesdienst. Die anderen zwei waren ebenfalls zum ersten Mal dabei. Einer von ihnen war mein Klassenkollege Johann, der andere hieß Walter, war aus einer anderen Klasse und in meinem Alter. Weil alle einverstanden waren, stimmte ich ebenfalls zu, denn auch zu Hause ging ich gerne jeden Sonntag in die Kirche.

Der Mann, der uns zum Gottesdienst brachte, war sehr nett, an die 50 Jahre alt und sehr gläubig. Der Gottesdienst war sehr schön und etwas Neues für uns alle, denn er unterschied sich sehr von dem bei uns im Dorf. Wir stellten uns zwar häufig die Frage nach dem Glauben der Gemeindemitglieder, doch keiner brachte den Mut auf, jemanden danach zu fragen.

Nach dem Gottesdienst kam der Mann, den wir hatten predigen hören, auf uns zu, um uns zu begrüßen, und fragte, wie es uns gefallen habe. „Sehr gut, Herr Pfarrer", antworteten wir. „Ich bin kein Pfarrer", berichtigte er, „ich bin nur ein Prediger." Keiner von uns reagierte auf diese Worte, weil wir von anderen Sekten nichts wussten. Nur einmal, als wir mit anderen ins Gespräch kamen, kam die Antwort, es könnte sich um Baptisten handeln oder andere Sekten. Nach dem Gottesdienst wurden wir jedes Mal in einen Nebenraum begleitet, wo man uns das Mittagessen servierte. Vor dem Essen wurde immer viel gebetet, und mein Freund Walter und ich hätten liebend gerne mitgemacht, wenn nicht jedes Mal ein anderes Gebet gesprochen wurde. Auch die Kinder kannten schöne Gebete und Gedichte, sangen sehr schöne Lieder, begleitet von verschiedenen Instrumenten. Die Leute beteten der Reihe nach, jeder auf seine Art, was uns sehr gefiel.

Doch musste ich feststellen, dass eine Person mit vier Blinden überfordert war. Denn wir waren fünf Personen und besetzten den ganzen Fußgängerweg, und ich hörte die Leute schimpfen, weil sie uns ausweichen mussten. Außerdem war das Ein- und Aussteigen mit nur einer sehenden Person ein Problem. Einmal entkam ich beim Einsteigen in eine Tram nur knapp einem Umfall. Daher machte ich den Vorschlag, nicht mehr jeden Sonntag zu viert in den Gottesdienst zu gehen, da es zu gefährlich war, sondern uns in zwei Gruppen aufzuteilen, was für unseren Betreuer ebenfalls sicherer war. Dieser erklärte sich damit einverstanden, und so besuchten wir nunmehr jeden zweiten Sonntag den Gottesdienst. Und so ging es ungefähr drei Monate weiter.

Dann musste ich eine Entscheidung treffen, um mir die Schuljahre nicht zu erschweren, denn der besagte Lehrer setzte mir weiter zu. Jeden Montag fragte er uns, was wir Sonntag gemacht hätten. Ich vermied es, eine Antwort zu geben, oder sagte etwas anderes, weil ich bemerkt hatte, dass es ihm nicht gefiel, dass wir die Kirche besuchten. Darauf hatte uns am Anfang auch unser Begleiter aufmerksam gemacht und gemeint, es sei besser, niemandem zu verraten, wohin wir mit ihm gehen würden. Damals hatte ich seine Worte allerdings nicht ernst genommen. Schließlich musste ich feststellen, dass ich der Einzige war, den er ins Visier genommen hatte, denn die anderen wurden in Ruhe gelassen. Eines Montags kam dann direkt die Frage an mich: „Wo warst du gestern?" – „In der Stadt bei Freunden", antwortete ich. „Hast du Freunde hier in Bukarest?", fuhr er mit seinem

Verhör fort. „Ja", erwiderte ich knapp. „Das freut mich für dich, aber pass gut auf, wohin du mit deinen Freunden gehst." Dieses Mal wurde er konkreter, und seine Warnung war unmissverständlich. Und mir wurde bewusst, dass jeder meiner Schritte beobachtet wurde, sogar in meiner Freizeit. Noch am selben Abend versuchte ich, von meinem Kollegen Walter mehr über dieses Thema zu erfahren. Er versicherte mir, dass ihn sein Lehrer noch nie gefragt hätte, wo er seine Freizeit verbringen würde, und auch er konnte sich auf das Ganze keinen Reim machen.

Wieder Montag. Der Lehrer wollte nun mehr wissen: „Wo wohnen deine Freunde, wie heißt die Straße, und in welchem Bezirk liegt sie?", kamen wie aus der Pistole geschossen die Fragen. „Das weiß ich nicht, ich habe sie nie danach gefragt, weil ich sie alleine sowieso nicht besuchen kann." – „Gut, aber warum holen sie dich immer nur Sonntag von 9 bis 14 Uhr, und nicht Samstag oder Sonntagabend, wenn es so gute Freunde sind? Ich glaube, du gehst ganz woanders hin, nicht wahr?" – „Vielleicht ja", gab ich kleinlaut zu. „Ich empfehle dir dringendst, von solchen Freunden Abstand zu nehmen, wenn du dir deine Zukunft nicht verbauen willst. Denk in Ruhe über meine Worte nach, denn du bist noch jung und brauchst eine sichere und gute Zukunft." Dieses Mal war es ein sehr ernstes Gespräch, seine Warnung war unmissverständlich, ich durfte sie nicht ignorieren.

Was mich über alle Maßen sowohl verwirrte als auch überraschte, war die Tatsache, dass er das Wort Kirche weder in den Mund nahm, noch sich bereit erklärte, die Diskussion öffentlich im Klassenzimmer zu führen, um alle Schüler über den Sachverhalt aufzuklären. Hatte er vielleicht Angst vor einer zu großen Opposition, weil er wusste, dass viele sehr gläubig waren? Denn meine Kollegen waren viel älter, die meisten von ihnen Katholiken. Oder wollte er nur nett zu mir sein, um mich vor meinen Kollegen nicht bloßzustellen? Nein, das konnte es auch nicht sein. Alle hörten ruhig zu, ohne ein Wort zu verstehen, weil er in solchen Fällen stets Deutsch mit mir sprach. Trotzdem nahmen sie die gespannte Stimmung zwischen uns wahr und konnten es kaum erwarten, in die Pause zu gehen, um zu erfahren, was er schon wieder von mir wollte.

Als die Tür hinter ihm zuschlug, nahmen mich zwei Kollegen mit einem guten Sehrest an der Hand und führten mich an einen Ort, wo niemand in der Nähe war. Dann stellten sie mir aufgeregt eine Menge Fragen: „Was zum Teufel hat er immer nur mit dir? Will er dich zwingen, zu verraten, was wir in der Freizeit tun?" – „Nein, macht euch keine Gedanken, es geht um ein persönliches Problem, über das ich euch jetzt nichts sagen kann, denn es ist eine lange Geschichte", versuchte ich sie zu beruhigen. „Versprichst du, dass du uns sagen wirst, worum es geht?" – „Ja, heute Nachmittag nach den Nachhilfestunden haben wir mehr Zeit", erklärte ich, um etwas Zeit herauszuschlagen. Ich musste mir noch Gedanken machen, ob ich ihnen die Wahrheit anvertrauen konnte, oder ob es nicht geschickter wäre, mir eine Ausrede auszudenken. Anlügen wollte ich sie nicht, denn ich musste mit jemandem über alles reden, um einen klaren Kopf zu kriegen. Denn so konnte es auf keinen Fall weitergehen. Außerdem herrschte unter den Klassenkameraden eine gespannte Atmosphäre, weil sie nicht wussten, woher er so gut über alle Bescheid wusste.

Gesagt – getan. Nachdem alle die Klasse verlassen hatten, verschloss der Klassenchef die Tür von innen, um sicherzugehen, dass keiner mehr reinkonnte. Er war aus unserer Klasse der Einzige, der noch über einen guten Sehrest verfügte. Er war über zehn Jahre als Zimmermann auf einer Baustelle tätig gewesen, doch weil sein Sehvermögen von Tag zu Tag schlechter wurde, hatte er sich letztlich zum Besuch der Blindenschule entschieden. Ich kam plötzlich auf eine Idee, die ich allerdings noch niemandem verraten wollte, bevor ich mich nicht selbst davon überzeugen konnte. Ich fing an, eifrig den Schrank des Lehrers zu betasten, was meine Kollegen in Erstaunen versetzte. Mit der Hand machte ich ihnen Zeichen, sie sollten schweigen, doch sie wurden aus meinem seltsamen Verhalten nicht schlau. Dann sagte ich leise, sie sollten etwas Geduld haben. Nach gründlichem Abtasten stellte ich fest, dass die Lücke zwischen Schrank und Wand ungewöhnlich groß war. Ich tastete die Spalte ab, und als ich die Hand wieder herausbekam, war ich ganz nass vom Schwitzen, aber es hatte sich gelohnt. Denn was ich mir vorgestellt hatte, hatte sich bestätigt. Hinter dem Schrank war ich auf eine Steckdose gestoßen, in der ein Kabel steckte, das in den Schrank führte. Deswegen vermied ich es, laut zu reden, und berichtete im Flüsterton in der hintersten Bank auch den anderen von meiner Entdeckung.

Sofort lief der Klassenchef zum Schrank, um sich selbst von der Richtigkeit meiner Behauptung zu überzeugen. Er suchte eine Weile, dann hörte ich ihn lachend sagen: „So, jetzt können wir laut reden, ich habe das Kabel aus der Steckdose gezogen. Ich habe schließlich nicht umsonst so viele Jahre als Zimmermann gearbeitet." Er versuchte dann, den Schrank zu öffnen, um herauszufinden, was sich darin verbarg. Daraufhin verlangte er unsere Schlüssel, um es damit zu probieren. Ich bekam es langsam mit der Angst zu tun, denn ich fürchtete, dass er das Schloss kaputt machen könnte. Wenn uns der Lehrer entdecken würde, könnte es schlimm für uns ausgehen. Er hätte uns, ohne lange zu überlegen, sofort getrennt und in andere Klassen zugeteilt. So etwas machte er häufig, wenn er Schüler hatte, die ihm nicht passten. Denn unter allen Schulklassen gab es einen sogenannten sozialistischen Wettbewerb, und seine Klasse musste immer einen der ersten drei Plätze erreichen.

„Geht und verlangt auch anderen Kollegen ihre Schlüssel", forderte er uns auf, als es ihm mit unseren nicht gelungen war, den Schrank zu öffnen. „Du bist verrückt, was willst du ihnen sagen, wenn sie dich fragen, was du mit ihnen vorhast?" – „Macht euch keine Gedanken, ich werde dafür sorgen, dass nichts schief geht." Er machte sich wieder an die Arbeit, probierte es stundenlang, fast bis Mitternacht, doch es wollte ihm nicht gelingen, den Schrank zu öffnen. Wir hatten in unserer Aufregung sogar vergessen, zum Abendessen zu gehen. Sicherlich würden sich die anderen fragen, was mit uns los war, dass keiner von uns dreien beim Essen erschienen war.

„Genug für heute", sagte ich mit Nachdruck, „jetzt legen wir alles zurück, damit man nicht merkt, dass hier gearbeitet wurde." Nachdem unser Zimmermann gründlich überprüft hatte, dass alles an Ort und Stelle war, sagte er: „Jetzt ist alles in Ordnung, wir können gehen." Als er die Tür schließen wollte, fragte ich ihn, ob er das Kabel aus dem Schrank in die Steckdose getan hätte. „Nein! Wie zum Teufel konnte ich gerade das vergessen!" Hier gab es die größten Schwierigkeiten, denn er konnte es nicht so leicht zurückstecken, wie er es rausgezogen hatte. Er versuchte es immer wieder, doch es gelang ihm nicht. Schließlich schaffte er es doch, nachdem wir den Schrank etwas von der Wand weggeschoben hatten. Als wir ihn allerdings an seine Stelle zurückbefördern wollten, stellten wir fest, dass ihm ein Fuß gebrochen war. Nach so vielen Stunden Arbeit, Hunger und Müdigkeit waren wir mehr als erschöpft. Ja, so ist es, wenn man keine Arbeit hat, sucht man sie. Und jetzt war sie da! Doch das Glück war uns drei Musketieren letztlich doch hold, und wir schafften es, ihn zurückzuschieben. „Gut", versuchte der Dritte im Bunde ein Fazit zu ziehen, „nach so vielen Stunden haben wir noch immer nichts erledigt. Doch wir werden nicht aufgeben, bis wir unser Ziel erreicht haben." – „Genau!", pflichtete ich ihm bei, „jetzt gehen wir ins

Schlafzimmer, es ist genug für heute. Und du, Zimmermann, hast morgen früh eine wichtige Aufgabe zu erledigen. Bevor wir in den Speisesaal zum Frühstück gehen, schaust du noch mal in unserer Klasse vorbei, um zu überprüfen, ob alles in Ordnung ist. Und wenn jemand da ist und dich fragt, was du um diese Uhrzeit im Klassenzimmer suchst, sagst du, dass du deine Schlüssel nicht finden kannst."

Am nächsten Morgen, als es klingelte, legte ich meine Hand auf ihn und flüsterte ihm ins Ohr, er solle sich beeilen. Als er die Klasse betreten wollte, wurde die Tür von innen geöffnet. „Wer ist da?", kam die Frage des Lehrers. „Ich, der Klassenchef." – „Was hast du um diese Uhrzeit hier zu suchen?" – „Ich weiß nicht, wo ich meine Schlüssel verlegt habe", sagte der Zimmermann mit Unschuldsmiene und tat so, als ob er seine Schlüssel suchen würde. Als er in den Speisesaal kam, setzte er sich an seine Stelle neben mich und erklärte aufgeregt: „Der Lehrer ist da! Ich habe das Geheimnis entdeckt. Beide Türen des Schranks waren offen, und der Lehrer hörte zu, was auf seinem Magnetophon gesprochen wurde. Er beeilte sich zwar, es auszumachen und in den Schrank zu legen, aber es war zu spät. Jetzt ist klar, wer uns verraten hat und warum er alles wusste!" – „Nicht so laut, Mensch, halt deine Klappe, wir reden ein anderes Mal darüber. Von nun an müssen wir uns gut überlegen, was wir in den Nachhilfestunden sagen und was nicht. Denn nur was da gesprochen wird, kann das Magnetophon verraten. Aber all die anderen Dinge bleiben weiterhin ungeklärt." – „Lasst das alles nur meine Sorge sein", erklärte der Zimmermann „ heute, in den Nachhilfestunden, werde ich das Kabel entfernen." – „Ich glaube, du bist völlig verrückt", wehrten wir verzweifelt ab, „willst du dir jedes Mal die ganze Schinderei antun? Und außerdem bleibt dann das Band leer. So kann er uns noch viel schneller auf die Schliche kommen." – „Was zum Teufel sollen wir dann tun, es auch den anderen sagen?" – „Damit sie auch wissen, um was es geht? Nein, so etwas können wir nicht verraten. So kann er jemandem die Zunge lösen, der ihm alles sagen wird, und dann, was haben wir erledigt?" – „Wie soll es dann weitergehen?" – „Ganz einfach, wir müssen aufpassen, was wir sagen. Den anderen sagst du, sie sollen auch mit dem, was sie von sich geben, vorsichtig sein. Es wäre vielleicht viel besser gewesen, wenn wir nichts von dieser Schweinerei gewusst hätten."

18.

Nun blieb uns keine andere Wahl, als abzuwarten, wie der Lehrer sich weiterhin verhielt. Würde er Montag wieder so reagieren? Dieses Mal war ich fest entschlossen, ihm die Wahrheit zu sagen. „Wie geht es dir mit deinen sogenannten guten Freunden?", kam auch schon, wie erwartet, die Frage des Lehrers. „Gut, danke schön der Nachfrage", entgegnete ich gelassen, „ich war gestern in der Kirche mit ihnen." – „Was sagst du da? In der Kirche, kann so etwas möglich sein?", zischte er erbost. „Ja, warum denn nicht, ist es nicht erlaubt?" Diesmal redete ich nur rumänisch mit ihm, damit auch die anderen unser Gespräch verfolgen konnten. „Natürlich ist das nicht erlaubt, weil all das, was man da lernt, gegen die Schulen eines sozialistischen Landes gerichtet ist. Die Wissenschaft hat bewiesen, dass das eine falsche Ideologie ist. Um all die alten Leute und die Armen davon zu überzeugen, dass sie diejenigen sind, die ins Himmelreich kommen, wenn sie nur daran glauben. Und all die Reichen werden in die Hölle gehen. All das waren kapitalistische Ideen, um die Armen unter Kontrolle zu halten. Aber im Sozialismus wird es so etwas nicht mehr geben. Denn alle werden gleich sein und dieselben Rechte haben. In einem kommunistischen Land wird es keinen Unterschied mehr zwischen Armen und Reichen geben. Eine solche Theorie praktiziert man nur noch in den kapitalistischen Ländern, um die Armen unter Kontrolle zu halten."

Ein solches Gespräch mit dem Lehrer hätten meine Klassenkollegen niemals für möglich gehalten. „Gut, Genosse Lehrer", meldete sich dann der Älteste aus unserer Klasse zu Wort, an die 30 Jahre alt und ein gläubiger Katholik. „Auf den Gemeinden und Dörfern sind mir bislang solche Theorien noch nicht zu Ohren gekommen, und auch hier in dieser Schule sind Sie, glaube ich, der Einzige, der über solche Dinge redet. Denn meine Freunde aus anderen Klassen haben von solchen Problemen noch nie berichtet. Und wann wird die Zeit kommen, dass ich mit Ihnen gleich sein werde, denselben Lohn erhalten werde, dieselbe Kleidung und dieselbe Wohnung haben werde wie Sie?" – „Gerade das ist es ja", eiferte sich der Lehrer. „Man kann die Leute von den Gemeinden und Dörfern nicht von den neuen wissenschaftlichen Erkenntnissen überzeugen. Die Bauern auf den Dörfern kennen nichts anders, als jeden Sonntag in die Kirche zu gehen, seit Jahrhunderten, und an jemanden zu glauben, den es eigentlich nicht gibt." – „Sagen wir mal, Sie haben Recht mit ihrer Theorie, aber um das zu beweisen, nennen Sie mir bitte ein einziges Land, in dem alle gleich sind und in dem keine Armut herrscht. Wie ich merke, glauben ja auch Sie, Genosse Lehrer, an eine falsche Theorie, und zwar an den Marxismus und Lenins Philosophie. Aber vergessen Sie bitte nicht, dass auch sie nur arme Leute waren. Sie haben ein Buch geschrieben über das, was sie gedacht haben und wie es besser sein könnte. Aber weder ich noch Sie noch unsere Nachfolger werden die Zeiten erleben, in denen wir alle gleich sein werden, so wie Sie es meinen". Damit beendete unser Katholik seine Ausführungen.

Ja, das waren über vier Stunden erregtes Debattieren über ein Thema, das keiner Partei genügend Beweismittel an die Hand gab, um seinen Gegner von seiner Ansicht zu überzeugen. Und da der Lehrer im Streit mit einem Schüler immer Recht haben muss, blieb mir keine andere Wahl, als ihm Recht zu geben, denn er ließ mich nicht mehr in Ruhe mit meinen sogenannten guten Freunden. Daher musste ich eine Entscheidung treffen, denn so konnte es in den nächsten fünf Jahren in der Blindenschule nicht weitergehen. Es war mir eine unerträgliche Schmach, meinen gläubigen Freunden mitzuteilen, dass ich sie nicht mehr weiter besuchen durfte. Ich wusste nicht, wie ich das Thema anschneiden sollte, aber als es schließlich so weit war, fiel mir auf, dass meine Probleme keine Überraschung für sie waren. Auch ihnen wäre es am Anfang ähnlich ergangen, nur hätten sich die Schwierigkeiten einfacher gelöst, weil sie keine Schüler mehr waren. „In diesen Zeiten wird ein erbitterter Kampf gegen die Religion geführt", erklärten sie, „und es gibt noch immer nicht genügend Beweismittel, um alle davon zu überzeugen."

Ich verabschiedete mich höflich von sehr netten Menschen, mit denen ich mehr als drei Monate eine sehr schöne Zeit verbracht hatte. Seitdem verging ein Montag nach dem anderen, und der Lehrer ließ mich in Ruhe. Sicher musste er den Eindruck gewonnen haben, dass seine Theorie erfolgreich gewesen war. Aber da hatte er sich geirrt, denn in mein Herz konnte er weder hineinhören (wie in ein Magnetophon) noch hineinsehen. Aber um in der Zeit, in der ich die Blindenschule besuchte, meine Ruhe zu haben, musste ich ihm einen solchen Eindruck vermitteln. Denn man konnte nie wissen, was die Zukunft für einen bereithielt.

Es waren inzwischen etwa zwei Monate vergangen, und alles schien wieder ins Lot gekommen zu sein, als ihn eines Tages zwei Menschen aufsuchten, die ihn fragten, ob er ihnen nicht junge Schüler als Mitglieder in der Arbeiter-Jugend-Organisation UTM empfehlen könne. „Ja, ich hätte da einen, aber es ist noch zu früh, darüber zu reden, denn er hat noch einige Mystizismus-Ideen." Es war mir sofort klar, dass es sich auch diesmal wieder um mich handeln musste, obwohl mein Name nicht gefallen war.

Ich wusste damals noch nichts über die besagte Organisation und war daher erleichtert, dass er mich zunächst in Ruhe ließ. Doch ich versuchte, mir Informationen zu dieser Organisation zu beschaffen und stellte mir gleichzeitig die Frage, was mich erwarten könnte, wenn ich, falls es überhaupt dazu kommen sollte, eine solche Mitgliedschaft verweigern würde. „Das empfehle ich dir nicht", erklärte meine Vertrauensperson, „denn es könnte dir irgendwann schaden. Die meisten Lehrer und Pädagogen sind mit dir einverstanden. Es ist nur noch eine Frage der Zeit, bis auch dein Lehrer dich akzeptiert. Wenn es dieses Jahr nicht klappen sollte, dann Anfang des nächsten Schuljahres, wenn du einen anderen Klassenlehrer haben wirst."

Wen auch immer ich um Rat fragte, ich bekam stets dieselbe Antwort, dass ich in all meinen Unternehmungen und Aussagen vorsichtig sein müsse. Ich sei noch jung, müsse an meine Zukunft denken, ich könne mir nur dann ein erfolgreiches Leben aufbauen, wenn ich eine gute theoretische und praktische Ausbildung hätte. Alle sagten stets dasselbe, als hätten sie dasselbe Gedicht auswendig gelernt.

Und es dauerte nicht lange, bis ich wieder mit demselben Problem konfrontiert wurde. Wieder erschienen zwei Ehrenamtliche dieser Organisation, die meinem Lehrer diesmal die Frage direkt stellten: „Wir haben erfahren, dass Sie einen Schüler namens Krauss haben, der sehr geeignet wäre, Mitglied in unserer Organisation zu werden!" – „Ja, ich habe einen Schüler", erwiderte der Lehrer, „und kann Ihnen sagen, dass es ein sehr guter Schüler ist. Und ich bin einverstanden, dass er Mitglied wird, stimmt das, Schüler?", fragte er zunächst mich, dann meine Kollegen. „Ja", hörte man alle mit lauter Stimme rufen. „Danke schön!", antwortete dann einer der zwei Ehrenamtlichen. „Das bedeutet, dass er Mitglied in unserer Jugendorganisation werden kann." Ich wurde nicht gefragt, ob ich damit einverstanden war, man nannte mir lediglich den Termin, an dem ich mich bei ihnen einzufinden hätte. Alles ging so vonstatten, dass keiner den Mut aufbrachte, Protest einzulegen, und auch ich unterließ es, mich zur Wehr zu setzen. Ich nahm mir vor, alles, was unvermeidlich war, gelassen hinzunehmen, da ich sowieso nichts ändern konnte. So überließ ich mich meinem Schicksal und wartete ab, was die Zukunft mir bescheren würde.

19.

29. Juni 1959. Brütende Hitze hatte sich an einem Sommertag im Juni über die Hauptstadt gelegt. Der Asphalt war so aufgeweicht, dass man das Gefühl hatte, in ihm zu versinken. Alle Fußgänger suchten nach dem Schatten und nach kalten Getränken, für die man sehr lange anstehen musste, um sich etwas erfrischen zu können. Es war der Tag, an dem die Sommerferien nach einem langen Schuljahr begannen. Mit den Gedanken bei all unseren Lieben von zu Hause eilten wir mit Koffern in der Hand zur Tram oder zum Bus, um so schnell wie möglich zum Nordbahnhof zu gelangen. Hier erkundigten sich unsere Begleiter nach dem Gleis, von dem unser Zug abfuhr, um uns auf unsere Plätze zu begleiten. Wir verabschiedeten uns von all denen, die sich ein ganzes Jahr lang bemüht hatten, uns so gut wie möglich auszubilden, und von unseren Freunden, mit denen wir das letzte Jahr verbracht hatten.

Als ich auf meinem Platz im Abteil saß, musste ich an das vergangene Schuljahr denken und an meine Heimat und meine Lieben zu Hause, denen ich mich von Stunde zu Stunde näherte. Das Abteil war sehr überfüllt, alle Plätze waren besetzt, sogar im Flur konnte man kaum vorbeigehen. Die Leute fingen an, sich zu beklagen, dass sie bei dieser Hitze die Reise nicht überstehen würden. Denn sie hätten vergessen, sich eine Flasche Wasser, Limonade oder andere Getränke mitzunehmen. „Das werden wir schon irgendwie hinkriegen", meldete sich dann ein Mann zu Wort, „wenn wir eine oder mehrere Flaschen auftreiben, denn in den großen Bahnhöfen hält der Zug länger, und wir können die Flaschen mit Wasser füllen."

Als sich der Zug schließlich in Bewegung setzte, fingen die Passagiere an, miteinander zu reden, und fragten einer den anderen, wohin die Reise gehe. Dann stellte eine Dame auch mir die Frage, was für eine Schule ich besuchen würde, denn nach meiner Kleidung zu urteilen müsste ich Schüler sein. „Ja, so ist es, ich bin Lehrling an einer Berufsschule." – „Wie, an einer Berufsschule?", wollte eine andere Dame wissen, die unser Gespräch verfolgt hatte. „Wenn ich mich nicht irre, sind Sie blind, Sie wurden doch vorhin von jemandem auf Ihren Platz begleitet." – „Ja, das stimmt, ich bin blind." – „Wie können Sie dann einen Beruf erlernen?" – „Das ist sehr wohl möglich, denn die Wissenschaft ist so fortgeschritten, dass sie auch Blinden ermöglicht, wie alle anderen eine Schule zu besuchen, von der ersten Klasse bis zum Abitur, und diejenigen, die es weiter schaffen wollen, können an der Universität ein Jura- oder Pädagogikstudium absolvieren." – „Mein Gott, dass auch Blinde ausgebildet werden können, wusste ich nicht." – „Ja, davon haben bislang viele nicht gewusst, einschließlich meiner Wenigkeit, aber jetzt ist es so weit, und ich bin da und weiß um meine Möglichkeiten."

Meine Worte versetzten alle in Erstaunen. Dann fragte ein Mann höflich, ob ich etwas dagegen hätte, ihm einige Fragen zu beantworten. „Sicher können Sie fragen, denn auch ich bin auf Ihre Fragen gespannt und darauf, was sie über uns denken." Der Anfang war etwas schwierig, doch das Eis war schnell gebrochen. Danach mussten die Reisenden der Reihe nach warten, um ihre Fragen stellen zu können. Und als ich glaubte, alle Fragen beantwortet zu haben, meldete sich ein Passagier mit der überraschenden Frage, ob Blinde eher untereinander oder lieber Sehende heiraten und ob sie Kinder kriegen würden. Diese Frage zog eine andere nach sich, und es entstand eine heitere Stimmung: „Wie machen blinde Leute Liebe, wenn sie nichts sehen?" Da ich noch sehr jung war und noch keine praktischen Erfahrungen hatte, hatte ich an dieser Frage zwar etwas zu knabbern, wollte ihm aber dennoch die Antwort nicht schuldig bleiben und fragte: „Wenn Sie mit Ihrer Frau Liebe machen, machen Sie da das Licht an?" Die Passagiere fingen sofort an zu lachen, ja das war eine sehr gute Antwort.

Von so vielem Reden war ich müde geworden. Da alle Fragen beantwortet waren, wurde es auf einmal ruhig, und eine große Schläfrigkeit überkam mich bei der noch immer sehr drückenden Hitze. Plötzlich hörte ich eine Frau sagen: „Ich schau mal nach, ob ich noch etwas Kleingeld für diesen Blinden habe". Ich horchte auf, griff schnell nach meinem Taschentuch und wischte mir den Schweiß von der Stirn, um einen klaren Kopf zu kriegen. Denn ich war furchtbar aufgeregt. Kurz darauf hörte ich, wie jemand die Tür unseres Abteils öffnete und eine laute Stimme sagte: „Erbarmt euch eines blinden Menschen und helft ihm, womit es euch möglich ist."

Es war ein blinder Bettler. Ich war wie vom Donner gerührt, schämte mich und wusste nicht, wie ich mich in dieser Situation verhalten sollte. Ich hatte das Gefühl, als ob die Blicke aller von mir zu ihm wanderten, um uns, nachdem sie mit zwei verschiedenen Problemen konfrontiert wurden, miteinander zu vergleichen. Auch für meine Mitreisenden war die Verwirrung groß. Dann entstand wieder eine heftige Debatte zwischen denen, die ihm Geld gaben, und denen, die auf meiner Seite waren. „Warum bettelt nicht auch er?", fragte eine Frau. „Er ist ja auch blind und hat uns von so vielen und schönen Dingen erzählt." Ich nahm all meinen Mut zusammen und fragte den Blinden, warum er betteln gehe und was er mit dem Geld mache. Aber es kam keine Antwort. Ich erzählte ihm, dass er in seinem Alter, er war 30 Jahre alt, noch einen Beruf erlernen könne, doch der wehrte ab und verließ nach einer Weile mit dem wenigen Geld, das er bekommen hatte, aufgeregt das Abteil.

„Unser junger Herr hat recht getan", meinten dann einige von ihnen. „Auch er ist ja blind, und wie schön gekleidet und sauber er aussieht. Redet mit den Leuten vernünftig und sieht aus wie alle zivilisierten Leute. Ist es nicht so?", fragte sie dann in die Runde, und von allen Seiten kam die Antwort: „Ja, sicher haben Sie Recht, wenn alles so ist, wie unser junger Herr erzählt hat."

Mir war der Zwischenfall äußerst peinlich. Ich sagte fortan kein Wort mehr und stellte mich schlafend. Nach einer geraumen Weile fragte mich ein freundliches Ehepaar, wohin mich meine Reise führe. „Nach Blasendorf." – „Sind Sie von da?" – „Nein, da muss ich umsteigen, danach geht es weiter bis nach Seiden." – „Nach Seiden? Wir sind ja aus der Nachbargemeinde Bulkesch. Wie gut, dass wir Ihnen später beim Umsteigen helfen können."

Die lange Reise vom frühen Morgen bis zum späten Abend in der unglaublichen Hitze hatte mich ermüdet. Der Zug ließ einen Bahnhof nach dem anderen hinter sich, und als ich mich dem Blasendorfer Bahnhof näherte, stieg meine Vorfreude ins Unermessliche. Als es endlich so weit war, fragte das freundliche Ehepaar nach meinem Gepäck, aber das konnte ich selber tragen. Ich bat sie lediglich darum, mich beim Aussteigen an ihrem Arm festhalten zu dürfen.

Mein Bruder Andreas erkannte mich sofort und rief, ich solle einfach stehen bleiben, er sei gleich da. Wir mussten uns sehr beeilen, um den Anschlusszug nicht zu verpassen. Ich war unheimlich froh, Andreas' Stimme zu hören, denn er hatte mich von meiner Anspannung, die ich in solchen Situationen verspürte, befreit. Denn es war nicht immer sicher, auf fremde Hilfe zu vertrauen. Aber etwas schien mir mit ihm nicht in Ordnung zu sein, denn er redete wenig, antwortete mir auf meine Fragen mit Verspätung, seine Stimme erschien mir fremd, und die Zeichen von Freude, die sonst unser Wiedersehen begleiteten, blieben aus.

„Warum bist du so traurig und lustlos?", fragte ich besorgt. Der Zug war sehr voll, wir mussten stehen, und es waren sehr viele Bekannte in der Nähe, so dass mein Bruder mich bat, das Thema zu wechseln. Ich war verwirrt und besorgt, und obwohl ich sofort alles erfahren wollte, respektierte ich seinen Wunsch. Doch ich konnte es kaum erwarten, den Zug zu verlassen. Denn von da mussten wir sieben Kilometer zu Fuß gehen, und das dauerte etwa anderthalb Stunden, Zeit, in der wir reden konnten. Seine Bekannten aus anderen Dörfern fragten ihn nach mir, warum ich blind geworden sei, aber er wich den Fragen übellaunig aus, was mich immer mehr bestürzte. „Hast du vielleicht etwas getrunken?", fragte ich ihn. „Ja, ein Glas Wasser. Warum fragst du?" – „Nur so." – „Lass all diese Fragen und komm, wir müssen aussteigen."

Mein Bruder entschied sich für den Weg durch das Dorf, weil der kürzere zu gefährlich für zwei Personen war, denn wir mussten neben den Gleisen gehen. Ich versuchte noch einmal in Erfahrung zu bringen, was ihn so beunruhigte: „Geht es vielleicht um dasselbe Problem wie vor einigen Monaten?" – „Ja, aber jetzt können wir nicht darüber reden, denn wir überqueren gleich die Bahn und werden mit anderen Leuten zusammentreffen, wir reden ein anderes Mal darüber, wenn wir alleine sind."

Es war inzwischen kurz nach 22 Uhr, die Dunkelheit hatte sich über die Gemeinde gelegt, so dass man die Menschen, die sich ebenfalls auf dem Heimweg befanden, nicht mehr erkennen konnte. Nachdem wir die Gleise überquert hatten, hörten wir zwei Betrunkene hinter uns schimpfen. Mein Bruder meinte, ich solle einfach stehen bleiben, er würde mit den Betrunkenen schon fertig. „Ich soll mal sehen, was sie von uns wollen", sprach er. „Der Koffer bleibt bei mir, damit ich mich verteidigen kann, wenn es notwendig sein wird."

Die beiden kamen immer näher und schienen sehr erregt. Mich überkam eine plötzliche Angst um meinen Bruder und mich, ich zitterte wie Espenlaub, stand hilflos am Straßenrand und wartete gespannt, was geschehen würde. Als die Betrunkenen nur noch ein paar Schritte von uns entfernt waren und noch immer so schrecklich schimpften, sprach mein Bruder den einen mit Namen an und fragte, was sie von uns wollten. „Jetzt geht es los", dachte ich immer beunruhigter, unfähig, ihm zu helfen, wenn es notwendig wäre. Doch als sie die Stimme meines Bruder hörten, sagte einer von ihnen: „Das sind sie nicht!" und waren sofort verschwunden. Ich sandte ein Stoßgebet gen Himmel, dass sich alles friedlich geklärt hatte. Wir beeilten uns, die anderen zu erreichen, und gingen mit ihnen bis nach Hause.

Es war kurz vor Mitternacht, als wir zu Hause ankamen, unsere Mutter wartete bereits mit dem Essen auf dem Tisch. Andreas wollte aber nicht mehr essen, sondern beeilte sich, ins Kulturhaus zu kommen, denn es war Ball. Er fragte mich, ob ich nicht auch mitgehen wolle, aber ich fühlte mich von der Reise zu erschöpft. Ich redete eine Weile mit meiner Mutter, denn unser Vater war im Nachtdienst, dann ging ich zu Bett. Aber nach kurzer Zeit hörte ich jemanden an meine Zimmertür klopfen. „Was machst du schon im Bett, steh auf und komm zum Ball, deine Freunde warten auf dich." Es war Hermine, die mich entschlossen aufforderte, mich anzuziehen. Also ging ich mit, denn eine andere Wahl hatte ich nicht.

Im Kulturhaus herrschte eine ausgelassene Stimmung, es wurden schöne und lustige Lieder gespielt, und alle waren beim Tanzen. So begannen auch wir zu tanzen. Als die Musik aufhörte, wurde ich sofort von meinen Freunden umringt, die mich alle auf einmal begrüßen wollten. Ich wurde sozusagen eingekesselt, konnte nicht anders, als mich auf der Stelle zu drehen, um allen persönlich die Hand zu geben. Unser Wiedersehen war für alle eine große Freude. Ich wurde gefragt, wie lange ich Ferien hätte. „Drei Monate, bis zum 15. September." – „Sehr gut", sagten sie, „dann werden wir diese Ferien viel Spaß miteinander haben, denn es geht ja weiter mit den Unterhaltungen und Ausflügen."

Die Musik begann von Neuem zu spielen, und es warteten bereits mehrere Mädel, die mit mir tanzen wollten. Doch ich konnte natürlich nicht mit allen gleichzeitig tanzen, so dass ich sie auf später vertröstete, um niemanden zu beleidigen. Die Musik spielte regelmäßig immer drei Lieder: einen Tango, einen Walzer und als Letztes etwas Schnelles, um uns müde zu machen. Es herrschte ein unheimlicher Andrang um meine Person, denn kaum tanzte ich mit der einen ein paar Takte, nahm mich schon die andere zum Tanzen. Es war für mich eine außergewöhnliche Freude und Überraschung, die ich bis zu dem Tag noch nicht erlebt hatte.

Als die Musik zu spielen aufhörte, war ich müde und verschwitzt. In der Nähe saß mein Bruder mit drei Kumpels am Tisch, und sie riefen mich zu sich, um mit ihnen ein Glas Wein zu trinken. Wir stießen miteinander an, wünschten uns ein langes Leben und dass es nie schlechter werde als jetzt. Als Letzter war mein Bruder dran, der zu mir sagte: „Komm, Bruderherz, trinken wir noch ein Glas Wein! Wer weiß, wann sich uns wieder eine solche Gelegenheit bietet." Seine Worte bereiteten mir Unbehagen, und ich muss wohl sehr betrübt ausgesehen haben, denn einer seiner Freunde fragte besorgt: „Geht es dir nicht gut?" – „Doch, natürlich, aber ich bin an Alkohol nicht gewöhnt und müde von der langen Reise", erklärte ich beschwichtigend. Die Worte meines Bruders bereiteten mir immer mehr Kopfzerbrechen, denn er hatte sich von einem jungen Mann, der immer ein Lächeln auf den Lippen trug, stets als Erster zu tanzen begann und immer ein Ziel vor Augen hatte, zu einem übellaunigen, niedergeschlagenen und mutlosen Menschen entwickelt, und das in nur wenigen Monaten. Es musste ihn eine große Sorge plagen, und ich beschloss, der Sache in den nächsten Tagen auf den Grund zu gehen.

Weil mich diese Gedanken traurig machten, entschied ich, mit meiner Nichte Hermine nach Hause zu gehen. Unterwegs sagte auch sie, dass etwas mit ihm nicht stimme, denn in einem solchen Zustand hätte sie ihn noch nie erlebt, und auch andere hätten sie gefragt, was mit ihm los sei. In meinem Zimmer legte ich mich ins Bett und versuchte einzuschlafen, denn ich war sehr erschöpft, doch die Sorgen um ihn ließen mich keinen Schlaf finden. Kurz nach drei Uhr nachts hörte ich ihn kommen. Er betrat das Zimmer, darauf bedacht, keinen Lärm zu machen, zog sich aus und legte sich ins Bett. Ich weiß nicht, ob ich etwas geschlafen hatte, als ich gegen sechs Uhr morgens meine Mutter flüsternd zu ihm sagen hörte: „Steh auf, du sollst deinen Vater bei der Arbeit ablösen." Er gab ein kurzes „Ja, gut" von sich, schlief aber weiter. Kurz darauf zog ich mich an und trat zu meiner Mutter in die Küche. Diese wunderte sich sehr, dass ich schon so früh auf den Beinen war, denn ich hatte ja Zeit, um mich nach der langen Reise auszuruhen: „Du musst ja nicht in die Arbeit, geh und leg dich ins Bett, warum sollst du schon so früh hier sitzen?" Ja, sicher hatte sie Recht, nur wusste meine Mutter nicht, warum ich nicht schlafen konnte.

„Was macht Andreas, warum kommt er nicht?", fragte sie. „Ich glaube, er ist wieder eingeschlafen, er hat ja nicht einmal drei Stunden geschlafen", gab ich zurück. „Geh und sag ihm, er soll aufstehen", bat mich meine

Mutter, „nicht, dass dein Vater kommt und ihn noch im Bett findet. Dann sagt er wieder, dass ich immer auf eurer Seite bin und ihn nicht geweckt hätte. Du kennst ja das Sprichwort deines Vaters: ‚Wer auf dem Ball ein Mensch ist, muss auch bei der Arbeit ein Mensch sein'."

Ich ging, um ihn aufzuwecken und einen möglichen Streit zwischen meinen Eltern zu vermeiden. Er sagte wieder: „Schon gut", schlief dann aber weiter. Dann versuchte unsere Mutter es von Neuem und sagte, er solle aufstehen, mittags hätte er ja zwei Stunden Pause und könne sich ausruhen, und wenn er aus der Arbeit komme, könne er sich bis nächsten Morgen ausschlafen.

Als er endlich in der Arbeitskleidung erschien, fragte er mich, warum ich so früh aufgestanden sei und warum er heute Vater vertreten müsse. „Er ist mit Danial bei deinem Onkel, sie helfen ihnen beim Hausbau, denn auch sie haben uns geholfen, als wir gebaut haben." Dann ging er zum Tor, wahrscheinlich um sich davon zu überzeugen, denn wir waren Nachbarn. Als er zurückkam, ging er direkt in sein Zimmer und kam im Sonntagsanzug wieder. Er nahm meine Hand, verabschiedete sich von mir und sagte, ich solle auf mich sorgen. Ich war starr vor Schreck, als ich seine Worte hörte, und fing an zu weinen. Ich fragte bekümmert, wohin er gehe und was er tun wolle. Dann verabschiedete er sich auch von unserer Mutter, die ebenfalls weinte und auch wissen wollte, was er im Sinn habe, aber es kam keine Antwort. Er ging, ohne sich umzudrehen, die Straße hinab durch das Dorf. Meine Mutter und ich riefen hinter ihm her, er aber wollte nichts und niemanden hören. Auch die Leute, denen er begegnete, sagten zu ihm, man würde ihn rufen, er aber gab keine Antwort, wer es auch versuchte. Dann bat ich meinen Bruder Danial, hinter ihm zu laufen, um ihn einzuholen und ihn davon zu überzeugen, zurückzukehren. Als er aber merkte, dass man ihm folgte, beschleunigte er seine Schritte, damit man ihn nicht einholte. Schließlich kehrte Danial zurück und sagte: „Er geht vielleicht, sich das Geld von der Fabrik abzuholen." Denn er arbeitete in einer Ziegelfabrik, die an dem Tag die Arbeiter ausbezahlte. „Ja, ja, aber keiner geht in diesem Zustand um Geld", entgegnete ich niedergeschlagen.

Vor lauter Kummer fing ich an zu weinen. Man versuchte, mich zu beruhigen, sicher würde nichts geschehen, sicher würde er noch am selben Tag zurückkommen. Nachdem meine Mutter ihre Arbeit in der Küche beendet und die Tiere gefüttert hatte, machte sie sich fertig, um in die Arbeit in die Weingärten zu gehen. Ich bat sie, mich mitzunehmen. „Natürlich kannst du mitkommen", antwortete sie mir mit froher Stimme. „Aber warum gehst du nicht lieber ins Bett, du bist sicher müde." – „Ich werde mich in den Schatten eines Weinstockes oder eines Baumes legen, wenn es notwendig sein wird."

Unterwegs machten wir uns weiter Gedanken, kamen aber auf keinen grünen Zweig. Die arme Mutter weinte und war furchtbar traurig. Denn sie hatte in sehr schwierigen Zeiten acht Kinder großgezogen, für die sie stets Sorge tragen musste. Und nun waren wir, Gott sei Dank, groß, die Probleme wurden aber für eine Mutter, die ihre Kinder liebte und für die ihr Herz noch immer sorgsam klopfte, nicht weniger.

20.

30. Juni 1959. Von der Sonne ermüdet, schlief ich im Schatten der Weinstöcke und eines Pfirsichbaumes ein und erwachte kurz darauf aus einem schrecklichen Traum. Zunächst wusste ich nicht, was mit mir los war und wo ich mich befand, tastete mich mit meinen Händen vor, und als ich den Weinstock erkannte, wurde mir alles klar. Als ich wieder einen klaren Kopf hatte, stand ich auf und rief nach meiner Mutter, um zu hören, wo sie sich befand. Als ich in ihre Richtung ging, fing es plötzlich an, mit großen Tropfen zu regnen. „Es wird nicht regnen", versicherte sie mir, „denn es ist nur eine kleine Wolke, die vorbeizieht." Ich erzählte ihr, dass ich sehr schlecht geträumt hätte. „Mach dir keine Sorgen, mein Kind", versuchte sie, mich zu beruhigen. „Gott, der Herr, hat eine sehr große Kraft, und vielleicht gibt er auch ihm gute Gedanken, dass er zurückkommt." – „Das scheint mir aber immer unwahrscheinlicher, denn er hat sich noch nie so verabschiedet."

Dann unterhielten wir uns über die Schule und über die Erlebnisse und Erfahrungen, die ich im Laufe des letzten Jahres in Bukarest gesammelt hatte. Aber es war keine Stunde vergangen, als sie zu mir sagte: „Ich glaube, es ruft uns jemand." Wir hörten sofort auf zu reden und spitzten die Ohren. Nach einer Weile war es klar, wir waren diejenigen, die man suchte. Es war mein Bruder Danial, der aus dem Garten rief, wir sollten sofort nach Hause kommen. Meine Mutter fragte immer, warum denn, Danials Antwort war nur: „Kommt, ich werde es euch schon sagen." Mutters Stimme fing an zu zittern, und ich weinte und flüsterte: „Er ist tot! Nur deshalb ruft er uns nach Hause." – „Rede nie wieder einen solchen Unsinn, Junge, so etwas kann nicht wahr sein. Na gut, wir werden es ja gleich erfahren."

Wir nahmen unser Gepäck in die Hand und gingen, aber es war sehr schwierig, denn wir mussten hintereinander einen steilen Hügel hinabsteigen. Ich ließ mich von meiner Mutter führen und hielt mich an ihr fest, um nicht ins Rutschen zu kommen und mir noch ein Bein oder eine Hand zu verletzen. Denn die normale Strecke hätte zu viel Zeit in Anspruch genommen. Als wir in den Garten kamen, sah meine Mutter sie im Hof und fragte: „Was ist los?" – „Komm nur, komm und gib uns, was wir benötigen", sagte mein Vater. „Wir werden dir schon alles erzählen, was wir erfahren haben." Im Hof sah sie den Wagen und fragte: „Was ist mit dem Wagen da, wohin wollt ihr fahren?" – „Um diesen Jungen, dem das Leben zu langweilig gewesen ist und der es sich selbst genommen hat." – „Wie und wo?", fragte sie dann weinend. „Ein Junge aus Kokelburg hat gesagt, er hätte sich vor den Zug geworfen." – „Was, vor den Zug?" Sie weinte ununterbrochen und sagte: „Was für einen Mut man haben muss, sich selber das Leben zu nehmen."

Ich dachte mir, dass es für ihn sicherlich nicht einfach gewesen war, freiwillig aus dem Leben zu scheiden, und dass er all das, was geschehen war, wohl weder akzeptieren noch vergessen konnte. Im Dorf hatte sich die Nachricht vom Freitod meines Bruder wie ein Lauffeuer verbreitet, und die Leute begannen sofort, Mutmaßungen anzustellen, warum er sich das Leben genommen hätte. Einige sagten, er hätte eine Freundin gehabt, die er heiraten wollte, deren Eltern aber damit nicht einverstanden gewesen wären. Das entsprach aber nicht der Wahrheit. Es gab noch viele andere unsinnige Behauptungen, die mit dem Tod meines Bruders allerdings nichts zu tun hatten.

Unserer Meinung nach, und viele anderen stimmten uns zu, handelte es sich um ein Problem, das ungefähr drei Monate zurücklag. Und alles, was sich danach ereignete, verhinderte eine vernünftige und friedliche Lösung. Es war an den Osterfeiertagen, als ich in den Frühjahrsferien zu Hause war. Mein Bruder Andreas und seine drei Freunde hatten für den zweiten Ostertag die Musik für den Tanzball bestellt. Sie hatten die Organisation des Balles gut im Griff, jeder hatte seinen Aufgabenbereich, um das Publikum und die Musikanten, die aus einem anderen Dorf kamen, zufriedenzustellen. Zwei von ihnen waren bei der Tür und nahmen das Geld ein, während Andreas sich mit einem anderen Freund um die Musikanten kümmerte.

Nach Mitternacht, als Andreas von der Bühne runterkam, wurde er von jemandem angegriffen und mit Faustschlägen ins Gesicht traktiert. Mein Bruder wurde so hart getroffen, dass er eine Weile nichts mehr sah. Als er wieder sehen konnte, war der Angreifer bereits verschwunden. Als Andreas ihn erkannte, sprang er über die Bänke, um ihn einzuholen. Aber als er ihm eine verpassen wollte, sprang ein Polizist auf ihn und ließ ihn nicht mehr los. Andreas wollte von seinem Angreifer eine Erklärung für seine Tat verlangen, aber der Polizist ließ ihn nicht los. Dann versuchte er, sich mit Gewalt von ihm zu befreien, wobei ein paar Fensterscheiben zu Bruch gingen. Seine drei Kollegen konnten ihm nicht zu Hilfe eilen, weil sie draußen waren und die Tür von innen abgesperrt worden war. Sie starteten den Versuch, durchs Fenster in den Saal zu springen, doch sie wurden von den Leuten davon abgehalten, die sie zu beruhigen suchten, um wieder Ordnung zu machen.

Unser Vater war im Nachtdienst in der Nähe und hatte gehört, dass etwas nicht in Ordnung war. Kurz darauf rief man ihm zu: „Komm, dein Sohn schlägt sich mit einem Polizisten." Als er eintraf, wurde ihm die Tür geöffnet, und der Polizist ließ Andreas los und sagte in vorwurfsvollem Ton: „Sehen Sie mal, was er angestellt hat! Er hat die Fensterscheiben zerschlagen." Unser Vater fragte niemanden mehr, wie es so weit kommen konnte. Er versetzte ihm zwei Hiebe mit dem Stock, den er bei sich hatte, und forderte ihn auf, sofort nach Hause zu gehen. Freiwillig wollte Andreas jedoch den Saal nicht verlassen, weil er sich nicht schuldig fühlte. So brachte unser Vater ihn mit Gewalt nach Hause.

Andreas war über unseren Vater sehr erbost, weil er ihn vor allen Leuten geschlagen und somit gedemütigt hatte. Er empfand das als eine große Schande. Er griff zum Messer und wollte zurück in den Saal. Ich erwachte, als er hinauswollte, sprang hastig aus dem Bett und bat ihn, mir von dem Geschehenen zu berichten. Er zitterte am ganzen Körper und weinte. Dann begann er, mir den Vorfall zu erklären. Unsere Mutter hörte weinend zu, dann sagte sie: „Das ist eine sehr große Schande für euch und für uns. Ihr macht uns im ganzen Dorf zuschanden."

Nachdem er das Messer weggelegt hatte, kehrte er in den Saal zurück, doch sein Angreifer war inzwischen verschwunden. Man konnte den Eindruck gewinnen, als ob nichts geschehen wäre. Am nächsten Morgen, als unser Vater aus dem Dienst kam, machte er sich sofort auf den Weg zu dem Vater des jungen Mannes, der am Vorabend die Schlägerei begonnen hatte, um mit ihm über ihre Söhne zu sprechen. Dieser war erstaunt, als er all das hörte, und wollte seinen Sohn zur Rede stellen, doch er war nicht in seinem Zimmer. So beschlossen die beiden Väter, Zeugen zu suchen, die ihnen helfen könnten, die Wahrheit zu erfahren. Das Ergebnis war, dass die besagte Person und eine weitere den Streit begonnen hatten.

Aber noch am selben Morgen waren der besagte junge Mann und sein Mittäter auf dem Weg zur Polizei gesehen worden, mit vollen Weinkrügen, um alles so aussehen zu lassen, als ob sie unschuldig wären. Auch Andreas war an dem Morgen in die Gemeinde zum Arzt gegangen, um sich eine Bescheinigung ausstellen zu lassen, denn er hatte ein geschwollenes blaues Auge. Beide Väter waren sehr traurig über das Geschehene und versuchten, ihre Söhne davon zu überzeugen, sich beim anderen zu entschuldigen, aber keiner wollte das.

So warteten wir die Zeit ab, um zur Polizei zu gehen. Unsere Eltern und wir Geschwister versuchten, ihn davon zu überzeugen, den ersten Schritt bei der Polizei zu tun, um sich zu versöhnen, Andreas stellte aber auch eine Bedingung: Es könne nur dann wieder alles gut werden, wenn die Polizei ihm versprechen würde, dass er wegen den Fensterscheiben, die er zerschlagen hatte, keine Strafe kriegen würde. Seine Bedingung wurde akzeptiert, und noch vor der Polizei und dem Bürgermeister wurde die besagte Person aufgefordert, sich mit meinem Bruder zu versöhnen. Obwohl alles in Ordnung zu sein schien, hatte Andreas noch immer kein Vertrauen in das, was entschieden wurde. Denn die zwei mit den vollen Krügen waren unzufrieden mit dem Bescheid. Und so geschah es, dass nach ein paar Wochen die Strafe für ihn und seine drei Freunde kam, obwohl die anderen drei mit der ganzen Geschichte nichts zu tun gehabt hatten. Ihre Geldstrafe war lediglich geringer als die von Andreas.

Das belastete meinen Bruder sehr und machte ihn wütend, dass er belogen wurde und dass nun er die Schande im Dorf tragen müsse. Denn die Frage, warum es zu dem Vorfall gekommen war, warum er von dem anderen jungen Mann geschlagen wurde, wurde immer wieder gestellt, von sehr vielen. Dann erklärte der Angreifer, dass Andreas und seine Freunde geplant hätten, seine Schwägerin und deren Freundin zu schlagen. Der Vater der Freundin seiner Schwägerin verfügte über sehr gute Beziehungen zu den Gemeindebehörden, der Polizei und dem Bürgermeister, und so war es der anderen Partei gelungen, die Unschuldigen schuldig zu machen. Und die Schuldigen kamen mit sauberer Weste davon.

Unsere Mutter sowie wir alle, die wir zu Hause warteten, lebten noch in der Hoffnung, dass er lebte. Denn keiner von uns konnte glauben, dass er in der Lage war, eine solch unfassbare Tat zu vollbringen. Es dauerte sehr lange, bis wir Gewissheit hatten, für uns war das eine zermürbende Wartezeit. Als meine Eltern mit dem Wagen zu den Gleisen kamen, waren alle Zuständigen bereits bei der Arbeit, um die Identität des Toten zu klären. Aber in diesem Fall hatte es keine Kopfschmerzen gegeben, denn der Verstorbene selbst hatte für Aufklärung gesorgt. Er hatte sein Portmonee unter seine Mütze zwischen die Gleise gelegt, in dem sein Personalausweis und ein Abschiedsbrief zu finden waren. Es war ein sehr langer und trauriger Abschiedsbrief, in dem er kein Wort über den unglücklichen Vorfall verlor und in dem er niemandem einen Vorwurf machte. Ein Brief, der uns aus tiefster Seele berührte, in dem er sich bei seinen Eltern für alles, was sie für ihn getan hatten, bedankte. Denn das sei sein Schicksal und der Weg, den er gehen müsse. Ich solle gut auf mich aufpassen, denn er könne mir leider nicht mehr helfen, das Schicksal habe etwas anderes mit ihm vorgehabt.

Es waren sehr rührende Worte, die mich sehr erschütterten. Es lastete schwer auf mir, dass es mir nicht gelungen war, mit ihm über seine Probleme zu reden, vielleicht hätte ich ein solches Drama verhindern können. Aber Andreas verschob jedes Mal das geplante Gespräch, wahrscheinlich um Zeit zu gewinnen für das, was er sich vorgenommen hatte. Ich litt darunter, untätig gewesen zu sein, obwohl ich seine düsteren Gedanken erraten hatte. So verlor ich einen sehr guten Bruder, der für immer aus meinem Leben trat. Manchmal hoffte ich, seine Stimme zu hören, aber das war unmöglich, denn er gehörte nunmehr der Vergangenheit an. Für mich wurde mit dem Tod meines geliebten Bruders auf einmal alles dunkel, es gab keinen Hoffnungsschimmer mehr für mich, die Hoffnung war für immer verschwunden, so wie sich ein Kalkstein in einem Eimer Wasser auflöste. Mein Bruder hatte mich für immer verlassen und einen großen Schmerz in meinem Herzen hinterlassen, der niemals heilen würde.

21.

Die Ferien neigten sich dem Ende zu, und der Beginn des zweiten Schuljahres rückte immer näher. Ich freute mich auf die Blindenschule, denn so konnte ich den Tod meines Bruders bei dem vollen Schulprogramm besser verkraften. Am Bahnhof in Bukarest wurde ich von meinem Freund Zimmermann erwartet, der mit seinem guten Sehrest seinen blinden Kollegen jederzeit zur Verfügung stand, ganz gleich um welche Uhrzeit seine Hilfe benötigt wurde. Er war ein sehr ehrlicher Kumpel, dem man stets vertrauen konnte, aus einer kinderreichen Familie stammend, der genau wusste, was es bedeutete, jemandem zu helfen. In den fünf Jahren, die wir miteinander verbrachten, konnten wir uns jederzeit auf ihn verlassen.

Es war schon nach Mitternacht, als wir uns der Schule näherten und Schritte hinter uns hörten. Als mein Freund sich umdrehte, um nachzuschauen, ob uns jemand folgte, konnten wir feststellen, dass es unsere eigenen Schritte waren, die in der stillen Nacht widerhallten. Beim Eingang in den Schulhof stieg uns von Ferne der betörende Blumengeruch in die Nase, und in der Stille der Nacht war nichts anders als das Plätschern des Springbrunnens zu hören. Ich hatte den Eindruck, dass wir die Einzigen in der Schule waren. Aber am nächsten Morgen, als es zum Aufstehen klingelte, wurde mir sofort klar, dass es ein normaler Schultag war. Der Stundenplan stand noch nicht endgültig fest mit allen Fächern und den Lehrern, von denen wir unterrichtet werden sollten. Aber das waren ja nur Kleinigkeiten.

Die großen Sorgen begannen erst, als jeder von uns erfuhr, welcher Werkstatt er zugeteilt worden war. Ohne uns nach unseren Wünschen zu fragen, wurden viele von uns Werkstätten zugewiesen, die uns keinen Spaß machten. Schließlich wurde uns zu Beginn des ersten Schuljahres fest versprochen, dass wir uns selbst für einen Beruf entscheiden könnten. Aber eins wurde gesagt und was ganz anderes gemacht. So wurden Schüler Werkstätten zugeteilt, in die keiner gerne gehen wollte. Denn bei den Berufen wie Korbflechter, Seilflechter oder in der Werkstatt für Knöpfe gab es immer sehr große Probleme. Erstens, weil man als Blinder nicht gerne angestellt wurde, zweitens verdiente man in diesen Berufen nicht so gut, um von dem spärlichen Gehalt leben zu können.

Auch mir wurde viel versprochen, letzten Endes wurde mir jedoch der Beruf als Korbflechter zugewiesen. Ich wollte gegen diese Entscheidung protestieren, konnte jedoch nichts mehr erreichen. Man versuchte, mich mit dem Argument, ich müsse nur so lange da bleiben, bis sich eine andere Möglichkeit gefunden hätte, zu besänftigen, aber ich wusste, dass auch das nur eine große Lüge war, um mich zu beruhigen, weil ich damit drohte, die Schule zu verlassen, wenn ich nicht einen Beruf erlernen dürfe, der mir Spaß machte. Von Tag zu Tag wurde deutlicher, dass ein steiniger Weg vor uns lag, den man nur mit großer Mühe bewältigen konnte, es sei denn, man verfügte über gute Beziehungen zu Lehrern und Pädagogen, die einem auf diesem Weg behilflich sein konnten.

Vor den Ferien wurden mir und zwei meiner Klassenkollegen von unserem Lehrer versprochen, dass man uns verständigen würde, damit wir ein paar Tage früher aus den Ferien kämen, um eine Prüfung zum Masseur abzulegen. Als die Ferien immer kürzer wurden und der Beginn des neuen Schuljahres immer näher rückte, wartete auch ich auf den schriftlichen Bescheid, der aber blieb leider aus. Ich war über meine Zuteilung äußerst unglücklich, konnte nichts mehr verstehen, denn die anderen waren schon da, als ich eintraf, und hatten auch Glück gehabt. So blieb mir keine andere Wahl als abzuwarten, wie sich alles weiterentwickelte.

Wie jedes Jahr wurde einige Wochen nach Schulbeginn der Vorstand der Jugendorganisation UTM gewählt. Und weil ich ja inzwischen Mitglied war, musste ich an der Sitzung teilnehmen und mich an der Wahl des neuen Vorstands beteiligen. Ich durfte jemanden vorschlagen, den ich für eine solche ehrenamtliche Aufgabe für geeignet hielt. Als Letzter war ein Kollege dran, der in meiner Nähe saß. Ich war sehr überrascht, als ich seinen Vorschlag hörte, traute meinen Ohren nicht, denn er hatte meinen Namen genannt, und das, nachdem ich mir ein Jahr lang so viele Vorwürfe hatte anhören müssen. Ich wurde von allen Mitgliedern zum Vorstand gewählt, und als Aufgabe wurde mir der Kulturbereich zugeteilt. „Warum gerade dieser Bereich?", versuchte ich gegen die Entscheidung zu protestieren, „es gibt ja so viele andere, die sich für diese Aufgabe besser eignen." – „Was willst du damit sagen, dass du die rumänische Sprache nicht genügend beherrschst?", wollte die Pädagogin Alina, die als Generalsekretärin gewählt wurde, wissen. „Nein, wir bleiben bei dieser Entscheidung, und du wirst sehen, dass es nicht so schwierig sein wird, wie du glaubst." – „Ich kann nicht beurteilen, wie gut ich die Sprache beherrsche", entgegnete ich, „aber es gibt genügend Leute, die es besser schaffen würden." – „Ich kenne deine Fähigkeiten sehr gut", gab die Generalsekretärin zurück, „und bin sicher, dass du die Aufgabe gut meistern wirst. Warum du aber alle Ämter und Verpflichtungen stets ablehnst, verstehen wir nicht. Deine Kollegen haben dir schließlich ihr Vertrauen ausgesprochen, weil sie sicher sind, dass du dazu in der Lage sein wirst. Da, wo es notwendig sein wird, werden wir dir auch helfen."

In der ersten Sitzung wurden allen Mitgliedern ihre Aufgaben und Verpflichtungen vorgelesen. Ich war niedergeschlagen, als ich hörte, wie viel Arbeit auf mich zukam, und dass ich dadurch den Unterricht nicht mehr regelmäßig besuchen konnte. Aber ich bemühte mich trotzdem, meinen vielfältigen Verpflichtungen nachzugehen, um die Lehrer und Pädagogen, die mir ihr Vertrauen geschenkt hatten, davon zu überzeugen, dass sie sich in ihrer Entscheidung nicht geirrt hatten. Am Anfang war es sehr schwierig, bis ich alles in den Griff bekam, doch dann stellte sich eine gewisse Normalität ein. Die UTM-Mitgliedschaft bot mir zumindest eine größere Freiheit und die Möglichkeit, selber zu entscheiden, welche Fächer ich besuchte und welche nicht. Es gab nämlich ein Fach, das mir überhaupt keinen Spaß machte und auf das ich mir keinen Reim machen konnte. Dieses Fach behandelte die Philosophie von Marx und Lenin und machte keinem Schüler Spaß, weil keiner wusste, wozu es einem nutzen konnte. Deshalb zerbrach ich mir darüber auch nicht den Kopf, denn wir hatten an die 22 Fächer pro Woche, die wichtiger waren als eine solche Philosophie, die von einem Lehrer unterrichtet wurde, der von Geburt an blind war und zudem schlecht hörte. So nahmen wir Schüler stets die Möglichkeit wahr, ihn in die Irre zu führen. Wir zogen uns die Schuhe aus, und als der Schüler, der gefragt wurde, keine Antwort wusste, liefen andere Kollegen auf leisen Sohlen zu ihm und flüsterten ihm die Antwort ins Ohr. Mir stellte er immer solche Fragen, bei denen es sich um die Wörter handelte, mit denen ich von dem Lehrer im ersten Schuljahr bedacht wurde. Aber diesmal gab es die Möglichkeit, den Lehrer nach der Bedeutung der Wörter Faschismus oder Mystizismus zu befragen, denn bis dahin hatte ich sie sehr häufig gehört, sie aber nicht verstanden. Warum er mir immer solche Fragen stellte, konnte keiner von uns verstehen. Dann fragte er mich jedes Mal, ob ich die deutsche Kurzschrift gelernt hätte, so wie es auch viele anderen getan hätten. Sicher war das eine gute Idee und auch in meinem Interesse, nur hatte ich bei meinem vollen Programm dafür leider keine Zeit.

So wartete ich auf eine günstige Gelegenheit, um auch dieses Problem aus der Welt zu schaffen und ihn zu beruhigen. Als sich der Winter näherte und es immer kälter wurde, ging ich zum Arzt und sagte ihm, dass ich husten würde und Fieber hätte. Er schrieb mir sofort eine Entschuldigung und schickte mich ins Krankenzimmer. Hier begann ich schon am ersten Tag mit der Kurzschrift, doch kam ich nicht so schnell wie erhofft vorwärts, denn wir waren mehrere Personen im Zimmer, und es gab viel Lärm, so dass ich mich nicht konzentrieren konnte. Dann versuchte ich tagsüber zu schlafen und nachts, wenn es ruhiger war, zu lernen. Meine Kollegen kamen zu Besuch und fragten immer, ob ich noch nicht gesund sei. „Nein, ich habe noch immer Fieber", gab ich zur Antwort. Auch der Lehrer fragte nach mir, doch ich wollte das Krankenzimmer nicht verlassen, solange ich die deutsche Punktschrift nicht beherrschte.

Nach drei Wochen, als ich zum Unterricht erschien, fragte mich der Lehrer, wo ich so lange gewesen sei, denn ich hätte noch keine Note bei ihm. „Ich war krank, Genosse Lehrer!" – „Was hast du gehabt?" – „Grippe." – „So lange hat sie bei dir gedauert? Und hast du in dieser Zeit nicht daran gedacht, die Kurzschrift zu erlernen?" – „Doch, ich habe sie gelernt", antwortete ich voller Stolz. „Bravo, bravo!", rief er begeistert, „solche Schüler soll man immer haben, die sich so bemühen, um alles in den Griff zu bekommen. Jetzt muss ich dir etwas zum Lesen bringen, damit du Übung hast und sie nicht vergisst. Hast du von der Blinden-Zeitschrift

‚Neues Deutschland' aus der DDR gehört?" – „Nein, Genosse Lehrer." – „Gut, dann werde ich sie dir bringen, damit du erfährst, was deine deutschen blinden Kollegen da lernen."

Er wartete die zwei Tage, bis wir mit ihm Unterricht hatten, nicht ab, sondern ließ sie mir schon am nächsten Morgen in der erstens Stunde durch einen Schüler zukommen. So begann ich noch an demselben Nachmittag, die Zeitschrift zu überfliegen, weil ich sicher war, dass er schon in der nächsten Unterrichtsstunde Fragen stellen würde. Sie ganz durchzulesen war unmöglich, weil es ja viele wichtigere Probleme zu erledigen gab. Denn meine Zeit war so knapp, dass ich vielmals sogar auf das Essen verzichten musste.

Am nächsten Tag hatte mein Lehrer noch nicht das Katheder erreicht, als er mich schon fragte, ob ich die Zeitschrift erhalten und etwas verstanden hätte. Dann unterhielten wir uns die ganze Stunde über die Zeitschrift, und keiner wurde gefragt, was wir für den Tag zu lernen gehabt hatten. Mein Lehrer war mit dem, was ich erzählen konnte, sehr zufrieden und sagte: „Hast du gesehen, alles ist möglich, wenn man nur will." Meine Kollegen waren natürlich froh, dass es mir gelungen war, ihn eine Stunde lang aufzuhalten, und meinten, es wäre toll, wenn es mir möglich wäre, ihn jedes Mal mit solchen Themen zu beschäftigen, damit sie verschont blieben. Seitdem hatte ich wieder meine Ruhe und sehr gute Noten bei ihm. Alle wunderten sich über seine veränderte Haltung mir gegenüber und konnten nicht verstehen, was das mit der Kurzschrift zu tun hatte. Und warum ich nicht früher daran gedacht hätte. Auch unser Klassenlehrer und die anderen Lehrer waren über die Worte des Lobes aus seinem Munde sehr überrascht und fragten mich, wie es mir denn gelungen sei, jemanden mit solch fixen Ideen zum Umdenken zu bewegen. Denn sie konnten ihm kein Vertrauen entgegenbringen und machten, seitdem er zum Parteivorsitzenden gewählt worden war, einen großen Bogen um ihn.

22.

Mit meiner ehrenamtlichen Tätigkeit kam ich von Tag zu Tag besser voran. Inzwischen machte sie mir auch immer mehr Spaß, denn sie bot mir die Gelegenheit, jeden Tag neue theoretische und praktische Erfahrungen zu sammeln. Weil ich mit allen Lehrern Kontakt hatte, musste ich die Schüler, die nicht lernen wollten oder konnten, von der Bedeutung der Fächer überzeugen. So auch in den Werkstätten. Hier musste ich ihnen den besonderen Stellenwert, den der Beruf im Leben eines Blinden einnahm, vor Augen führen. Diese Erfahrungen und das Wissen über jeden einzelnen Beruf konnten mir vielleicht einmal von Nutzen sein, denn man konnte nie wissen, was das Leben für einen bereithielt und wo man Arbeit finden würde.

Das Thema Beruf schürte bei vielen große Ängste. Einige der Blindenberufe hatten den Nachteil, dass man keine Arbeit fand und man nicht so viel verdiente, um davon leben zu können. Auch ich konnte nach drei Schuljahren nur eine Korbflechter-Ausbildung vorweisen, die überhaupt keine guten Aussichten bot. Darüber war ich sehr enttäuscht. Ich wusste selbst nicht, was ich noch unternehmen könnte, um diesem Missstand zu Leibe zu rücken und einen Beruf zu erlernen, der mir Spaß machte und bessere Zukunftsaussichten bot. Eine Ausbildung zum Masseur konnte ich nur erreichen, wenn ich eine Prüfung ablegte, um ein Jahr zu überspringen oder ein Jahr zu wiederholen. Denn eine solche Klasse war nur alle zwei Jahre vorgesehen. Aber auch so gab es ein großes Fragezeichen, weil nur 14 Plätze zur Verfügung standen. Ein Jahr zu wiederholen war nicht möglich, denn keiner der Lehrer, die ich auf dieses Thema angesprochen hatte, konnte mir guten Gewissens eine so schlechte Note geben, dass ich ein Jahr wiederholen konnte.

Seitdem war ich so beunruhigt, dass ich in einer Vorstandssitzung diese Probleme auf den Tisch legte und erklärte, dass ich unter diesen Umständen meine ehrenamtlichen Verpflichtungen sofort niederlegen würde. Als die Pädagogin Alina das hörte, versuchte sie mich zu beruhigen und versprach mir, alles zu tun, was ihr möglich war, um eine vernünftige Lösung zu erreichen. Die Aufregung war sehr groß, weil es nur noch ein paar Wochen bis zu den Ferien waren. Und es gab noch immer keine konkrete Entscheidung. Ich hatte mir fest vorgenommen, in den Ferien so lange in Bukarest zu bleiben, bis feststand, wie es mit mir weitergehen würde. Aber kurz darauf bekam ich wieder eine schlechte Nachricht, dass diesmal keiner die Ferien in der Schule verbringen dürfe, weil die Schule renoviert werden musste.

Alina war eine schöne unverheiratete Pädagogin, die über sehr gute Beziehungen verfügte. Ich wusste auch, dass sie sehr nett zu mir war und alles in ihrer Macht Stehende unternehmen würde, um mir zu helfen, aber nachdem in diese Richtung schon vieles getan wurde, konnte ich nur noch auf ein Wunder hoffen. Wir kannten uns nun schon seit fast drei Jahren, Zeit, in der wir ein großes Vertrauen aufgebaut hatten. Ihre schöne

Stimme und ihre herzlichen Worte wärmten mein Herz. Sehr häufig trafen wir uns nach dem Abendessen, als wir beide etwas Zeit hatten, in einer Klasse und spielten Mühle oder Schach bis 22 oder 23 Uhr. Dabei unterhielten wir uns über alle möglichen Themen, so dass ich vieles lernen konnte. Sie erklärte mir alle Wörter, deren Bedeutung mir unklar war, mit einer großen Freude und immer mit einem herzlichen Lächeln auf ihren schönen Lippen.

Eines Abends befanden wir uns in einem angeregten Gespräch, wobei wir beide sehr gut gelaunt waren und viel lachten. Ich hatte mich entschieden, ihr meine Gefühle zu verraten, dass ich sie so lieben würde, dass ich Tag und Nacht nur noch an sie denken könne. Da trat ein Kollege ins Klassenzimmer. Alina fragte ihn, was er um diese Uhrzeit da zu suchen habe, und er entgegnete, dass er etwas suche. Anstatt zu gehen, blieb er neben Alina stehen und versuchte, mit ihr Spaß zu machen. Aber Alina forderte ihn zum Schweigen auf, er solle sich nehmen, was er brauche und uns in Ruhe weiter arbeiten lassen. Denn wir hätten noch sehr viel zu tun. Dann begann er, sie zu streicheln. Kurz darauf hörte ich, wie Alina zu schreien begann. Sie schimpfte ihn mit zitternder Stimme aus, ob er sich denn nicht schäme. Und wenn er, solange er in der Schule sei, noch gute Tage haben wolle, solle er vernünftig mit ihr umgehen. Dann sagte der Kollege: „Solche Worte habe ich von vielen Weibern gehört, doch sie konnten kaum erwarten, von mir berührt zu werden."

Als ich merkte, wie aufgeregt Alina war, hatte ich keinen Mut mehr, ihr meine Gefühle zu offenbaren. Ich hatte sie bis zu jenem Zeitpunkt noch nie so aufgeregt erlebt. Immer, wenn sie mich sah, im Hof oder im Speisesaal, kam sie zu mir und zog mich von hinten an den Ohren oder Haaren. Ich erkannte sie sofort an ihrem wunderbaren Parfüm. Wir gingen sehr häufig nach dem Abendessen bis zum Stadion des „23. August" oder zu einem nahe gelegenen See spazieren. Wir umringten ihn, und mit einer herzlichen Stimme beschrieb sie mir die Schönheit des Sees und der Umgebung. Auf beiden Seiten der Strecke, rings um den See gab es viele Bänke, Sträucher und viele Blumen, die abends einen wunderbaren Duft verströmten. Sie pflückte sehr gerne Blumen und hielt sie mir vor die Nase, damit ich ihren wunderbaren Geruch aufnehmen konnte. Sie erzählte mir, dass es auf dem See Boote gäbe und wie wunderbar es wäre, in einem Boot zu fahren. Wir beobachteten, wie angeregt sich alle unterhielten, wir sangen und lachten, es war eine wunderbare Atmosphäre.

Da wir all die Schönheit erlebten, entschlossen wir uns, ebenfalls in ein Boot zu steigen, nur wusste keiner, wie mit den Rudern umzugehen war. Zuerst versuchte es Alina, doch sie bespritze uns und musste über ihre beiden linken Hände lachen. Dann übergab sie mir das Ruder, damit ich mein Glück versuchen konnte. Auch ich warf eine Menge Wasser ins Boot und auf uns, bis ich es besser in den Griff bekam, denn Alina, die die anderen beobachtete, gab mir Anweisungen. Wir stießen mit anderen Booten zusammen, bis einer lachend rief:

„Hallo, was ist los mit euch beiden, seid ihr verliebt oder blind?" – „Es kann schon beides sein", antwortete Alina lachend. „Aber schlimmer ist, dass keiner von uns einen Fahrschein für ein solches Fahrzeug hat." Wir hatten das Gefühl, sogar den Enten, die in der Hoffnung auf das Boot zuschwammen, etwas zu Fressen zu ergattern, im Wege zu stehen. Wir machten uns aber auch Sorgen, was wir tun würden, wenn wir uns überschlugen, denn keiner konnte schwimmen.

Durchnässt, als hätte es nur auf uns beide geregnet, erreichten wir das Ufer. Müde setzten wir uns bei sanftem Mondschein auf eine Bank, um zu verschnaufen, und lauschten andächtig dem Quaken der Frösche, dem Zirpen der Grillen und dem Gesang der Vögel, die in der Stille der Nacht ihre schönen Liederabende veranstalteten. Als Dankeschön für den schönen Tag küsste ich sie auf ihre glatte Wange, streichelte ihre zarten Hände und ihre schönen weichen, langen Haare. Es waren herrliche Tage, in denen wir glückliche Stunden miteinander verbrachten und die alle schwierigen Probleme für kurze Zeit vergessen ließen.

Ich wusste nicht, wie mir geschah, denn von Tag zu Tag hatte ich immer mehr das Bedürfnis, dem Unterricht fernzubleiben. Denn die schönen sonnigen Frühlingstage in Gesellschaft der schönen Alina waren mir wichtiger als der Unterricht. Ohne daran zu denken, ob ich in allen Fächern Noten hatte, schaffte ich es weiter mit der Freiheit, die ich mir selber erlaubte. Abends, als wir uns im Schlafzimmer trafen, berichteten mir meine

Klassenkollegen, dass einige Lehrer sich über mich beklagt hätten, weil ich bei ihnen keine Noten hatte, und das Schuljahr wäre bald zu Ende.

Seit einiger Zeit schwebte ich auf einer rosaroten Wolke, träumte nur noch von Liebe, über die ich noch nicht so viel wusste und die mir zum ersten Mal begegnete. Ich liebte Alina von ganzem Herzen, wusste aber nicht, wie es weitergehen würde und wie ich als Schüler einer Pädagogin meine Gefühle preisgeben konnte, ohne sie zu beleidigen. Denn sie war die Einzige, der ich mich mit allem, was mich bewegte, anvertrauen konnte. Ich wollte vernünftig sein, obwohl es mir klar war, dass auch sie mich liebte, weil sie es in unseren Gesprächen immer andeutete. Noch hatte keiner von uns den Mut, es als Erster auszusprechen, aber die Gefühle ließen keinen von uns in Ruhe. Bei einem Abendessen, bei dem ich mit einigen meiner Kollegen ein angeregtes Gespräch geführt hatte, spürte ich plötzlich ihren wunderbaren Duft, ein Zeichen, dass sie sich in der Nähe befand. Als das Gespräch beendet war, zog sie mich zärtlich an einem Ohr und flüsterte mir den Ort unseres Stelldicheins zu. Ich klopfte an die Tür, aber es kam keine Antwort, dann versuchte ich, sie zu öffnen, aber sie war noch gesperrt. Ich wartete eine Weile vor der Tür, dann entschied ich zu gehen, in der Überzeugung, dass ich etwas falsch verstanden haben musste. Aber als ich die Treppe hinabstieg, hörte ich ihre Schritte. Sie raunte mir zu, ich solle da bleiben, sie würde in Kürze nachkommen.

Ihrer Stimme, die nicht wie gewöhnlich fröhlich klang, war anzuhören, dass sie traurig war, dass etwas nicht in Ordnung war. Wir gingen ins Büro, setzten uns auf ein Sofa, einer neben den anderen, dann begann sie das Gespräch. Dass sie eine Nachricht für mich hätte, aber leider nicht die von mir erhoffte. Sie könne mir leider nicht helfen, weil der Direktor ihr mitgeteilt habe, dass schon zu viele Anträge für den Beruf als Masseur vorlägen und er noch immer nicht entschieden habe, wen er annehmen würde und wen nicht. Aber es habe sich eine andere gute Gelegenheit für mich ergeben. Es sei eine Telefonistenklasse geplant, und wenn ich einverstanden sei, solle ich ihr nur Bescheid geben, sie würde für mich einen Antrag stellen. Hier gäbe es eine sichere Chance, aber wie bei jedem Anfang gäbe es einige Probleme zu überwinden zwischen den Schuldirektoren und dem Arbeitsministerium. „Weil das Ministerium noch keine Möglichkeit gefunden hat, wie man Blinden einen solchen Arbeitsplatz zur Verfügung stellen kann", schloss sie. „Das bedeutet, dass ihr euch selber um Arbeit kümmern müsst, solange dieser Streit nicht geklärt ist."

Ich war sehr erfreut und wusste nicht, wie ich mich für ihr Entgegenkommen bedanken konnte. Ich nahm ihre Hände in meine, streichelte sie und spielte mit ihren zarten, biegsamen Fingern, denn sie war traurig, mir meinen eigentlichen Wunsch nicht erfüllt zu haben. Dann streichelte ich ihre weichen Haare, ihre Wange und wollte sie wie immer auf die Wange küssen. Aber als sie das bemerkte, zog sie sofort ihre Hände zurück, legte sie auf meine Wange und ließ sich in meine Arme sinken, weil sie erkannte, dass ich mit dem Ergebnis ihrer Bemühungen zufrieden war. Dann küssten wir uns wie Frischverliebte, immer und immer wieder. Ich hielt sie still in meinen Armen, und als ich ihre warmen und weichen Brüste auf meiner spürte, war ich plötzlich so erregt, als hätte ich Schwindel und den Verstand für kurze Zeit verloren.

Unsere Gefühle füreinander ließen uns kurzzeitig die Realität vergessen, dann hörte ich sie sagen: „So, wir sind keine Kinder mehr, wir wissen jetzt, was wir voneinander erwarten." Die wenigen Tage und Stunden bis zu den Ferien vergingen wie im Flug, und keiner von uns wollte das wahrhaben. Wir versuchten zwar, noch alles Mögliche zu unternehmen, um die Ferien miteinander zu verbringen, aber die Zeit war zu knapp, so dass wir nichts mehr erledigen konnten. So mussten wir uns mit großem Herzschmerz für zweieinhalb Monate trennen, gerade als die schönsten Momente meines Lebens begonnen hatten.

23.

In den Ferien ergab sich diesmal eine wunderbare Beschäftigung, die mir half, die Zeit bis zum Schulbeginn auf sinnvolle Weise zu überbrücken. Denn von sehr guten Freunden aus Deutschland hatte ich ein Hohner-Akkordeon geschenkt bekommen, auf dem ich den ganzen Tag über fleißig übte, um so schnell wie möglich Fortschritte zu machen. Weil die Musik in meinem Leben stets von großer Bedeutung war und ich über ein gutes musikalisches Gehör verfügte, kam ich mit dem Musizieren gut voran.

Die Nachricht von meiner Ankunft hatte sich im Dorf sehr schnell verbreitet, weil die Dorfbewohner jeden Morgen oder Abend auf dem Nachhauseweg bei uns vorbeikamen, jemanden musizieren hörten und davon ausgingen, dass nur ich es sein konnte. Und weil es ja keine andere musikalische Unterhaltungsmöglichkeit gab, so schlecht oder gut ich es schaffte, wurde ich von meinen Kreisfreunden gebeten, ihnen mit meinem Akkordeonspiel die Freizeit schöner zu gestalten. Obwohl ich nur ein paar Lieder spielen konnte, waren alle froh, dass ich mit meinen Liedern versuchte, unsere Tradition und Kultur am Leben zu erhalten. Denn nach dem Zweiten Weltkrieg waren die Kultur- und Traditionsverhältnisse zusammengebrochen, weil viele Jugendliche in Deutschland geblieben, andere im Krieg gefallen waren. Und von den wenigen Jugendlichen, die übriggeblieben waren, waren viele wegen der Nationalisierung in die Städte gezogen, um da einen Beruf zu erlernen. Die wenigen jungen Leute, die unsere Kultur und Tradition erhalten und fortführen wollten, ließen einmal oder zweimal jährlich zu Ostern und zu Pfingsten die Musik aus größeren Gemeinden kommen.

Wir Jugendlichen trafen uns jeden Sonntagnachmittag auf dem Schulhof oder woanders, bis am späten Abend. Oder wir gingen bis nach Mitternacht tanzen. Nachdem die Mädel nach Hause gegangen waren, blieben wir Burschen noch eine Stunde oder zwei und unterhielten uns weiter bei einem Glas Wein. Zuweilen kam jemand auf die Idee, den Mädchen ein Ständchen zu spielen, und das immer, als sie im besten Schlaf waren. Dann durchstreiften wir das Dorf von einem Ende zum anderen, stellten uns schließlich im Hof unter das Fenster auf, wo das Mädel schlief, und sangen ein paar Lieder, bis sich das Mädchen oder jemand anderes verschlafen mit Schnaps oder Wein zeigte.

Aber all die wunderbaren Unterhaltungen, die jeden Sonntag in den Ferien stattfanden, waren einigen zu wenig. Ich kann mich entsinnen, dass an einem Donnerstag mein guter Freund Franz, der Sohn des Pfarrers, zu mir kam, um den Vorschlag zu machen, wie in den Städten den Donnerstag als Unterhaltungstag einzuführen. „Gut, wir können es versuchen", ging ich auf seinen Vorschlag ein, „aber wie gesagt, mit trockenem Hals halten wir es nicht lange aus." – „Stimmt", pflichtete er mir bei, „aber das ist kein Problem. Ich werde schon Sorge tragen, dass du keinen Durst leiden musst."

Gesagt – getan. Nach Sonnenuntergang, als ich glaubte, dass alle Jugendlichen schon zu Hause waren, ging ich wie gewöhnlich zu unserem Treffpunkt, der sich in der Mitte des Dorfes befand. Nach ein paar musikalischen Signalen fanden sich alle jungen Leute ein. „Wer von euch ist denn auf diese Idee gekommen?", wunderte sich ein Mädchen, nachdem ich sie von der Neuigkeit in Kenntnis gesetzt hatte. Anschließend kam ein Freund auf mich zu und fragte: „Was ist los mit deiner Stimme, dass sie so heiser klingt? Wie ich merke, hast du nichts, womit du deinen Hals schmieren kannst." – „Ja, das stimmt", brachte ich lachend vor, „ich habe nicht mal Wasser." – „Wer hat dich denn für heute bestellt?" – „Egal, die Party ist ja sowieso bald zu Ende." – „Gib mit deinem Akkordeon ein Signal für eine Meldung." Dann hörte ich ihn sagen: „Alle Burschen, kommt sofort zu mir. Wer von euch hat für heute die Musik bestellt?" – „Ich", meldete sich Franz. „Worauf wartest du noch, siehst du nicht, dass es für den Musikanten nichts zu trinken gibt? Geh sofort und bringe etwas zu trinken." – „Hier sind die Schlüssel von unserem Keller", meldete sich Franz. „Wer von euch macht das für mich, denn ich kann meine Freundin nicht allein lassen." – „Bist du verrückt, was glaubst du, wer geht um diese Zeit in einen fremden Keller? Und außerdem, willst du, dass dein Vater oder deine Mutter uns überraschen, um uns im Dorf zuschanden zu machen?" – „Habt keine Angst, es ist niemand zu Hause, sie sind bis Samstag alle in der Stadt. Ihr werdet da ein Fass mit einem Schlauch finden, daneben muss es auch eine Flasche geben, und Gläser könnt ihr auch mitbringen."

Schließlich erklärte sich einer bereit, Wein aus dem Keller zu besorgen, nahm aber zwei weitere Freunde zur Unterstützung mit. Die Zeit verging, und sie kamen nicht, obwohl der Weg nicht lang war. „Wo zum Teufel bleiben die drei, dass sie noch immer nicht da sind?", fragte einer, „die haben vergessen, weswegen sie hingegangen sind, oder sie finden nichts oder betrinken sich, dann kommen sie und sagen, sie hätten nichts gefunden." Doch nach einiger Zeit, während wir unsere Späßchen machten, erschienen auch die drei auf der Bildfläche. Es war dunkel, und sie schienen traurig zu sein und mit leeren Händen anzukommen. „Was ist los mit euch, habt ihr nichts mitgebracht?", kam von allen Seiten die Frage. „Doch schon, schaut mal, da in der Ecke ist das Fass und der Schlauch." – „Ihr seid ja ganz bekloppt. Am Sonntag wird der Pfarrer nur über uns predigen. Dann sollt ihr sehen, was für eine schöne Unterhaltung wir mit unseren Eltern haben. Was ist denn passiert?" – „Wir haben keine Flasche gefunden, kaum haben wir das Fass mit dem Schlauch in der Dunkelheit gefunden. Wir haben einen Haufen Streichhölzer verbrannt, bis wir auch das Fass gefunden haben." – „Hat jemand von euch Gläser zum Trinken gebracht, oder trinken wir der Reihe nach aus dem Schlauch?", hörte man jemanden fragen. „Nein", meldete sich nun auch der Dritte mit den Gläsern, der gerade dazukam, zu Wort.

Nachdem sie etwas getrunken hatten, fingen die Jugendlichen an zu singen und zu lachen und sich einen Spaß über das Geschehene zu machen. Einer unserer Freunde, der unter uns Jugendlichen ein hohes Ansehen genoss und nicht gerne trank, hatte sich inzwischen auf den Weg gemacht, Franz, den jungen Mann mit dem Weinkeller, zu suchen, um ihn über den Vorfall zu unterrichten. Doch er konnte ihn nicht finden, denn er war mit seiner Freundin verschwunden. „Es wäre gut, wenn er so lange wegbleibt, bis wir alles an Ort und Stelle zurückgebracht haben", meinten einige. Mir für meinen Teil war die Lust am Trinken vergangen, nachdem ich erfahren hatte, wie alles aussieht. Ich machte einen meiner Freunde darauf aufmerksam, er solle dafür sorgen, dass das Fass wieder in den Keller kam, um unseren Eltern keine Schande zu machen. Denn auch sie waren froh, wenn wir friedlich unsere Freizeit verbrachten, mahnten aber immer, als wir von zu Hause weggingen, uns ja nicht zu betrinken oder andere Dummheiten zu machen.

Als die Unterhaltung ihren Höhepunkt erreicht hatte, erschien der Nachtwächter und forderte uns auf zu gehen. „Die Leute müssen sich ausruhen, weil sie morgen in die Arbeit gehen müssen." – „Ja, auch wir müssen gehen, aber bevor wir heimgehen, wollen wir Ihnen ein Glas Wein anbieten, Herr Erusalime", sagte ein Jugendlicher. Ohne zu zögern, ging der Nachtwächter auf das Angebot ein, und nachdem er ein paar Gläser getrunken hatte, machte er sich wortlos auf den Weg.

„So, jetzt kann es weitergehen, so lange wir uns gut fühlen", sagte der junge Mann, der dem Nachtwächter zu trinken gegeben hatte, bis er nicht mehr gerade gehen konnte. „Habt ihr gesehen, wie schnell man mit solchen Leuten fertig wird?" – „Was zum Teufel hast du mit ihm angestellt, dass er sich so schnell betrunken hat?", fragten einige Jugendliche. „Das geht euch nichts an, denn ich habe für solche Leute mein eigenes Rezept." – „Hast du ihm Zigarettenasche in den Wein gestreut?" – „Haltet eure Klappe und verschwindet, das geht euch nichts an. Hauptsache, er ist weggegangen und lässt uns in Ruhe. Jetzt können wir bis morgen Abend hier bleiben, es wird uns keiner auffordern, nach Hause zu gehen. Lasst uns tanzen, singen und trinken bis zum Umfallen, denn wie ich sehe, lässt sich unser Weineigentümer nicht mehr blicken. Es scheint ihn nicht zu interessieren, ob wir etwas zu trinken gebracht haben oder nicht, Hauptsache, wir stören ihn nicht." – „Weiß er noch nicht Bescheid?" – „Nein, denn seit er mir die Schlüssel übergeben hat, ist er verschwunden." – „Vielleicht haben ihn ja die Mädel gesehen", übernahm ein Jugendlicher entschieden das Wort, „jetzt ist genug, wir müssen Schluss machen. Diejenigen, die das Fass gebracht haben, tragen es zurück."

Die Mädchen, die Franz vor einer halben Stunde noch gesehen hatten, waren ebenfalls der Meinung, dass es an der Zeit sei, heimzugehen. In wenigen Minuten verstreuten sich die jungen Leute in alle Richtungen, es blieben nur noch drei junge Männer zurück, die auf Franz warteten, um ihm die Schlüssel zu übergeben, dieser aber erschien noch immer nicht. „Behalte sie und geh nach Hause, morgen kommst du vorbei und gibst sie ihm", schlug einer der drei vor. – „Seid ihr verrückt, der kommt zu mir nach Hause, um sie abzuholen, dann habe ich mit meinen Eltern ein Problem. Die werden mich dann fragen, wie die Schlüssel des Pfarrers zu mir gelangt sind."

In den nächsten zwei Tagen wurde viel über das geredet, was sich in der Nacht von Donnerstag auf Freitag ereignet hatte. Als unsere Eltern aus der Arbeit kamen, fragten sie uns über das Geschehene aus, und jeder trug seine Version der Geschichte vor. Aber weil nicht jeder von uns alles wissen konnte, kam es zu Missverständnissen. Einige hatten Angst, am Sonntag in die Kirche zu gehen. Andere wiederum meinten, der Kirche fernzubleiben wäre viel auffälliger. Am besten, man verhielt sich wie bisher, denn der Pfarrer hätte in der Kirche sicher Besseres zu tun, als sich mit solchen Dingen zu beschäftigen.

Der Vorschlag war sehr vernünftig. Außerdem hatten wir keine andere Wahl, als abzuwarten und den kritischen Tag zu überstehen. Die Zeit war sehr knapp, und wir hatten uns inzwischen nicht mehr getroffen, um etwas Neues von unserem Pfarrerssohn Franz oder dem, dem er die Schlüssel übergeben hatte, in Erfahrung zu bringen. Am Sonntag warteten wir fast alle vor der Kirche auf die zwei, um etwas zu erfahren, aber sie kamen so spät, dass wir nicht mehr über die Angelegenheit reden konnten. Der Gottesdienst schien an diesem

Sonntag eine Ewigkeit zu dauern. Als er schließlich endete, sahen wir uns mit einem glücklichen Lächeln auf den Lippen an und waren sehr erleichtert, weil eine große Sorge von uns abfiel.

Für ein Gespräch schien weder der Zeitpunkt noch der Ort geeignet zu sein. So vereinbarten wir für später einen Treffpunkt in den Weingärten, wo jedes Jahr am 23. August die „Weingärtenschließung" gefeiert wurde. Nachdem ich mich wie immer mit meinem Akkordeon angekündigt hatte, als wir durchs Dorf gingen, versammelten sich alle in kleinen Gruppen und folgten uns. Unterwegs begannen wir, uns über den Vorfall am Donnerstagabend angeregt zu unterhalten und wie die Leute im Dorf das verurteilt hatten. Wir redeten so leise, als hätten wir noch immer Angst, und keiner konnte verstehen, warum. Dann sagte einer lachend: „Ich bin Herrn Erusalime begegnet, und er hat mir erzählt, dass er noch nirgends im Dorf einen so guten Wein getrunken habe. Wieso er sich so betrunken habe, könne er selber nicht verstehen, so etwas sei ihm noch nie passiert, obwohl er bei anderen Gelegenheiten tiefer ins Glas geschaut habe. Unterwegs habe er seine Kleidung, die Laterne und andere Sachen verloren und konnte sich nicht erinnern, wo er danach suchen sollte. Aber am nächsten Abend hätten ihm die Kinder die verloren gegangenen Sachen zurückgebracht. ‚Was werden die Leute im Dorf wohl sagen, wenn sie davon erfahren?‘, fragte er mich. ‚Einen solchen Wächter bezahlen wir?‘ – ‚Machen Sie sich keine Sorgen‘, habe ich ihn dann zu beruhigen versucht, ‚denn alles ist schon längst vorbei‘."

„Und wie hast du es mit den Schlüsseln von unserem Franz geschafft?", wollten wir von Hans wissen. „Ja gut", verkündete er mit tiefer Stimme, „der war nicht überrascht, als ich ihm erzählte, was geschehen war. Dann fragte er mich, wie viel getrunken worden sei, aber das wusste ich nicht. ‚Kannst du nicht schätzen, wie viele Flaschen du genommen hast?', fragte Franz. ‚Nein, weil einige direkt in die Gläser gezogen haben und andere aus dem Schlauch getrunken haben'. – ‚Wieso aus dem Schlauch?' – ‚Weil wir keine Flasche gefunden haben.' – ‚Ihr seid ja verrückt.' – ‚Und wo bist du die ganze Zeit gewesen?' – ‚Ich habe auch meine Probleme gehabt, so wie jeder, der eine Freundin hat.' – ‚Es tut mir leid, ich habe dich überall gesucht, konnte dich aber nicht auftreiben.' – ‚Na gut, komm in den Keller, wir wollen mal sehen, ob alles in Ordnung ist, dann werde ich entscheiden, was zu tun ist.' Alles schien in Ordnung zu sein. ‚Wenn du mir jetzt noch sagen könntest, wie viel ungefähr getrunken wurde, wäre es noch besser.' – ‚Sagen wir mal, es könnten an die zehn Liter gewesen sein', sagte ich dann. ‚Na so, mein Freund, das wollte ich von dir hören. Jetzt sei so gut, nimm diesen Eimer und fülle ihn mit Wasser. Wir schütten es ins Fass, damit der Alte von der Sache nichts mitkriegt'. Wir schaukelten beide das Fass auf alle Seiten, damit sich das Wasser gut mit dem Wein mischen konnte. ‚Ich gehe davon aus, dass du niemandem etwas davon erzählst', sagte Franz zu mir. ‚Aber selbstverständlich', pflichtete ich ihm bei. ‚Aber was wird dein Vater sagen, wenn er etwas davon mitkriegt?' – ‚Mach dir darüber keine Sorgen', war die Antwort des Pfarrerssohns."

Wir konnten seine Ankunft kaum erwarten, um zu erfahren, wie er sich zurechtgefunden hatte mit seinem Vater. „Ich werde ihn aber nicht hier vor allen Leuten fragen", erklärte Hans, „damit er sich nicht schämt, zu erzählen, wie es ihm ergangen ist." Und als wir alle fröhlich lachten, kam auch schon Franz, der sofort mit Fragen bestürmt wurde: „Wie geht es, ist alles in Ordnung bei dir?" – „Na ja, es hat keine Probleme gegeben. Und wenn mein Vater nicht jemanden aus dem Kirchenamt getroffen hätte, der ihm sofort alles erzählte, wäre alles glatt über die Bühne gegangen. Zum Glück war ich nicht zu Hause. Als ich kam, wartete er mit einem Glas Wein auf dem Tisch und fragte mich, wie sich alles zugetragen habe und wie viel getrunken worden sei. ‚Zwei oder drei Liter könnten es gewesen sein, aber genau weiß ich das nicht.' – ‚Ja, ich habe auch gemerkt, dass nicht so viel gefehlt hat', sagte dann mein Vater. ‚Ich weiß ja, ihr seid jung und müsst euch unterhalten. Aber ein anderes Mal sollst du aufpassen, denn es kommt nicht gut an, wenn ein Pfarrerssohn solche Dinge macht und wenn im Dorf nur über ihn geredet wird.' Wer gibt heute einen aus?", fragte er dann in die Runde, um das Thema zu wechseln. „Auf jeden Fall werden es jetzt andere tun", riefen wir ihm lachend zu.

Wir unterhielten uns an dem Nachmittag bis in die Nacht hinein, vor lauter Freude, dass die Sache ein so gutes Ende genommen hatte. Aber da wir so glimpflich davongekommen waren, vergaßen wir die begangene Dummheit schnell, und nach kurzer Zeit kam eine neue dazu. Es war spät geworden, alle Mädel waren schon zu Hause. Wir Burschen waren noch geblieben, sangen und hatten bei einem Glas Wein bis Mitternacht eine Menge Spaß. Unterwegs, bevor wir ins Dorf kamen, sagte einer: „Was haltet ihr davon, jetzt den Mädchen eine Serenade zu bringen?" – „Du spinnst wohl, wir sind voll bis zum Hals. Du weißt ja, einer kommt mit dem Schnaps, der andere mit Wein, wir betrinken uns wie die Schweine, und die Leute im Dorf haben wieder ein Thema." – „Das ist ja kein Problem, wir müssen ja nicht trinken, einen Krug habe ich bereits, einen anderen kriegen wir von Franz, wir gehen ja da vorbei". – „Ich mach da nicht mit", erklärte dieser entschieden, „ich hatte schon genug Stress." – „Schon gut, dann geht der Martin." – „Ja, das kann ich tun. Aber ich werde ihn nicht tragen und auch nicht voll nach Hause bringen." – „Na gut, es wird sich ja auch für diese Aufgabe einer finden, bringe nur den Krug, dann werden wir schon sehen, was wir tun, wenn sie voll sind."

Gesagt – getan. Nachdem alle Probleme geklärt wurden, begannen wir an einem Ende des Dorfes und marschierten singend bis zu dem anderen. Die Mädel kamen mit Mehlspeisen raus und bedankten sich herzlich für das Ständchen, ein Elternteil kam mit den Getränken und war sehr stolz, dass der Tochter eine solche Ehre zuteil wurde. Keiner von uns konnte noch trinken. „Was?", kam dann die Antwort, „so viele Personen sind nicht in der Lage, eine Flasche Wein zu trinken? Ich werde ihn auf keinen Fall wieder mitnehmen." – „Na gut, dann können Sie uns das Getränk in einen Krug geben, den wir dabei haben, damit wir uns nicht betrinken." – „Bravo!", sagten sie dann zu uns, „ihr seid intelligente Burschen. Wer von euch hat denn diese Idee gehabt?"

So gingen wir friedlich und ohne unangenehme Zwischenfälle durchs Dorf und musizierten. Ein kleines Problem gab es aber trotzdem, denn keiner wollte mit den vollen Krügen nach Hause gehen. Es war fünf Uhr morgens, als wir mit der Serenade fertig waren und jeder ins Bett gehen wollte. Die Frage war nun: Was tun mit den vollen Krügen? Wir befanden uns in der Nähe unseres Hauses, und so schlug ich vor, alle zusammen meinem Vater eine Überraschung zu bereiten. „Bist du dir da sicher?", wunderten sich mein Bruder und viele andere, die meinen Vater als ernst und sehr streng kannten. „Um diese Uhrzeit? Hat er denn Geburtstag?" – „Nein, aber ich weiß, dass ihm solche Überraschungen Spaß machen, weil er mir oft erzählt hat, was sie so getrieben haben in den 17 Jahren, als er Musikant war. Ich weiß auch ganz genau, welche Lieder ihm Spaß machen, deshalb bitte ich euch, alle mitzusingen."

„Bravo, bravo Burschen, ihr habt mir eine solche Freude gemacht, dass ich euch nicht genug dafür danken kann", rief mein Vater voller Begeisterung, als die Musik verklungen war. Er trat heraus und bat alle hinein an den Tisch. „Nein", wehrten wir ab. „Drinnen ist es zu warm, wir gehen lieber in die Scheune, wenn Sie nichts dagegen haben." – „Ihr könnt euch setzen, wohin ihr wollt, nur sollt ihr mir sagen, was ich euch zu trinken bringen soll." – „Überhaupt nichts, wir sind voll bis an den Hals." – „Nichts gibt es nicht, entweder Schnaps oder Wein, ich werde Schnaps trinken, weil ich aufgestanden bin und schon einen Schluck getrunken habe. Etwas müsst ihr jetzt auch von mir trinken, denn wie ich merke, ist noch keiner von euch betrunken." – „Na gut", sagte dann einer, „wir trinken alle einen Schnaps mit Ihnen." Mein Vater war sehr gut gelaunt und begann von einigen Erlebnissen aus jungen Jahren zu berichten. Allen gefiel das, was er uns erzählte, und einige stellten Fragen, um noch mehr darüber zu erfahren. Die Zeit verging beim Erzählen sehr schnell, und alle waren überrascht, als jemand rief: „Es ist schon acht Uhr. Wir sollten uns auf den Weg nach Hause machen und uns ein paar Stunden ausruhen, denn es ist Zeit seit gestern morgen."

Als der Alte das hörte, sagte er zu allen im Spaß, aber auch im Ernst: „Wer nachts ein Mensch ist, der muss es auch tagsüber sein! Ich würde mich freuen, euch heute alle in der Kirche zu sehen." – „Der Alte hat Recht, auf geht's, wir haben noch eine Stunde, um uns zu waschen und für die Kirche umzuziehen, bis die Glocken läuten." Alle wurden von ihren Eltern gefragt, wo sie so lange gewesen seien, aber die jungen Burschen beeilten sich, sich fertig zu machen und in die Kirche zu gehen. „Was machst du denn da?", wurden sie erstaunt gefragt. „Ich ziehe mich für die Kirche um." – „Du willst in die Kirche gehen?" – „Ja, sicher will ich gehen." – „Willst du da einschlafen, was glaubst du, wer noch kommen wird?" – „Alle werden wir da sein, denn Herr Hans mit dem Schnurrbart hat gesagt, wer nachts ein Mensch ist, muss auch am Tag einer sein."

Das waren die schönsten und wunderbarsten Ferien meines Lebens, überhaupt seitdem ich musizierte. Es war und bleibt die schönste Zeit meines Lebens, die ich nie vergessen werde und an die ich mich immer wieder erinnern werde, wenn ich auf diese Jahre zurückblicke.

24.

Bei all diesem Schabernack, den wir da trieben, gingen die wunderbaren, unvergesslichen Ferien schnell vorbei. Von Neuem musste ich mit den täglichen Schularbeiten beginnen, die auf mich warteten. Nun blickte ich aber mit größerer Zuversicht in die Zukunft, in der Hoffnung, diesmal mehr Glück zu haben, einen Beruf erlernen zu dürfen, der mir Spaß machte, und die Telefonisten-Klasse besuchen zu können. Wie immer in den ersten Tagen konnte ich nur so viel erfahren, dass ich in der Klasse 4 A war, aber solange wir keinen Klassenlehrer hatten, konnten wir nichts Genaueres in Erfahrung bringen. Nach ein paar Tagen, als wir erfuhren, wer unser Klassenlehrer war, konnte ich dann erleichtert aufatmen, denn ich war in der Telefonisten-Klasse. Wir waren alle glücklich, als wir feststellten, dass sich nach einem so langen Kampf unsere Bemühungen gelohnt hatten.

Schon in der ersten Stunde wurden wir von unserem Klassenlehrer gefragt, warum wir Telefonisten werden wollten und ob wir ihm sagen könnten, was das Wort „Telefonie" bedeutete. Dann begann er uns zu erklären, wie die Leute miteinander kommuniziert hatten, als es noch kein Telefon gab. Gleichzeitig erzählte er uns, wie und wer das Telefon entdeckt hatte, wie es immer mehr verbessert wurde, bis man schließlich soweit war, automatische Telefonzentralen zu errichten. „Eure Ausbildung wird zwei Jahre dauern", erklärte er, „Zeit, in der ihr, wie ich denke, alles in den Griff bekommen werdet, um euch gut in diesem Beruf zurechtzufinden. Aber ihr dürft nicht vergessen", fügte er mit Nachdruck hinzu, „dass dies die erste Blinden-Telefonisten-Klasse ist und ihr eine besonders gute Ausbildung vorweisen müsst, um euer Können unter Beweis zu stellen, wenn ihr euch um eine solche Arbeitsstelle bewerbt. Gleichzeitig müsst ihr euren Nachfolgern die Tore öffnen, damit sie nicht mehr mit denselben Schwierigkeiten konfrontiert werden. All das setzt voraus, gut ausgebildet zu sein, um beweisen zu können, dass auch Blinde in diesem Beruf genauso gut arbeiten können wie Sehende. Um all die Schwierigkeiten erfolgreich zu bewältigen, müsst ihr immer sehr pünktlich an eurem Arbeitsplatz erscheinen und mit all denen, mit denen ihr in Verbindung steht, gut umgehen, um ihnen einen guten Eindruck zu vermitteln. Ich möchte euch nochmals daran erinnern, dass ihr in diesem Beruf keine Zuteilung bekommen werdet, solange das Ministerium in diesem Bereich keine Möglichkeit finden wird. Deshalb müsst ihr neben diesem Beruf eine weitere Ausbildung vorweisen, wo man euch eine Zuteilung geben wird, damit ihr nicht nach so vielen Jahren mit leeren Händen die Schule verlassen müsst. Denn wir sind sicher, es wird nicht einfach sein, in diesem Bereich Arbeit zu finden."

Für diesen Beruf war viel Theorie zu bewältigen, und es kamen Fächer auf uns zu, die uns noch unbekannt waren. Der Anfang war schwer, aber es gab auch viele interessante Sachen, die uns von Tag zu Tag neugieriger machten. Uns eröffnete sich plötzlich eine neue Perspektive. Obwohl es sehr schwer war und sich viele die Frage stellten, warum man für einen so einfachen Beruf so viel Theorie lernen musste, schafften wir es weiter und versuchten aus allen Kräften, die Schwierigkeiten zu bewältigen.

Der Ausbilder, der uns in den Spezialfächern unterrichtete, war abends Student an der Elektrotechnik-Universität. Er war sehr streng und schien nach so vielen Schuljahren nicht zu wissen, wie er mit seinen Schülern umzugehen hatte. Während des Unterrichtes zeigte sich nie ein Lächeln auf seinen Lippen, und er machte nie Spaß. Die anderen Lehrerinnen und Lehrer begrüßten uns stets gut gelaunt, als sie zum Unterricht kamen. Sie brachten uns häufig zum Lachen und erzählten uns, wie es war, als sie selbst als Schüler die Schulbank drückten. Sie versäumten es nicht, darauf hinzuweisen, dass es ganz bestimmt vielen von uns schwer fallen würde, die Schulbank zu verlassen, und dass wir sicher häufig an die schönen Zeiten als Schüler zurückdenken würden.

Im Herbst und im Frühjahr, als es draußen schön warm war, gingen sie häufig mit uns in den Garten an die frische Luft, oder wir machten Ausflüge in die Berge oder besuchten Orte von historischer Bedeutung. Nur unser Klassenlehrer wollte von all diesen Dingen nichts wissen. Obwohl ihn einige ältere Kollegen darauf aufmerksam gemacht hatten, dass wir über alles offen reden müssten, machte er auf seine Art weiter. Er übergab uns Aufgaben, die keiner von uns verstand, und als wir ihn um Hilfe baten, ging er einfach zu einer anderen Lektion über, weil auch er uns keine Antwort geben konnte. Er hatte zudem die schlechte Gewohnheit, uns Schüler häufig eine unangekündigte Klassenarbeit, ein Extemporale, schreiben zu lassen, in dem er jedoch Lehrstoff abfragte, der im Unterricht nicht behandelt wurde. Wir saßen zu zweit in der Bank, und jeder bekam ein anderes Thema, damit wir uns nicht beraten konnten. So bekam unser Klassenlehrer von allen stets ein leeres Blatt Papier zurück.

So konnte es nicht weitergehen, es musste etwas unternommen werden. Das Alter der Schüler in der Klasse lag zwischen 17 und 35 Jahren, die meisten waren also älter als unser Ausbilder und Klassenlehrer. Einige hatten schon Abitur, einer war im zweiten Jahr als Student erblindet, ein anderer hatte ein paar Jahre als Chemielehrer praktiziert und war zu einer Umschulung gekommen, weil er wegen seines grünen Stars nicht mehr unterrichten konnte. Wir waren uns alle einig, gegen ihn zu streiken, aber wie war noch unklar. „Es ist doch ganz einfach", meldete sich unser Zimmermann zu Wort, der auch Klassenchef war, „wir bleiben einfach seinem Unterricht fern, denn nur so können wir ihn zwingen, sich zu ändern, vielleicht wird er dann wach."

Mir war das alles wegen meiner Nationalität nicht geheuer, und um nicht direkt teilzunehmen, bat ich den Klassenchef, für den einen Tag in der Zentrale bleiben zu dürfen, denn einer musste hier unbedingt die Stellung halten, damit wir nicht die ganze Schule alarmierten. Am nächsten Morgen ging ich wie immer um 8

Uhr zur Vermittlung, setzte mich ans Bedienungspult und kontrollierte, ob alles in Ordnung war. Dann begann die tägliche Arbeit, aber ich war mit meinen Gedanken nicht ganz bei der Sache, denn ich wusste nicht, was ich ihm antworten sollte, wenn er mich fragte, wo die anderen seien. Gleichzeitig war ich auf das Ende der Geschichte unglaublich gespannt.

Es war 8 Uhr, als es klingelte, und alle gingen in ihre Klassen. Nur unser Ausbilder hatte diesmal niemanden zu begrüßen und war überrascht, als er einen leeren Raum betrat. Kurz darauf vernahm ich seine hastigen Schritte. Er klopfte an die Tür und fragte: „Bist du heute an der Reihe?" – „Ja." Dann ging er, ohne ein Wort zu sagen. Nach einer Stunde, als er wieder den Raum leer vorfand, kam er zu mir und fragte, ob ich wüsste, wo meine Kollegen abgeblieben seien. „Ich weiß es nicht", war meine knappe Antwort, dann ging er, vor sich hinmurmelnd, um sie zu suchen. Zwei von ihnen fand er in einem Toilettenflur, andere spazierten im Garten, und auf seine Frage, warum sie nicht zum Unterricht kämen, wollte keiner antworten. „Na gut", bemerkte er wütend, „ ihr werdet schon noch reden und mir sagen, wer für diesen Streik verantwortlich ist." Mit diesen Worten verschwand er.

Als die vier Stunden, die wir mit ihm hatten, vorbei waren, gingen wir in die Klasse, denn bei all den anderen Fächern und Lehrern war es eine Freude, am Unterricht teilzunehmen. Nachdem es geklingelt hatte und die Lehrerin in der Klasse war, klopfte es an der Tür.

Unser Klassenlehrer trat ans Lehrerpult, fragte flüsternd, ob alle da seien und verabschiedete sich sofort. Überrascht fragte die Lehrerin: „Was wollte er damit sagen? Es war euer Klassenlehrer." Dann ging es weiter mit dem Unterricht, ohne dass darüber noch ein Wort fiel. Dem Klassenlehrer war nun klar, dass das gegen ihn gerichtet war. Wir fragten uns alle beunruhigt, was uns wohl erwarten würde, ob er etwas gegen uns unternehmen oder es lieber auf sich beruhen lassen würde. Die anderen Stunden vergingen, ohne dass etwas passierte. Es blieb uns nur noch, das Mittagessen abzuwarten, wo man uns die Korrespondenz übergab und danach besondere Nachrichten folgten.

Im Speisesaal herrschte ein Höllenlärm, die Pädagogen waren in alle Ecken verstreut, um für Ordnung zu sorgen. Dann hörten wir einen von ihnen, der eine laute Stimme hatte, sagen: „Bitte macht ein paar Minuten Ruhe. Denn ich habe für heute viele gute, aber auch schlechte Nachrichten." Wir spitzten alle die Ohren und folgten gespannt seinen Worten. Als Letztes bemerkte er dann: „Alle Schüler der Klasse 4 A (das waren wir, die Telefonisten) haben sich nach dem Essen im Klubraum einzufinden, wo Genosse Direktor sie erwartet." – „Habt ihr gehört, jetzt sind wir dran", sagte einer mit bebender Stimme, und jedem verschlug es den Appetit. „Macht euch keine Sorgen und esst in Ruhe", ließ sich unser Klassenchef vernehmen, „denn ich werde handeln. Ihr habt getan, was ich von euch verlangt habe, und jetzt werde ich dafür die Verantwortung übernehmen. Es ist gut, dass es so gekommen ist, damit dieser ganze Blödsinn endlich mal ein Ende hat."

Im Klubraum setzten wir uns zu zweit an einen Tisch und warteten angespannt. Kurz darauf klopfte der Direktor an die Tür, und mit einer lauten Stimme sagte er: „Guten Tag, Jungs." Dann setzte er sich mit unserem Ausbilder an einen Tisch. Er kannte uns alle sehr gut, denn er unterrichtete uns Geschichte. Dann fragte er: „Wer von euch hat diesen Streik angezettelt?" Aber keiner wollte darauf antworten. „Ihr wisst ja, dass es 1933 bei dem Bahnstreik einen Chef gegeben hat namens Desch." Noch immer kam keine Antwort. „Will keiner von euch reden? Warum habt ihr dann gestriekt?" – „Ja, ich werde im Namen meiner Klasse reden", sagte der Klassenchef, „aber nur, wenn unser Ausbilder den Raum verlässt, denn wir möchten nur mit Ihnen darüber sprechen." Der Direktor bat unseren Klassenlehrer, den Raum zu verlassen, damit das Gespräch beginnen konnte.

Der Zimmermann berichtete daraufhin dem Direktor von den Schwierigkeiten, die wir mit ihm erlebt hatten, von den unangekündigten Klassenarbeiten, in denen Lehrstoff abgefragt wurde, der im Unterricht nicht behandelt wurde. „Stimmt das alles?", richtete er seine Frage an uns, und wir antworteten mit einem lauten „Ja". – „Gut, wegen solchen Problemen streikt ihr? Warum seid ihr nicht zu mir gekommen, um darüber zu reden?" – „Wir wollten ihn zwingen, persönlich zu Ihnen zu kommen." – „Das nächste Mal kommt ihr mit solchen Problemen gleich zu mir, oder ihr sagt es, wenn ich mit euch Unterricht habe. Habt ihr noch etwas anderes auf dem Herzen?" – „Ja, wir hätten gerne einen anderen Klassenlehrer!" – „Dies kann ich euch leider nicht versprechen, denn ich muss auch mit anderen darüber reden, um in dieser Sache eine Entscheidung zu treffen. Aber jetzt bitte ich euch, mit solchen Dummheiten aufzuhören." – „Gott sein Dank ist es vorbei", sagte einer erleichtert, „jetzt wollen wir mal sehen, wie es mit uns weitergeht." – „Ich glaube nicht, dass wir noch etwas zu befürchten haben, denn der Direktor hat sich ja freundlich mit uns unterhalten", übernahm der Klassenchef das Wort. „Und wenn es doch noch was geben wird, werden wir versuchen, uns zu verteidigen, solange wir den Kopf noch auf den Schultern tragen."

Am nächsten Morgen fanden wir uns wie immer in unserem Klassenzimmer ein. Die Tür öffnete sich, und der Ausbilder trat grußlos ein, durchschritt zweimal den Raum und ging dann zur Vermittlung, ohne ein Wort gesagt zu haben. Er verließ diese kurz danach und betrat ein Zimmer, wo er sich die Freizeit verbrachte. Nach einer Weile kam er und sagte: „Wie ich sehe, seid ihr heute alle vollzählig." Ohne über das Geschehene ein Wort zu verlieren, verkündete er: „Heute beginnen wir mit einer neuen Lektion und einem neuen Kapitel." Wir machten uns Gedanken, was er am Wochenende in der Klassenstunde wohl sagen würde, aber auch da hatten wir uns geirrt, denn unser Ausbilder erschien nicht mehr. Wir wurden von dem Direktor mit einem neuen Klassenlehrer überrascht, den er uns vorstellte. „Ich hoffe, wir haben uns gut verstanden und dass nun alle Probleme erledigt sind", erklärte er mit Nachdruck. Der Klassenchef stand auf und bedankte sich mit gerührter Stimme für das Vertrauen, das er uns geschenkt hatte, damit wieder alles in Lot kommen konnte.

Der Direktor verließ den Raum, und es setzte für einige Augenblicke eine so tiefe Stille ein, dass man eine Nadel hätte fallen hören können. Dann bat der neue Lehrer um die Erlaubnis, die erste Klassenstunde zu beginnen. „Ich möchte mich als Erstes vorstellen. Ich heiße Romeo und war vorher Lehrer und Direktor in einer Berufsschule in Reschita. Ich habe die Studiengänge Mathematik und Physik absolviert und bin Mitglied in der Gesellschaft für Schriftsteller. Ich hoffe sehr, dass wir eine gute Vertrauensbasis schaffen können, um all die anstehenden Probleme gemeinsam zu bewältigen. Ab heute werde ich auch euer Mathematik-Lehrer sein, und wer Probleme in Physik oder anderen Fächern hat, kann sich ruhig an mich wenden. Und jetzt möchte ich, dass ihr euch vorstellt. Teilt mir bitte mit, woher ihr kommt, schildert kurz eure Vergangenheit und, wenn möglich, den Grund eurer Behinderung." Nachdem wir uns alle vorgestellt hatten, bemerkte unser neuer Klassenlehrer: „All das, was ich heute erfahren habe, hätte ich mir nie vorstellen können. Der heutige Tag wird mir ein Leben lang in Erinnerung bleiben, denn das, was ich heute erfahren habe, werde ich nie vergessen. Außerdem habt ihr mir einen Anstoß für ein neues Buch gegeben."

Die zwei Jahre Ausbildung zum Telefonisten gingen schnell vorbei, und der Klassenlehrer und einige Schüler sagten, wir sollten uns nicht zu früh freuen, denn wir wüssten ja nicht, was uns erwarten würde. Denn in der Schule hätten wir nur die Aufgabe gehabt zu lernen. Um die anderen Probleme des alltäglichen Lebens hatten sich andere gekümmert. Jetzt würden wir uns selbst um alles kümmern müssen, müssten uns den Lohn so einteilen, dass das Geld bis zum Monatsende ausreiche für all die täglichen Aufwendungen wie Nahrungsmittel, Kleidung, Miete und vieles mehr. „Ich bin sicher", schloss er, „dass sich viele von euch an diese Jahre erinnern werden, einige weniger, andere mehr, in Dankbarkeit um das, was ihr hier gelernt habt. Denn das wird für viele von euch von großer Bedeutung sein."

3. TEIL

25.

Nachdem ich die Schulbank verlassen hatte, gönnte ich mir drei Erholungstage, dann meldete ich mich beim Blindenbund in Apulum, der mir zugeteilt worden war. Apulum war ein kleines Städtchen, von dem ich bis zu jenem Zeitpunkt nichts wusste außer dem, was ich im historischen Unterricht erfahren hatte: dass es ein Städtchen mit historischem Agrargebiet war und auf der rechten Seite des Flusses Muresch lag. Als wir auf eine Straße in der Nähe des Bahnhofs traten, streifte ein penetranter Mistgeruch unsere Nasen, und auf den Straßen hörte man Pferdegetrappel. Wir schauten uns nach jemandem um, der uns den Weg ins Zentrum der Stadt weisen könnte, aber auch Fußgänger waren um diese Uhrzeit nicht anzutreffen. Wir kehrten in den Bahnhof zurück, wo uns mitgeteilt wurde, dass es leider keinen Bus gebe, dieser komme nur zu den Zügen, mit denen die Leute in andere Orte zur Arbeit fuhren. Wir könnten aber auf eine Kutsche warten oder die zwei Kilometer lange Strecke bis ins Zentrum der Stadt zu Fuß zurücklegen.

Da wir davon ausgingen, dass wir über genügend Zeit verfügten, um unsere Angelegenheiten zu erledigen, machten wir uns zu Fuß auf den Weg. Es war ein schöner warmer Sommertag, und ich konnte mir in Ruhe ein Bild von dem Ort, an dem ich mein zukünftiges Leben verbringen würde, machen. Unterwegs plagte uns der Durst, aber es gab keine Getränke oder eine Möglichkeit, uns zu erfrischen.

Mein Vater, der mich begleitete, schien über das, was er zu sehen bekam, sehr enttäuscht zu sein. Der Ort könne sich auf keinen Fall Stadt nennen, er sei schlimmer als ein Dorf, gab er mürrisch zu bedenken. Ich fragte mich auch etwas bestürzt, wie man denn in einem solch verlassenen Ort einen Blindenbund gründen konnte. Gespannt und etwas beunruhigt erkundigten wir uns nach dem Blindenbund, aber niemand schien von der Existenz einer solchen Organisation etwas gehört zu haben. Als wir dann nach der Straße fragten, wurde uns sofort die Richtung gezeigt. Als wir schließlich hier ankamen, wurden wir von der Reinigungsfrau empfangen, die anderen seien geschäftlich unterwegs. „Der Präsident und der Sekretär müssen aber bald eintreffen, denn sie sind bei der Bank, die sich in der Nähe befindet", erklärte die Frau bereitwillig und fing an, aus dem Nähkästchen zu plaudern. Als ich merkte, dass sie über alles Auskunft geben konnte, begann auch ich, ihr Fragen zu stellen. „Auf jeden Fall wird es nicht mehr so gut wie in der Schule sein", erklärte sie, „dies ist, wie ihr festgestellt habt, ein kleines Städtchen, in dem es noch viel zu tun gibt, bis alles so sein wird wie in einer großen Stadt. Es gibt hier noch keine Wasserleitung oder Kanalisation, keine Kantine, wo man ein warmes Mittagessen bekommen kann. Jeder, der im Heim wohnt, muss eine Waschschüssel, einen Krug von fünf Liter und ein Gefäß haben, in dem ihm das Essen gebracht wird. Kaum ist es uns gelungen, und auch das nur mit Beziehungen, euch eine warme Mahlzeit zur Verfügung zu stellen, die aus einem nahe gelegenen Krankenhaus geliefert wird.

Um euch Essen und Wasser zu besorgen und euch im Heim sauber zu machen, müsst ihr jemanden von eurem Lohn bezahlen. Das Heim verfügt nicht über eine Zentralheizung, nur Kamine sind vorhanden, die mit Holz und Kohle geheizt werden, die ihr kaufen müsst. Zum Baden gibt es eine einzige Stelle in der ganzen Stadt, wohin ihr am Wochenende gehen könnt."

„Wie kann man denn mit fünf Litern Wasser pro Tag zurechtkommen?", fragte ich verwundert und gereizt zugleich. „Man braucht es schließlich am Morgen zum Waschen, nachmittags, wenn man aus der Arbeit kommt, abends für die Füße und zum Zähneputzen, um sich einen Tee zu kochen und nicht zuletzt zum Trinken!" – „Na ja, es ist in der Tat nicht einfach", gab sie zu, „aber ihr müsst euch irgendwie zurechtfinden." – „Ich glaube, die Lebensverhältnisse hier sind die schlechtesten des ganzen Landes. Denn von solchen Zuständen habe ich bis zum heutigen Tag noch nie gehört", bemerkte ich entrüstet. „Ja, das kann schon möglich sein", entschuldigte sie sich, „aber man darf nicht vergessen, dass dieser Bund erst seit drei Jahren gegründet wurde." – „Das hat überhaupt nichts damit zu tun, Schuld daran sind einzig und allein diejenigen, die akzeptiert haben, in einem Ort ein Heim zu errichten, der nicht die entsprechenden Voraussetzungen bietet. Und ich gehe davon aus, dass die, die so etwas abgesegnet haben, viel blinder gewesen sind als wir."

Ich war über das Gehörte sehr enttäuscht, denn von anderen Einrichtungen des Landes wurde ausschließlich positiv berichtet. Über diese lagen allerdings kaum Informationen vor. Eigentlich gehörte ich einer anderen Landeshauptstadt an, aber weil ich die Nachricht erhalten hatte, dass ich erst in sechs Monaten angestellt werden könne, akzeptierte ich, hier zugeteilt zu werden. Nun war es zu spät, und ich musste die Bedingungen akzeptieren, weil ich unbedingt arbeiten wollte, um mir selber das tägliche Brot zu verdienen.

Unser Gespräch wurde von Präsident Runcan und dessen Sekretär unterbrochen, die inzwischen eingetroffen waren. Ich wurde sehr freundlich empfangen und in ihr Büro gebeten. Weil ihre Zeit bereits verplant war, konnten wir nicht alle Einzelheiten besprechen, aber der Präsident machte den Vorschlag, wenn ich die Unterlagen dabeihätte, mir sogleich ein Bild von der Firma zu machen, an die die Blindenwerkstatt angeschlossen war. „Von da gehen wir zur Besenwerkstatt, wo Sie arbeiten werden, und von da zum Heim, damit Sie sich einen Eindruck über die dortigen Verhältnisse machen können." Unterwegs wurde mir gesagt, dass es nur ein paar kleine Firmen gebe, aber alles sei so geplant, dass in kurzer Zeit die Arbeiten an der Wasserleitung und Kanalisation beginnen könnten. Und dass die Perspektiven, dass der kleine Ort Apulum in ein paar Jahren zu einer schönen Industriestadt mit vielen Fabriken, Sozialwohnungen, Schulen und Kindergärten heranwuchs, sehr aussichtsreich seien.

Ich wusste nicht recht, was ich von dem Ganzen halten sollte, aber ich klammerte mich an jede Hoffnung.

Bei der Verwaltung war mit den Papieren schnell alles erledigt, und mir wurde gesagt, ich würde in Kürze benachrichtigt, wann ich mit der Arbeit beginnen könne. Aber als ich die Werkstatt betrat, war ich schon nach ein paar Schritten sehr enttäuscht. Wohin man seinen Fuß setzte, stieß man auf Müll und Abfall: Besenstiele, Draht, Besenstroh, Stängel und vieles mehr. Auf meine Frage, was all das zu bedeuten hatte, erhielt ich vom Werkstattleiter die zögerliche Antwort, dass der Beruf nun mal solches mit sich bringe. „So etwas ist mir aber auch noch nicht zu Ohren gekommen, ich denke doch, dass sind organisatorische Probleme, die zu beheben sind. Schauen Sie sich doch mal andere Werkstätten an, dann können Sie feststellen, wie sauber und ordentlich es da ist. Haben Sie sich schon mal Gedanken darüber gemacht, was in einem solchen Fall einem Blinden zustoßen kann?" – „Das mag ja sein, aber ich hoffe, dass es nicht dazu kommen wird", sagte der Werkstattleiter kurz angebunden.

Enttäuscht verließ ich die Werkstatt, und wir schlugen den Weg zum Wohnheim ein. Ich war sehr niedergeschlagen und bereute nach allem, was ich gesehen hatte, meine Entscheidung, hierherzukommen, zutiefst, zumal viele andere abgelehnt hatten, unter solchen Bedingungen zu arbeiten. Sie versuchten, mich davon zu überzeugen, dass sie Leute wie mich, mit guten Ideen brauchten, damit es besser würde. Gleichzeitig gebe es für mich gute Perspektiven, als Telefonist angestellt zu werden, weil viele Fabriken entstehen würden. Das Heim bestand aus drei Zimmern, zwei für weibliche und ein

Zimmer mit sieben Betten für männliche Bewohner. Die anderen Bedingungen entsprachen den Beschreibungen der Reinigungsfrau.

Bedrückt trat ich mit meinem Vater den Heimweg an. Ich stellte mir immer wieder die Frage, wie so etwas möglich sein konnte und warum nichts dagegen unternommen wurde, zumindest da, wo die Möglichkeit bestand. Seit diesem Tag hatte ich keine Ruhe mehr, ich verbrachte schlaflose Nächte, bis mich nach drei Wochen der Bescheid erreichte, mich bei der Arbeit zu melden. In Begleitung des Sekretärs ging ich zur Werkstatt, um meinen Arbeitsplatz zu übernehmen. Der Werkstattleiter machte eine kurze Einführung in die Sicherungsmaßnahmen und Arbeitszeiten. Dann führte er mich zu einer Nähmaschine, an der ich arbeiten sollte. Nach einer kurzen Kontrolle musste ich feststellen, dass sie sich in keinem guten Zustand befand. Ich weigerte mich, mit der Arbeit zu beginnen, solange sie für mich eine Gefahr darstellte. Der Werkstattleiter bemühte sich aus allen Kräften, allen, die dabei waren, das Gegenteil zu beweisen, dass alles in Ordnung wäre und man daran sehr gut arbeiten könnte. Aber als ich ihm die Frage stellte, warum sich an einer Stelle Draht befände, wo eigentlich zwei Schrauben vorgesehen waren, und ihm gleichzeitig bei der Nachbarmaschine mit dem Finger zeigte, was ich damit meinte, wusste er nichts mehr dazu zu sagen. Aufgeregt erklärte er dann: „Hier sind Sie nicht in der Schule, Genosse, wo es so gute Maschinen gibt. Bei uns muss man arbeiten und gute Produkte herstellen!" – „Das wünsche ich mir auch, deshalb will ich auch eine gute Maschine. Und jetzt hätte ich noch eine Frage: Wie viel bezahlen Sie pro Stück?" – „Das wollen Sie also auch noch wissen! 27 Bani", antwortete er trocken. „Sind Sie vielleicht auch mit diesem Preis nicht einverstanden?" – „Mit Sicherheit nicht, denn es gibt Orte, wo man das Dreifache oder mehr zahlt." – „Ich hoffe, dass sich diese Orte und Werkstätten auch in einem sozialistischen Land befinden", fauchte ich zurück. „Na gut, Genosse Werkstattleiter, was meinen Sie, kann die Maschine bis morgen repariert werden, damit er in die Arbeit kommen kann?", meldete sich dann der Sekretär, der die ganze Zeit über zugehört hatte, zu Wort. „Ich werde es versuchen, aber ich kann es Ihnen nicht mit Sicherheit versprechen", war die Antwort des aufgebrachten Werkstattleiters.

Wir verließen die Werkstatt, und ich hatte keine Ahnung, wie und wo ich den Rest des Tages verbringen sollte. Unterwegs sagte der Sekretär: „Wir gehen zur Verwaltung, vielleicht können wir ja etwas gegen diese schlechten Preise tun. Bei den Bürsten gibt es viele, die ihre täglichen Verpflichtungen nicht bezahlen können, und so müssen wir ihnen vierteljährlich Sozialhilfe gewähren. Wenn man dich fragt, wo man besser bezahlt, kannst du Beispiele nennen?", wollte er wissen. „Ja, sicher kann ich das, machen Sie sich darüber keine Sorgen." – „Ich wäre sehr froh, wenn wir etwas erledigen könnten", sagte er, „denn hier bei uns gibt es noch sehr kleine Löhne. Zuerst gehen wir zum Präsidenten Bar, um auszuloten, wie er auf unseren Vorschlag reagiert."

Nachdem der Sekretär ihm alles erklärt hatte, kam auch prompt die Frage des Präsidenten, wo man besser bezahle. Ich nannte ihnen aus dem Stegreif drei Orte, dann sagte er: „Wir werden gleich erfahren, ob Sie Recht haben!" Er öffnete die Tür und rief die Sekretärin, den Produktionsleiter und den Buchhalter zu sich. „Hier habe ich zwei Genossen vom Blindenbund, die sich beklagen, dass man in anderen Blindenwerkstätten bessere Preise zahlt als bei uns. Ich persönlich habe nichts dagegen, mehr zu zahlen, wenn es so ist und wenn die finanzielle Lage es erlaubt. Geht jetzt in eure Büros und besprecht die Sachlage, vielleicht gibt es eine Möglichkeit, diesen Leuten zu helfen."

Die Verhandlungen waren sehr schwierig, aber von großer Bedeutung für die Werkstätten Besen und Bürsten, für uns Blinde. Dann wurde mir die Frage gestellt, woher ich denn wüsste, dass woanders bessere Preise gezahlt würden. „Weil wir Blinden immer in Verbindung zu allen Verbänden und Schulkollegen stehen, mit denen wir darüber reden. Und dann gemeinsam entscheiden, wie es weitergehen muss. Außerdem treffen wir uns 3- bis 4-mal jährlich bei verschiedenen Veranstaltungen, wo ebenfalls über alles und unsere zukünftigen Aktionen gesprochen wird." – „Gut, wenn das so ist, werden auch wir versuchen, die Preise zu erhöhen, von 0,27 auf 0,54 Lei. Das wird unser Vorschlag sein, dem alle Mitglieder unseres Vorstandes zustimmen müssen. Aber wir hoffen, dass es so bleiben wird und dass wir Ihnen innerhalb von zwei Wochen eine endgültige Antwort geben können."

Mit der Gewissheit, eine gute Sache in die Wege geleitet zu haben, verließen wir unsere Gesprächspartner. Noch am selben Nachmittag wurde allen im Klub von den Sekretären die neue Nachricht unterbreitet. Alle waren erfreut, als sie davon erfuhren, dann hörte ich vom anderen Ende des Klubs eine Stimme: „Es ist uns eine Freude, so etwas zu erfahren, aber hier bei uns gibt es noch vieles zu erledigen. Und das können nur die tun, die genau wissen, an welche Tür sie klopfen müssen."

26.

Am nächsten Tag ging ich wie die anderen Kollegen in die Arbeit. Es war der 13. Juli 1963, mein erster Arbeitstag. Als Erstes wünschte ich mir, die Werkstatt kennenzulernen, wo sich die Maschinen und die anderen Gegenstände befanden, um mich gut zurechtzufinden. Dann kam ich zu meiner Arbeitsstelle, wo sich auch die Nähmaschine befand. Ich tastete mit großer Aufmerksamkeit alles ab, um herauszufinden, ob alles in Ordnung war. Und weil mein blinder Kollege noch nicht da war, tastete ich, wie die anderen es schafften, die schon begonnen hatten. Als auch ich die Arbeit begann, sagte der Werkstattleiter ironisch: „Jetzt wollen wir mal sehen, wie Sie arbeiten, Genosse Krauss, denn die Maschine ist in einem tadellosen Zustand, wie Sie es verlangt haben."

Mir war schon am ersten Tag klar, dass der Werkstattleiter ein schwieriger Mensch war, mit dem es sicher viel Ärger geben würde. Denn er hatte die Gewohnheit, gleich zu Beginn alle unter Druck zu setzen, um seine Machtposition zu festigen und weiterhin alle an der Nase herumzuführen, wie es ihm beliebte. Keiner in der Werkstatt durfte intelligenter sein als er, obwohl er nur vier Schuljahre vorzuweisen hatte. Denn nur so konnte er mit seinen Unverschämtheiten durchkommen, ohne dass es die anderen mitbekamen, oder es hatte keiner den Mut, ihm zu widersprechen. Er redete immer sehr viel und ohne Überlegung, um uns Blinde so zu beeinflussen, dass wir zu den anderen kein Vertrauen aufbauen konnten. Er schlug sich immer mit der Faust auf die Brust und erklärte, wir Blinde hätten mit ihm unglaublich viel Glück. Alle hörten ihm ruhig zu, aber ich konnte nicht anders, als ihm zu widersprechen und ihm nahezubringen, dass er nicht der Einzige auf dieser Welt sei. Als ob das nicht genug wäre, aber er war auch ständig betrunken, hielt sich tagsüber überwiegend in Kneipen und Restaurants auf. Für dieses Laster brauchte er Geld, aber auch das schien für ihn kein großes Problem darzustellen, denn er war ja Chef der Blinden. Er steckte ganz einfach allen zwischen die abgezählten Besenstiele noch einen oder zwei dazu, verkaufte sie, und das Geld war da – so einfach war das.

War das nicht einfach genug für eine solch unverschämte Person? Doch schon, solange er und seine Leute, mit denen er gemeinsame Sache machte, nicht entdeckt wurden. Sie wollten nichts davon wissen, dass wir eine Ausbildung, zählen gelernt und das Einmaleins gut im Griff hatten. Ihnen reichte es zu wissen, dass sie es mit Blinden zu tun hatten, mit denen sie sich alles erlauben konnten. Doch es dauerte nicht lange, bis sie entdeckt wurden. Weil ich neu und blind war, wollten sie davon profitieren, solange es möglich war. Als ich ihnen jedoch auf die Schliche kam und sie zur Rede stellte, fing der Werkstattleiter so zu schimpfen an, dass mir angst und bange wurde. „Er soll seine zwei Kinder bis morgen nicht mehr sehen oder blind bleiben wie wir, wenn er so etwas getan hat."

Als meine Arbeitskollegen davon erfuhren, erzählten sie, dass ihnen dasselbe passiert sei. „Gut sagen wir mal, dass sie Recht haben, aber ich werde nicht mehr arbeiten, solange sich nicht herausstellt, wer das tut.", sagte ich. Dann meldete sich eine Frau weinend bei mir, dass sie es getan habe, und versprach, so etwas nie wieder zu tun.

Weil es auf die ursprüngliche Art nicht mehr ging, musste der Betriebsleiter eine andere Möglichkeit finden, die glaubwürdiger war, um uns in die Irre zu führen. Es dauerte nicht lange, und ihm fiel etwas anderes ein. Nun versuchte er uns an jedem Monatsende weiszumachen, dass die Rechnung nicht aufgehe, dass ihm ca. 150 Stück fehlten, was bedeutete, dass wir sie nicht gemacht hätten. „Wer bei der Übernahme im Restaurant sitzt, bei dem kann es auch nicht stimmen", hörte man von allen Seiten. Alle, die nicht mit ihm trinken gehen wollten, als wir den Lohn bekamen, waren seine größten Feinde. Als sich Kunden beklagten, dass die Besen von schlechter Qualität seien, brachte er immer dieselbe Entschuldigung vor, dass sie von Blinden hergestellt wurden, obwohl die schwarze Farbe, der Schimmel und vieles mehr gar nichts mit der Blindheit zu tun hatten. Aber dass er und seine sehenden Mitarbeiter die technischen Vorgaben nicht einhielten, sagte er natürlich nicht. Das Geld kam ihnen aber gut zupass, auch für die Arbeit, die sie nicht machten.

Es gab auch Kunden, mit denen Großaufträge abgeschlossen wurden, und als der Werkstattleiter dieselbe

Entschuldigung vorbrachte, sagten sie, dass auch andere Werkstätten, die Blinde beschäftigten, für sie arbeiten würden, die würden aber einwandfreie Ware liefern. Sie seien lediglich daran interessiert, Ware von guter Qualität zu bekommen, falls dies nicht möglich sei, würden sie den Vertrag auflösen. Als er das hörte, versprach er kleinlaut, in ein paar Tagen alles zu ihrer Zufriedenheit zu erledigen. Also trugen wir die Besen in einen dunklen, eigens dafür vorgesehenen Raum, wo sie eine Nacht im Schwefelrauch bleiben mussten. Am nächsten Tag waren sie schön gelb und nicht mehr die, die von Blinden hergestellt wurden. Bei der Verarbeitung des Besenstrohes wurde noch immer zur Axt gegriffen, obwohl uns dafür die Stängelschere zur Verfügung stand, von der der Abfall direkt in einen Korb fiel, damit er sich nicht auf dem Fußboden der Werkstatt verteilte. In all den Jahren ist es mir nur mit Mühe gelungen, meine Kollegen davon zu überzeugen, dass die Axt und viele andere Werkzeuge der Vergangenheit angehörten und dass auch bei uns Erneuerungen notwendig waren.

Am Monatsende, als der Werkstattleiter uns die Lohnabrechnung brachte und sie uns vorlas, wunderte er sich und sagte: „Schöne Löhne, nicht war?" – „Ob schön oder nicht, müssen wir beurteilen. Nur bei mir stimmt die Rechnung nicht!", bemerkte ich. „Schon wieder ist es bei Ihnen nicht in Ordnung, Genosse Krauss" – „Nach meiner Rechnung nicht, denn für so etwas braucht man keine Fachschule, wie Sie vielleicht glauben." – „Gut, dann gehe ich ins Büro, vielleicht hat man da einen Fehler gemacht, aber ich glaube nicht", sagte er dann immer. Es war unwahrscheinlich, dass die Sachbearbeiter Fehler machten, aber vielleicht wollte er testen, wie wir reagierten. Und wie weit und mit wem er mit seinen Betrügereien weitermachen konnte, obwohl er stets den Eindruck erwecken wollte, dass er es ehrlich mit uns meinte. Er verließ die Werkstatt, und als er nach ein paar Stunden zurückkam und kaum noch reden konnte, sagte er: „Jetzt wollen wir mal sehen, ob alles in Ordnung ist bei Ihnen, Genosse Krauss! Aber bevor ich Ihnen die Lohnabrechnung vorlese, will ich Ihnen eine gute Nachricht mitteilen: Man hat euch den Lohn verdoppelt und die Preise pro Stück von 0,27 auf 0,54 Lei erhöht. Seid Ihr zufrieden?" – „Ja", jubelten alle. „Aber all dies nur wegen mir!" Die Mitarbeiter fingen sofort an zu lachen, und einer von ihnen sagte: „Wieso denn wegen Ihnen, wir sind darüber schon seit Wochen informiert, der Sekretär hat uns benachrichtigt." – „Na ja, euer Sekretär kann sagen, was er will, aber ohne mich wäre es nicht möglich gewesen, denn hier bin ich der Chef." Keiner von uns hatte die Absicht, mit ihm zu streiten, weil es keinen Sinn hatte. „Wir müssen mehr Verstand haben", meinte ein Kollege, „und ihm zuhören, solange es geht." Wir kämpften auf der Seite des Blindenbundes, um bessere Arbeitsverhältnisse zu schaffen, und er unternahm das Gegenteil, meinte, dass es nicht notwendig wäre, in solche Dinge zu investieren. Dank seiner guten Beziehungen zur Firma gelang es ihm auch meistens, seinen Kopf durchzusetzen. Für uns bedeutete das Stress und nichts als Stress.

Den Sonntag sehnten wir uns sehnlichst herbei, um einen Tag auszuruhen und seine Gegenwart zu vergessen. Für uns Mitarbeiter gab es die Gelegenheit, uns im Laufe der Woche jeden Nachmittag im Klub zu treffen, der unterschiedliche Kultur-, Sport- und Musikangebote bereithielt, um unsere Freizeit angenehmer gestalten zu können. Jeder konnte entscheiden, was ihm mehr Spaß machte, denn es gab Tage, an denen die Zeitung oder Romane vorgelesen wurden oder an denen wir Schach spielen, kegeln oder Tandemfahren konnten. Donnerstag wurde musiziert, und jeder, der ein Instrument spielen konnte oder eine gute Stimme hatte, durfte teilnehmen. Im Sommer gingen wir mit dem Kulturleiter an den Fluss Muresch, an die frische Luft, wo er auch wohnte. Hier konnten wir schwimmen, uns in der Sonne aalen oder lesen. All diese Aktivitäten fanden in seinem Garten statt, von dem es einen direkten Zugang zum Fluss gab. Es war ein sehr großer und schöner Garten mit vielen Obstbäumen, Kirsch-, Pflaumen-, Apfel-, Birnbäumen und vieles mehr. Häufig wurde uns von seiner Familie Schnaps angeboten, der aus dem eigenen Obst hergestellt wurde, mit belegten Broten, Krapfen oder gekochtem Mais. Der Kulturleiter war stets gut gelaunt, erzählte uns viele Lebensgeschichten und Witze und machte viel Spaß, um uns ebenfalls in gute Stimmung zu versetzen. Wir sangen gemeinsam sehr viele Lieder.

Am Wochenende veranstaltete er sehr häufig einen Tanzball in seinem Biergarten, wo unsere Musikanten spielten, und an dem viele aus der Nachbarschaft und der Umgebung teilnahmen. Gleichzeitig führten wir regelmäßig musikalische Darbietungen in einem Altersheim, einem geistlichen Krankenhaus und einmal im Monat in der lokalen Radiosendung vor. Er war mit unseren Vorschlägen stets einverstanden, sowohl als es um Ausflüge in größere Städte von historischer Bedeutung ging, als auch wenn Wanderungen in die schönen Berge geplant waren. Jährlich wurden zwischen den einzelnen Blindenverbänden Wettbewerbe veranstaltet, die die unterschiedlichsten Themen aus Kultur, Musik und Sport aufgriffen. All diese kulturellen Aktivitäten hatten das Ziel, uns Blinde über alle Neuigkeiten zu informieren und zugleich dem Publikum unsere Aktivitäten bekannt zu machen.

27.

Und so vergingen die Tage einer nach dem anderen, bis mir wieder eine unglaubliche Ungerechtigkeit zu Ohren kam, von der mir häufig erzählt wurde. Ich wartete nur auf den Tag, an dem ich mich zu einer solchen Unverschämtheit äußern konnte, um auch dagegen etwas zu unternehmen. Es gab zu viele Gerüchte, auf die ich mir keinen Reim machen konnte, so dass ich es für vernünftig hielt, abzuwarten, bis ich mich selbst davon überzeugen konnte.

Die meisten, die im Heim wohnten, hatten entweder keine praktischen Erfahrungen, oder es fehlte ihnen der Mut, um etwas gegen all die Widrigkeiten, die sich ihnen in den Weg stellten, zu unternehmen. So wurden sie von einigen, die es darauf abgesehen hatten, aufs Ärgste ausgenutzt. Die Profiteure mussten lediglich Geld für irgendwelche Dienste von ihnen verlangen, und es wurde ihnen problemlos gegeben. Nie wurde von den Blinden hinterfragt, wohin das Geld kam.

Da sich die kalten Herbstmonate ankündigten, musste jemand Sorge dafür tragen, rechtzeitig das Holz und die Kohlen für diese Jahreszeit zu kaufen. Es war Ende September, an einem späten Abend, als ich eine Frau laut sagen hörte: „Eure Mama ist wieder dabei, aber diesmal möchte ich das Geld für das Holz und die Kohlen einsammeln." Es wurde jedes Jahr so gehandhabt, so dass es dazu auch nichts mehr zu sagen gab. Mit der Mama war eine ältere Reinigungsfrau gemeint, die keine Kinder hatte und die einen Großteil ihrer Freizeit mit uns verbrachte. Sie war stets bereit, uns zu helfen, zu jeder Uhrzeit. „Schon wieder Geld?", hörte ich einige sagen und zu ihren Schränken eilen, um Geld zu holen, andere fingen an, sich zu beklagen, dass sie nicht genügend Geld hätten.

Mir war die ganze Geschichte als äußerst unglaubwürdig geschildert worden, und so wollte ich auch als Letzter das Geld geben. Davor wollte ich der Frau, die das Geld einsammelte, mitteilen, dass ich all das nicht in Ordnung fand. „Also, wenn ich richtig verstanden habe, wollen Sie kein Geld geben?", fragte die Alte. „Nein, um Gottes willen, Sie haben mich falsch verstanden. Das Geld, das sie jetzt einsammeln, müsste eigentlich aus der Blindenbundkasse gezahlt werden. Denn so weit mir bekannt ist, gibt es für so etwas eine gesetzliche Regelung." Einige der jungen Frauen riefen aufgeregt: „Seit wir hier sind, war es immer so, und jetzt soll alles anders sein, nur weil Sie gekommen sind, Genosse Krauss?" Als ich feststellte, dass ungefähr 20 Menschen keine Ahnung von den Betrügereien hatten, denen sie immer wieder zum Opfer fielen, geriet ich ins Zweifeln und fragte mich, ob ich, als diese Problemen mit dem Landesvizepräsidenten besprochen wurden, nicht doch etwas falsch verstanden hatte. Dann sagte einer, wenn er nicht sicher sei, hätte er es auch nicht gesagt.

Alle schienen aufgebracht, und ich zog mich sofort in mein Zimmer zurück, von wo aus ich niedergeschlagen den aufgebrachten Bewohnern lauschte, die über mich herfielen. Mein Zimmerkollege hörte ebenfalls zu. Er war ein erfahrener Mann von 44 Jahren, Vater von drei Kindern und Sohn zweier alter Eltern. Tröstend sagte er: „Lange Haare, kurzer Sinn bei diesen Weibern. Denn anders kann ich mir ihr Gerede nicht erklären. Sie haben nicht einmal verstanden, dass es um ihr eigenes Geld geht. Wenn sie nicht einmal verstehen, dass dies in ihrem eigenen Interesse geschieht, dann ist es sehr traurig." – „Wenn ich gewusst hätte, dass sie so darauf reagieren, hätte ich meinen Mund gehalten", erwiderte ich betrübt.

Es war fast Mitternacht, als sie sich endlich beruhigt hatten, dann hörte ich Schritte, die in meine Richtung kamen. „Was soll ich dem Präsidenten und dem Sekretären morgen sagen?", wandte sich unsere Mama an mich. „Ganz einfach", entgegnete ich, „dass ich mit ihnen persönlich über diese Sache reden möchte, denn der Streit, den es hier gegeben hat, muss geklärt werden, und ich bin mir sicher, dass sie genau wissen, worum es geht. Sie werden eine Antwort darauf geben müssen."

Ich verbrachte eine schlaflose Nacht mit vielen Nerven und Gedanken, die zum Ergebnis führten, mir das nächste Mal gut zu überlegen, was man solchen Leuten sagen darf und was nicht. Gleichzeitig war mir schleierhaft, wie diese Betrügerei jahrelang unentdeckt bleiben konnte. Das Geld war sicher in die richtige Richtung geflossen, nur waren das Holz und die Kohlen ganz woanders gelangt. Denn es gab eine jährliche Buchhaltungskontrolle, die entdeckt hätte, wenn das Geld in eine andere Richtung geflossen wäre.

Am nächsten Morgen war ich als Erster wach, und weil das noch nie passiert war, sagte mein Kollege: „Was ist heute mit dir los, dass du so früh aufstehst?" Unterwegs bemerkte er: „Ich weiß, dass du die ganze Nacht kein Auge zugedrückt hast, denn ich habe gehört, wie du dich von einer Seite auf die andere gedreht hast. Aber jetzt musst du gut vorbereitet sein, denn sie werden sicher noch in den ersten Stunden zu dir kommen. Und wenn du Recht haben solltest, was ich auch hoffe, dann wird es eine große Niederlage für sie sein." – „Für mich steht fest, dass ich die ganzen Lügen und Betrügereien nicht schlucken werde. Aber all dies kostet mich schlaflose Nächte. Ich kämpfe ja nicht nur für mich allein, sondern für uns alle. Das scheinen die anderen noch nicht begriffen zu haben."

Es müssen wohl zwei Stunden vergangen sein, keiner sagte ein Wort, es schien, als wären auch die anderen nach einer schlaflosen Nacht müde, denn man hörte nur das Hämmern der Maschinen und unserer Werkzeuge. Dann drängten wir uns zum Eimer mit dem Wasser, um uns für die Brotzeit die Hände zu waschen. Als ich mir die Hände trocknete, spürte ich, dass jemand mir auf die Schulter tippte und leise sagte: „Ich bin der Blindenbundsekretär, ich möchte mit dir reden." Er bat um die Erlaubnis des Werkstattleiters, nahm mich an der Hand und führte mich an das andere Ende des Hofes, wo wir in Ruhe reden konnten. „Ich habe heute früh von der

Reinigungsfrau erfahren, dass es Streit wegen des Holzes und den Kohlen gegeben hat. Kannst du mir sagen, um was es geht und woher du all dies weißt, damit wir sehen, was wir für euch tun können." – „Ich hoffe, dass Sie über all diese Machenschaften besser Bescheid wissen als ich. Denn die Schlüssel zu den gesetzlichen Regelungen sind ja in Ihrer Hand. Und wenn Sie auch weiterhin darauf bestehen, dass Sie keine Ahnung haben, dann versuche ich, es Ihnen schriftlich vorzulegen." – „Das wird nicht notwendig sein. Ich werde jetzt in mein Büro gehen und nochmals alle Papiere überprüfen, um herauszufinden, was wir tun können. Damit es für euch und für uns gut ist, aber nur wenn es eine solche Regelung gibt", erklärte der Blindenbundsekretär. „Die wird es ganz bestimmt geben", sagte ich. „Was macht dich denn so sicher?", fragte der Blindenbundsekretär. „Wenn ich mir nicht sicher wäre, hätte es keinen Sinn, soviel herumzureden", gab ich zurück.

Als er erkannte, dass ich mich nicht abwimmeln ließ, holte er tief Luft und sagte mit trauriger Stimme: „Na gut, ich werde versuchen, eine vernünftige Lösung zu finden." Dass es eine große Niederlage für ihn war, war nicht zu übersehen, denn er schien während des ganzen Gesprächs sehr bedrückt zu sein. Vielleicht, weil er nicht in Erfahrung bringen konnte, woher ich all das wusste. Denn ich war nur seit ein paar Monaten da, und wer konnte derjenige sein, der mir ein solches Vertrauen schenkte und mir solche Dinge verriet? In kurzer Zeit hatten auch die anderen Beamten von der unseligen Geschichte erfahren, und als einer von ihnen mich allein antraf, sagte er halb im Ernst, halb im Spaß: „Was hast du den Chefs getan, dass sie so traurig sind und nicht mehr wissen, wie sie wieder alles gut machen sollen? Sie flüstern den ganzen Tag miteinander, damit wir aus den anderen Büros nichts von ihren Gesprächen mitbekommen. Denn sie stellen sich nun die Frage, was die anderen wohl sagen werden. Und ob sich nicht einer finden wird, der ihnen das Geld der vergangenen Jahre zurückverlangt." – „Das glaube ich eher weniger, denn es gibt keinen, der so weit denken kann." – „Da kann man sich aber nicht sicher sein", warf er ein, „denn auch von dir haben sie nicht erwartet, dass du ihnen solche Kopfschmerzen bereitest." – „Hoffentlich ist ihnen das eine Lehre, denn das, was sie über solche Leute gedacht haben, muss sich auch in ihren Köpfen ändern. Denn Blinde können genauso intelligent sein wie die anderen, wenn sie eine gute Ausbildung haben. Nur herrscht bei diesen Leuten noch immer eine alte Mentalität vor, die man mit viel Arbeit bekämpfen muss, um sie vom Gegenteil zu überzeugen."

Das Geld wurde von der Mama zurückgegeben, doch sie schien sich verändert zu haben. Denn sie übergab jedem traurig das Geld, ohne viel zu reden. Wahrscheinlich hatte man ihr gesagt, wie sie sich verhalten sollte, um einen Streit zu vermeiden. Als sie zu mir kam, fragte sie spöttisch: „Jetzt wollen wir mal sehen, wer den Transport und die Leute, die das Holz in den Schuppen tragen, bezahlt. Die Buchhalterin sagt, dass sie nicht bezahlen kann." – „Den Transport muss sie bezahlen. Und um das andere werde ich mich selber kümmern, sie muss uns lediglich drei oder vier Körbe zur Verfügung stellen." Wollte sie mich nochmals unter Druck setzen, um zu hören, wie ich darauf reagierte? „Na gut", erklärte sie dann, „ich hoffe, dass jetzt alles in Ordnung ist und alle zufrieden sind."

Als wir nach ein paar Tagen aus der Arbeit kamen, war das Brennmaterial im ganzen Hof verstreut. Als sich der Erste daran stieß, rief er: „Hallo, das Holz ist da!" Es erschien sofort die Reinigungsfrau und half allen beim Vorbeigehen. Dann wollte sie von mir wissen: „Wie schaffen wir das Holz jetzt in den Schuppen?" – „Haben Sie auch Körbe dabei?" – „Ja, zwei, aber bis alle gegessen haben, verschaffe ich noch zwei." Nach dem Essen gingen wir hinaus und machten uns an die Arbeit. Ich übergab meinen Kollegen die Körbe und sagte, sie sollten sich so aufteilen, dass ein Sehbehinderter und ein Blinder an einem Korb trugen. Ich ging mit einem anderen in den Schuppen, um da Ordnung zu halten, und wir übernahmen die Körbe von den anderen, um alles dahin zu legen, wo es hingehörte. In ein paar Stunden war der Hof wieder sauber und alles unter Dach und Fach. Als unsere Mama das sah, erklärte sie voller Bewunderung: „So etwas hätte ich nicht für möglich gehalten, Kinder! Ihr wisst ja, dass wir jedes Mal für diese Arbeit Zigeuner bezahlt haben." Dann gab sie mir das Schloss und sagte: „Ihr müsst euch das Brennmaterial einteilen, damit es euch bis zum Frühjahr reicht."

28.

Diese Probleme gehörten aber eher zu den kleineren und dienten dazu, uns an die größeren heranzuführen. Weil man immer daran glaubte, dass es leichter war, durch das Leben zu zweit zu gehen, hatte auch ich entschieden zu heiraten. Das Jahr 1964 habe ich als ein besonders schönes Jahr in Erinnerung, denn im Herbst dieses Jahres lernte ich ein junges Mädchen namens Korina kennen. Wir trafen uns regelmäßig einmal die Woche im Rahmen der musikalischen Veranstaltungen, die in Apulum und außerhalb stattfanden. Ihr Schwager Clement spielte Harmonika und nahm Korina, die eine gute Volksmusiksängerin war, stets mit. Unser Musikanten-Team setzte sich aus zehn Personen zusammen, aus sechs Musikanten, die Instrumente spielten, und vier Solo-Sängerinnen. Bei allen musikalischen Veranstaltungen war Korina meine Begleiterin. Unsere Mama vom Blindenbund, die in solchen Fällen als Begleiterin stets dabei war, betonte immer wieder, was für ein schönes Pärchen wir seien. Wir kamen uns immer näher, und unsere Gefühle wurden von Tag zu Tag inniger. Immer, wenn sich eine Gelegenheit bot, allein zu sein, begrüßte sie mich mit einem herzlichen Lachen. Sie bemühte sich aus allen Kräften, nach den Probezeiten zurückzubleiben, um in meiner Nähe zu sein, aber das gelang nur selten. Meistens musste sie mit ihrem Schwager den Nachhauseweg antreten. Doch einmal war es Korina gelungen, länger zu bleiben, was unser beider Herz sofort höher schlagen ließ. Es war meine erste

Gelegenheit, sie bis zum Hofausgang zu begleiten. Bevor wir uns verabschiedeten, plauderten wir noch eine Weile neben dem Brunnen in unserem Hof. Da es spät geworden war, umarmte ich sie, gab ihr einen leidenschaftlichen Kuss und sagte, dass ich sie aus ganzem Herzen liebte. Sie erwiderte ohne Zögern meinen Kuss und sagte: „Auch ich liebe dich so sehr, dass ich keine Worte finde, die meine Liebe zum Ausdruck bringen könnten." Seit diesem ersten Kuss zählte sie sehnsüchtig die Tage bis zu unserem nächsten Wiedersehen. Ihre Schwester Barbara arbeitete bei uns im Heim als Reinigungsfrau, und Korina versuchte nun mit allen Mitteln, sie davon zu überzeugen, ihr einiges von ihrer Arbeit abzunehmen.

Als ich nach einigen Tagen aus der Arbeit heimkam, wartete Korina bereits sehnsüchtig auf mich und sprang mir vor Freude in die Arme, dann küssten wir uns leidenschaftlich. Auf diese Weise hatten wir die Möglichkeit, uns häufiger zu treffen. Wir hatten für unsere Liebe einen großen Sieg errungen. Zwar befanden wir uns noch lange nicht am Ziel, denn wir konnten uns noch immer nicht frei bewegen, doch wir waren zuversichtlich, auch die übrigen Hürden, die unserer Liebe im Weg standen, aus dem Weg zu räumen. Inzwischen hatten auch Korinas Eltern von ihrer Schwester erfahren, dass sie einen Freund hatte. Sie berichtete, dass ihre Eltern auf die Nachricht, dass ihr Freund blind war, keine besondere Reaktion gezeigt hätten. Dies vermittelte uns den Eindruck, dass alles in Ordnung war, und wir ließen unseren Gefühlen freien Lauf.

Als sich Korinas fünfzehnter Geburtstag näherte, machte ich mir Gedanken, ob ich ihr ein Geschenk kaufen dürfe. Als ihre Schwester sie mit einem neuen seidenen Kopftuch sah, fragte sie erstaunt: „Woher hast du dieses Kopftuch?" – „Von meinem Freund Helmut." – „Ich glaube, dass zwischen euch beiden etwas nicht in Ordnung ist." – „Was soll den nicht in Ordnung sein mit uns beiden?" – „Ich glaube, er möchte heiraten, aber du bist noch zu jung." – „Was erzählst du denn für Unsinn, ich habe mir darüber überhaupt noch keine Gedanken gemacht. Das hat alles noch Zeit", erklärte Korina beschwichtigend. Sie machte sich darüber keine Gedanken mehr, war immer gut gelaunt, als wir uns trafen, aber als ich sie mit der Nachricht, dass ihr Vater bei mir gewesen war, überraschte, erschrak sie sehr. „Mein Gott, was wollte er denn von dir?" – „Er hat mich gebeten, dich in Ruhe zu lassen, du seist noch zu jung, um zu heiraten." Da sie jedoch von ihrer Schwester und ihrem Vater nicht darauf angesprochen wurde, ging es zwischen uns wie gewohnt weiter. Doch seit diesem Besuch machte sie sich auch ihre Gedanken.

Das Eis schien gebrochen zu sein. Doch am 1. Mai 1965, als ich mich gegen Mittag vorbereitete, um mit meinem Vater zum Mittagessen zu gehen, wurde ich eines Besseren belehrt. Aus dem Frauenzimmer drang Lärm und aufgeregtes Schreien zu uns herüber. Ich lief sofort hin, um zu hören, was sich da abspielte. Als ich mich der Tür näherte, erkannte ich betrübt, dass es meine liebe Korina war, die weinend schrie: „Nur wenn du mich tötest, werde ich ihn verlassen." Mein Vater und ich entfernten uns sofort, um es nicht noch schlimmer zu machen. Unterwegs teilte mein Vater mir mit, dass ihr Gesicht blutig gewesen sei. Nach dem Essen – wir saßen noch mit einem Glas Bier am Tisch – sagte mein Vater: „Ich glaube, deine Freundin winkt uns zu sich herbei." Er nahm mich an der Hand, und wir gingen auf eine Straße hinter den Biergarten. Sie begann zu weinen und berichtete, ihre Schwester Barbara habe mit den Trommelschlägern auf sie eingeschlagen, dabei sei ihre Lippe aufgeplatzt. Sie weinte bitterlich, zitterte vor Aufregung und Wut und fragte mich nach der Adresse meiner Eltern.

„Das darfst du nicht tun, solange du keine sechszehn bist", erklärte ich entschieden. „Was soll ich denn dann tun? Ohne dich kann ich mir mein Leben nicht mehr vorstellen. Sie werden mich jetzt sicher zu meinen Eltern nach Hause schicken." – „Ich weiß selbst nicht, was jetzt am besten zu tun ist, aber wir müssen uns nun auch mit dieser Situation abfinden, bis uns etwas einfällt. Vielleicht kannst du mir schreiben, wie es dir geht. Wir müssen allen den Eindruck vermitteln, dass wir Schluss gemacht haben. Außerdem haben vielleicht deine Schwester und deine Eltern jemanden gefunden, der ihnen besser gefällt." – „Sag so etwas nicht, du machst mich nur noch trauriger."

Wir verabschiedeten uns mit sehr großem Schmerz in unseren Herzen. Nach etwa einem Monat erreichte mich die Nachricht, dass Korina wieder in der Stadt sei. Sie schickte unsere Mama vom Blindenbund in die

Werkstatt, um Näheres in Erfahrung zu bringen. Sie sei wieder in der Stadt, ließ sie mich wissen, und dürfe auch ins Heim gehen, aber nur vormittags, wenn ich nicht da sei. Sie sehe mich jetzt fast jeden Tag, wenn ich aus der Arbeit komme, aber sie dürfe mich nicht sprechen, damit meine Kollegen uns nicht verrieten. Wie könne sie mir schreiben, damit nichts schief laufe, und ob ich eine Vertrauensperson hätte, die mir ihre Briefe lesen und beantworten könne. „Ja, meine Liebe, ich werde alles tun, was in meinen Kräften steht", schrieb ich zurück, „nur musst du genau nach meinen Anweisungen vorgehen. Deine Briefe steckst du in meinen Koffer, meine findest du unter der Matratze. Sobald du den Brief gelesen hast, legst du ihn in den Koffer."

Das Briefeschreiben war eine gute Idee, denn es entsprach unseren Wünschen. In ihren Briefen betonte sie immer, wie sehr sie leiden müsse, weil sie mich nicht sprechen dürfe, dass es sie aber glücklich mache, dass sie mich sehen könne. „Ich hoffe, dass auch die paar Monate vergehen werden, die ich noch aushalten muss, bis zu unserem endgültigen Wiedersehen", schrieb sie. Nach diesen dramatischen Worten, die ich zu hören bekam, stellte ich meiner Korina die Frage: „Warum willst du so viel wegen eines Blinden leiden?" – „Weil ich dich liebe und mir wünsche, dass du mit Hilfe meiner Augen noch einmal sehen kannst." Ihre Antwort traf mich wie ein Donnerschlag, ich hatte das Gefühl, für einen Augenblick den Verstand zu verlieren. Zugleich rührten mich ihre Worte zutiefst. Nun war es so weit, dass auch ich mein Leben aufs Spiel setzen musste, denn alle Bedenken waren mit einem Mal aus dem Weg geräumt.

Am 14. November 1965 gegen zwanzig Uhr lud mich eine Nachbarin zu sich ein, die mich unbedingt sprechen wollte. Als ich die Tür ihrer Wohnung ins Schloss fallen ließ, sprang mir meine liebe Korina in die Arme. Mit einer solchen Überraschung hatte ich nicht gerechnet, wir waren beide eine Weile von unseren Emotionen überwältigt. „Was machst du um diese Uhrzeit hier, willst du jetzt, da nur ein paar Wochen abzuwarten sind, alles kaputt machen?" – „Nein, hör mir bitte zu! Meine Schwester und die anderen sind alle nach Hause ins Dorf gefahren, bis morgen Abend." – „Bist du sicher, dass sie nicht erfahren werden, dass du hier gewesen bist?" – „Und wenn schon. Ich will diese Nacht in deinen Armen verbringen!" – „Hast du den Verstand verloren?" – „Ich habe für uns beide ein Bett vorbereitet. Geh und hole dir saubere Bettwäsche."

Wir verbrachten eine schlaflose Nacht, denn sie erzählte mir alles, was sie in den Monaten seit unserer Trennung erlebt hatte. Alle hätten auf sie eingeredet und sie ermahnt, keinen Fehler zu machen, ich sei ja blind, wolle sie denn ein Leben lang einen Blinden an der Hand führen? Mit einem Sehenden hätte sie doch ein viel angenehmeres Leben. Ihr Schwager habe versucht, sie mit anderen Männern aus gut situierten Familien zu verkuppeln, aber sie hätte abgelehnt, mit der Begründung, sie wolle sich damit noch Zeit lassen. Als all das gesagt wurde, widmeten wir uns voller Ernst unseren Plänen für die Zukunft und achteten dabei, ja nichts dem Zufall zu überlassen, damit nichts schief ging. Ich wollte mich vom 23. bis zum 31. Dezember krank schreiben lassen und vom 1. Januar den Urlaub für das Jahr 1965 und anschließend für das Jahr 1966 nehmen. Sie sollte am 28. Dezember kommen, ein Tag vor ihrem 16. Geburtstag.

Als ich mich am 23. Dezember auf den Weg in mein Heimatdorf machte, verabschiedeten wir uns leidenschaftlich voneinander, küssten uns ununterbrochen, und ich gab ihr noch einmal genaue Anweisungen, wie sie zu mir kommen konnte. Wie vereinbart verließ Korina an diesem Morgen die Wohnung ihrer Schwester und teilte dieser mit, dass sie ins Heim gehe. Hier wurde sie von unserer Mama vom Blindenbund erwartet, die ihr die Fahrkarte kaufte, damit sie nicht von jemandem erkannt wurde. Und um die Mittagszeit desselben Tages umarmten wir uns schon bei mir zu Hause. Es hatte, wie geplant, geklappt, und wir waren glücklich und erleichtert.

Als ihre Schwester Barbara jedoch Korinas Abwesenheit bemerkte, machte sie sich Sorgen und begab sich sogleich ins Heim. Als sie feststellte, dass an dem Tag nichts getan wurde und auch das Mittagessen nicht auf dem Tisch stand, fing sie an zu weinen. „Ich weiß nicht, was mit Korina geschehen ist, sie ist wie gewöhnlich ins Heim gegangen und nicht mehr nach Hause gekommen", erklärte sie weinend den Frauen im Heim. Obwohl diese wussten, worum es ging, erklärten sie, dass sie die Angelegenheit nichts anginge, und fragten ungeduldig nach ihrem Mittagsessen. Es entstand ein Höllenlärm, und die Mama erschien. „Was ist denn los hier, was soll dieses Geschrei?" – „Ich weiß nicht, was mit Korina geschehen ist", bemerkte Barbara. „Mach dir keine Sorgen, sie ist beim Krauss."

Am nächsten Morgen erschien in aller Frühe ein Bote, der mich aufforderte, mich mit meiner Korina bei der Polizei zu melden. „Was hast du angestellt, Krauss?", fragte der Polizeibeamte und lächelte mir zu, denn wir kannten uns. „Nichts Besonderes, nur das, was auch viele andere getan haben." – „Kann ich den Ausweis der jungen Dame haben? Ja, wie ich sehe, ist alles in bester Ordnung, die junge Frau kann ja selber entscheiden, was sie tut und was sie lieber unterlässt. Gestern Abend um zehn hat sich jemand bei uns gemeldet und uns gebeten, diese junge Dame von einem Polizeiposten zum anderen zu Fuß nach Hause zu schicken." – „Ja, das war sicher mein Schwager Clement, er und meine Schwester Barbara üben auf meinen Vater Druck aus, weil sie mich brauchen, denn sie erwarten das zweite Baby."

Am selben Tag, als wir am Mittagstisch bei einem Glas Wein saßen und auf Korinas Wohl anstießen – sie feierte ihren 16. Geburtstag –, hörten wir jemanden die Hoftür öffnen. Korina schaute zum Fenster raus und sah ihren Vater in Begleitung meines Bruders Johann. Sie wollte sich verstecken, doch ich beruhigte sie, sie solle ruhig sitzen bleiben, es könne nichts Schlimmes geschehen. Als ihr Vater sie sah, fragte er, was sie bei uns mache. „Zieh dich sofort an und komm mit!" – „Wohin soll ich denn kommen?" – „Nach Hause." – „Ich bin hier zu Hause, hier bei meinem Mann, ich habe geheiratet."

Wir baten ihn, bei Tisch Platz zu nehmen, doch er wollte weder essen noch trinken. Dann hörte ich Korina sagen: „Hast du Angst, dass man dich vergiftet?" Dann sagte ich meinem Liebling, sie solle mein Glas und den Teller mit seinen vertauschen. Als ich sein Glas leergetrunken hatte, trank auch er und begann zu essen. Am nächsten Morgen stand er früh auf und ging mit meinen Brüdern Daniel und Michael zum Bahnhof. Nach drei Tagen erhielt Korinna von ihrer Schwester Veronika einen Brief, in dem sie schrieb: „Liebe Korina, die Mama und die Oma sagen, du seist zu einem Blinden gelaufen und würdest vor Hunger sterben oder betteln gehen. Mama hat sich die Beine verletzt und sagt immer, dass sie sterben werde, doch davor will sie dich unbedingt noch sehen." Erbost zerriss Korina den Papierfetzen und warf ihn ins Feuer. Als meine Mutter ihre Aufregung bemerkte, fragte sie, was denn los sei. „Sie wollen mich jetzt an der Nase herumführen, sie versuchen es mit allen Mitteln, aber das wird ihnen nicht gelingen." So geschah es, dass am 23. Januar 1966 unsere Trauung beim Standesamt vollzogen wurde. Die kirchliche Trauung und unsere Hochzeitsfeier fanden am 12. Februar 1966 statt.

29.

Als Verheirateter wurde ich, der gesetzlichen Regelung nach, unter Druck gesetzt, das Heim so schnell wie möglich zu verlassen. Acht Familien standen vor diesem Problem, und an Wohnungen mangelte es sehr. Die Stadt war klein, und mit dem Wohnungsbau wurde erst begonnen. Doch hatten die Fabriken Vorrang. Die trachteten danach, ihr eigenes Personal mit Wohnungen zu versorgen. Und weil der Druck immer größer wurde, das Heim zu verlassen, ersuchten wir den Präsidenten Runcan und den Sekretär des Blindenbundes um ihre Hilfe, erhielten aber stets dieselbe Antwort: dass sie keine Möglichkeit hätten und dass wir uns selber darum kümmern müssten. Ich und andere waren aber der Meinung, dass sie uns sicher helfen könnten, wenn sie sich an das Wohnungsamt wenden würden.

Da wir keine andere Wahl hatten, mussten wir selbst etwas unternehmen. So gingen wir von Tür zu Tür zu den Behörden, um auch diese Sache zu erledigen. Als ich erkannte, dass man stundenlang anstehen musste, bis man an die Reihe kam, wurde mir bewusst, dass es nicht einfach werden würde. Denn die Flure waren voll mit Leuten, die verzweifelt waren, die vier oder mehr Kinder hatten und in einem Zimmer wohnten, in das es auch noch hineinregnete. Dann gab es Leute, die aus sehr entlegenen Orten in die Arbeit kommen mussten und stets zu spät kamen, weil die Verkehrsanbindung sehr schlecht war. Sozialwohnungen gab es sehr wenige, und auch die waren sehr alt, fast alle nur mit Teerdachpappe überdeckt, so dass es fast überall hineinregnete und die Wände bis an die Decke feucht waren. Renovierungen wurden nur selten durchgeführt, stets wurde einem vorgebetet, dass kein Geld da wäre, und so blieb einem nichts anders übrig, als selber zu renovieren, wenn man ein Dach über dem Kopf haben wollte.

Bei den Behörden wurde uns stets gesagt, wir müssten warten, bis wir an die Reihe kämen, dann würde uns sicher eine Wohnung zugeteilt. Als ich fragte, woher ich wissen könne, wann ich an die Reihe käme, wurde mir erklärt, wir sollten ab und zu vorbeischauen und uns danach erkundigen. Der Wartesaal war stets überfüllt, und die Wartenden waren so aufgeregt, dass sie sich empört darüber beklagten, dass man sie seit Jahren an der Nase herumführen würde, dass sie belogen worden seien wie kleine Kinder, dass sie kein Vertrauen und endgültig die Geduld verloren hätten. „Warum macht man denn nicht eine Liste und hängt sie aus, damit jeder sehen kann, wann er an die Reihe kommt. Oder warten sie, bis wir mit vollen Krügen und Schmiergeld zu ihnen nach Hause kommen, damit wir schneller an der Reihe sind?" Andere schrieen, dass einige Schmiergeld gezahlt hätten und danach schnell eine gute Wohnung gekriegt hätten. Weil es ein furchtbares Geschrei gab, dass keiner mehr verstehen konnte, was da geschah, kam ein Beamter und sagte, dass wir nach Hause gehen sollten, weil sie noch andere Probleme zu erledigen hätten. Die Menschenmenge zerstreute sich allmählich, aber einige blieben noch da, in der Hoffnung, doch noch etwas zu erreichen.

Ich hatte mir für zwei Stunden aus der Arbeit freigenommen, und weil es all die Gerüchte gab, wusste ich mir keinen Rat mehr. Meine Frau schlug vor, uns auch auf den Weg zu machen, damit ich nicht den ganzen Tag bei den Behörden verlor. Mutlos verließen auch wir den Raum und wussten nicht, an welche Tür wir noch klopfen sollten, um eine so schwierige Angelegenheit zu lösen. Meine Frau war schwanger, und es waren nur noch einige Monate bis zur Geburt des Babys. Sie war stets optimistisch und glaubte den Versprechungen der Beamten. Sie hatte noch keine Ahnung, wie gut die kommunistischen Behörden lügen konnten, denn sie hatte bis zur Heirat auf dem Dorf gelebt, wo man mit solchen Dingen kaum in Berührung kam.

Für mich begannen wieder schlaflose Nächte. Ich machte mir immer mehr Sorgen, weil meine ganzen Bemühungen ins Leere liefen. Den Beamten konnte ich nach meinen bisherigen Erfahrungen keinen Glauben mehr schenken. An welche Tür ich auch klopfte, stets wurde mir dasselbe gesagt: wieso ich andauernd unterwegs sei und meinen Arbeitsplatz verlassen würde, wir hätten ja einen Präsidenten beim Blindenbund, der sich um unsere Probleme kümmern müsse. Als ich das hörte, machten wir erneut Druck, um ihn davon zu überzeugen, dass es seine Aufgabe war, sich um solche Dinge zu kümmern und uns zu begleiten, wenn dies notwendig war. Aber der Vorschlag stieß keineswegs auf die Zustimmung des Präsidenten, der erklärte, seine Worte mit Bedacht wählend, ihnen seien die Hände gebunden, ihr Einfluss in dieser Angelegenheit minimal. Als er merkte, dass wir nicht überzeugt waren, versuchte es der Sekretär mit denselben Argumenten. Inzwischen glaubten wir auch, dass da nicht viel zu machen war, aber ein Entgegenkommen ihrerseits als Zeichen guten Willens wäre auch ein Trost gewesen.

Nach langen Diskussionen und Überlegungen erklärten sie sich schließlich bereit, mich zum Wohnungsamt zu begleiten. Aber als wir da ankamen, erklärte der Sekretär, ich solle mit meiner Frau im Wartesaal Platz nehmen, bis sie drinnen die Angelegenheit geklärt hätten. Dass sie mich bei den Verhandlungen nicht dabei haben wollten, damit hatte ich nicht gerechnet. Und weil es sinnlos war, dagegen zu protestieren, akzeptierte ich diese Bedingung. Als sie nach kurzer Zeit aus dem Büro traten, wurde mir sofort klar, dass sie nichts erreicht hatten. Weil meine Geduld nach so vielen Monaten Wartezeit bereits am Ende war, entschied ich, es noch einmal zu versuchen. Ich lehnte mich an die Wand neben der Tür und wartete, bis die Person herauskam, die drinnen war. Zeit, in der der Sekretär und meine Frau versuchten, mich zu überzeugen, es auf ein anderes Mal zu verschieben. Doch ich wollte nichts mehr davon hören, und als das Zimmer leer war, klopfte ich aufgeregt an die Tür und trat ein. Meine Wut und meine Enttäuschung waren so groß, dass ich in meinen Anschuldigungen kaum zu bremsen war. Ich warf dem Vizepräsidenten an den Kopf, dass er ein Lügner sei, dass er für ein solches Amt unfähig sei, da er nicht über genügend Erfahrung verfüge, mit den Leuten anständig umzugehen. Gleichzeitig versprach ich, ihn in dieser Sache nie wieder um Hilfe zu bitten.

Noch am selben Nachmittag wandte ich mich schriftlich an den Ministerpräsidenten und bat um einen Termin. Es dauerte keine Woche, bis der Bescheid kam. Nur erhielt ich diesen einen Tag später, an dem mir ein Termin gewährt wurde. Ich wusste nicht, was ich davon zu halten hatte: Wurde der Termin mit Absicht falsch angegeben, oder war dem Ministerpräsidenten lediglich ein Fehler unterlaufen? Ich war ziemlich verwirrt, schließlich entschied ich, es in den nächsten Tagen ein weiteres Mal zu versuchen. Doch das war nicht mehr notwendig, denn am nächsten Tag um 10 Uhr kam die Reinigungsfrau der Firma Mureschu, geschickt vom Präsidenten Bar, und sagte, ohne weitere Erklärungen abzugeben, ich solle mich sofort beim Volksrat des Ortes, bei Personalpolitiker Ball melden.

Der Werkstattleiter war überrascht und fragte: „Was wollen die von dir?" – „Keine Ahnung!" In Gedanken versunken arbeitete ich eine Weile weiter, dann sagte der Werkstattleiter: „Worauf wartest du noch! Geh dich waschen und umziehen, man kann nie wissen, aber es kann ja auch eine gute Nachricht sein." An eine gute Nachricht wagte ich nicht zu denken. Mit meiner Frau machten wir uns auf die Suche nach diesem Politiker, dem ich auf meiner vergeblichen Wohnungssuche bislang noch nicht begegnet war. Beim Eingang ins Haus wurde ich gebeten, den Ausweis vorzuzeigen, und ich wurde gefragt, wen ich suchen würde. „Genosse Personalpolitiker Ball möchte mich sprechen." – „Worum geht es denn?" – „Das weiß ich nicht so genau." – „Wissen Sie, wie Sie zu seinem Büro kommen?" – „Nein, wir waren noch nie hier." – „Das Büro liegt im ersten Stock auf der linken Seite", war die Antwort, „und wenn niemand wartet, können Sie eintreten."

Es war niemand mehr im Wartesaal, aber meine Frau wollte auch nicht eintreten, sagte, dass ihr Herz vor Angst rase. Ich versuchte, sie zu beruhigen, als sich die Tür öffnete und ein ca. 40-jähriger Mann fragte, auf wen wir warten würden. „Auf Genosse Personalpolitiker Ball." – „Worum handelt es sich denn?" – „Das kann ich leider nicht sagen, er hat mich zu sich gerufen." – „Wie lautet ihr Name?" – „Helmut Krauss" – „Ja, sicher warte ich auf Sie", erklärte er dann mit einem Lächeln, „kommen Sie herein und nehmen Sie Platz." Er warf einen Blick in seine Papiere, bevor er sich zu uns wandte: „Wie ich sehe, sind Sie zwei ein schönes junges Ehepaar, das ein Kind erwartet", begann er. „Ja, so ist es", pflichteten wir ihm bei. „Ich möchte Sie nicht beleidigen, aber wie ich feststelle, sind Sie blind! Das ist sicher sehr schlimm. Sind Sie von Geburt an blind?" – „Nein, ich hatte einige Unfälle." – „Schlimm, sehr schlimm, wenn man sieht und dann das Augenlicht verliert. Jetzt wollen wir mal sehen, wie ich Ihnen helfen kann. Haben Sie besondere Probleme? Wer hat heutzutage keine Probleme, nur kommt es darauf an, um welche es sich hier handelt. Haben Sie vielleicht um ein Gespräch beim Ministerpräsidenten gebeten?" – „Ja." – „Und warum sind Sie dann nicht erschienen?" – „Weil der Bescheid mich erst gestern erreicht hat, der Termin aber vorgestern zwischen 8 und 12 Uhr stattfinden sollte." – „Ach so, deshalb hat man mich gebeten, mir einen Überblick zu verschaffen und dann sofort zurückzurufen. Wollen Sie jetzt auch mir Ihr Anliegen vorbringen? Ich konnte mich ja selbst davon überzeugen, dass Sie in ein paar Tagen schon zu dritt sein werden und noch keine Wohnung haben. Wo wohnen Sie zurzeit?" – „Im Blindenheim, mit weiteren fünf Männern im Zimmer." – „Wirklich? Hat sich der Präsident des Blindenbundes beim Wohnungsamt schon gemeldet?" – „Das kann ich Ihnen nicht mit Gewissheit sagen, aber er sagte, er hätte es versucht, dass es aber sehr geringe Chancen gebe und dass wir warten sollten. Andererseits setzt er uns unter Druck, das Heim zu verlassen." – „Waren Sie persönlich beim Wohnungsamt, und wenn ja, bei wem?" – „Seit Monaten war ich jede Woche mindestens einmal da, beim Vizepräsidenten Contor. Von diesem bekam ich aber immer dasselbe zu hören, dass es noch nichts Neues gebe und dass wir warten sollten." – „Na gut, haben Sie noch andere Probleme?" – „Sicher hätte ich noch ein Problem, aber zunächst möchte ich dieses erledigt wissen." – „Ich hoffe, dass ich etwas für Sie tun kann, gehen Sie jetzt ruhig in die Arbeit. Ich werde noch heute das Ergebnis weiterleiten, und in ein paar Tagen werden Sie benachrichtigt."

Unterwegs fragte ich mich, ob dieses Gespräch etwas bewirken würde. Zum Glück aber hatte sich etwas in

Bewegung gesetzt, denn einige Tage später kam dieselbe Frau und sagte, ich solle mich sofort mit ihr beim Präsidenten Bar melden. „Ich habe eine gute Nachricht für dich, vom Wohnungsamt", verkündete er. „Hier hast du eine Anschrift von einer Wohnung, die ihr euch anschauen sollt. Geh mit deiner Frau und schaut sie euch an, dann kommt ihr und sagt mir, ob ihr damit zufrieden seid."

Nach langem Umherirren durch die Straßen der Stadt erreichten wir schließlich die letzte Straße und das letzte Haus. Meine Frau schaute einmal, zweimal auf den Papierfetzen, dann auf das Schild, doch Zweifel waren ausgeschlossen, es war die richtige Anschrift. Das Haus machte einen kläglichen Eindruck, es sah von außen so aus, als könnte ein leichter Windstoß daraus einen Haufen Müll machen. „Es hat keinen Zweck, hineinzugehen", sagte sie zu mir. Und weil ich in diesem Fall der ungläubige Thomas war, wollte ich mir selbst ein Bild davon machen. Ich schlug mehrmals ans Tor und fing dann an zu rufen, bis sich schließlich eine alte Frau zeigte. Ich fragte sie, ob die Anschrift stimme, dann erklärten wir ihr, dass wir einziehen wollten. „Das ist nichts für euch, meine Kinder!", meinte sie. „Für uns ist es sehr wichtig, es auch von innen anzusehen", erklärten wir. Sie nahm das Schloss von der Eingangstür und hielt sie fest, damit sie sich nicht überschlug. Die Wände waren so schief, dass man Angst kriegen konnte, und hatten obendrein Löcher, durch die Decke und den Dachstuhl konnte man hinausschauen. Außerdem gab es nur ein Zimmer ohne Fußboden, in dem es schlimmer aussah als im Viehstall. „Diese Wohnung wollen Sie vermieten? Was glauben Sie, wer in eine solche Wohnung einziehen wird?" – „Vielleicht einer, der das Geld hat, sie zu renovieren", kam die prompte Antwort.

Niedergeschlagen kehrten wir zurück, um Genosse Präsident Bar vom wunderbaren Angebot des Wohnungsamtes zu unterrichten. Empört fragten wir uns, wie lange wir uns von diesen Unverschämten an der Nase herumführen lassen mussten, bis wir eine anständige Wohnung bekamen. Dass in diesem Bereich ein großer Mangel vorherrschte, war uns bekannt, aber wie das Wohnungsamt mit den Wohnungssuchenden umging, war unfassbar.

Als uns Präsident Bar im Sekretariat bemerkte, kam er lächelnd auf uns zu, klopfte mir freundschaftlich auf die Schulter und sagte: „Wie gefällt euch die Wohnung, meine Lieben?" – „Sehr gut, in einem Viehstall könnte man besser wohnen", gab ich trocken zurück. „Was sagst du da, mein Junge, das kann doch nicht möglich sein!" Nach unserem Bericht überlegte er kurz und sagte dann, wir sollten warten, bis er zurückkomme, er wolle sich die Wohnung selbst anschauen. Er stieg in sein Auto und fuhr fort. Meine Frau flüsterte mir zu: „Jetzt wird sich zeigen, wer auf unserer Seite ist und uns helfen will." Es war zu erwarten, dass der Präsident uns helfen würde, denn auch er war seit dem Zweiten Weltkrieg an einem Bein schwer behindert.

Wir liefen ungeduldig auf der Straße zwischen der Firma Mureschu und dem Wohnungsamt auf und ab, um ihn bei seiner Rückkehr nicht zu verpassen. Denn die Gebäude lagen nicht weit voneinander entfernt. Als er zurückkehrte, ging er zuerst ins Wohnungsamt, dann kam er und sagte uns mit trauriger Stimme: „Ihr habt Recht, die ist nicht für euch. Jetzt kannst du zur Arbeit gehen, und wenn sich etwas Neues ergibt, werde ich dich verständigen." Man konnte sehr gut bemerken, dass auch er mit dem Ergebnis seiner Bemühungen unzufrieden war. Doch er schien an unserer Situation nichts ändern zu können.

Verwirrt ging ich zur Arbeit, und obwohl auch diesmal nichts erreicht wurde, klammerte ich mich an die Hoffnung, dass auch für uns der Tag kommen würde, an dem der ganze Stress ein Ende finden würde. In der Stadt trafen wir uns häufig mit Bekannten, die monatelang ihre Zeit mit uns im Wartesaal verbracht hatten und uns fragten, was denn geschehen sei: „Habt ihr vielleicht schon eine Wohnung?" – „Nein, wir warten, bis wir verständigt werden." – „Dann könnt ihr aber lange warten. Es gibt Gerüchte, dass man nächste Woche neue Wohnungen zuteilen wird. Kommt vorbei, vielleicht haben wir Glück mit denen, die in die neuen Wohnungen umziehen." Aber auch diesmal konnten wir nichts erreichen, weil die Spezialisten und Beamten der Fabriken, die gebaut wurden, Vorrang hatten, dann diejenigen mit guten Beziehungen, so dass für uns nichts mehr übrig blieb.

Und dann kam doch der Tag, an dem wir von einer schriftlichen Bestätigung überrascht wurden, in dem uns ein Termin beim Wohnungsamt mitgeteilt wurde. Hier stellten wir fest, dass sich wie immer eine große Menschenmenge versammelt hatte. Die Warteschlange führte von der Treppe bis zum Wartesaal hinauf. Frauen mit weinenden Kindern schimpften und stritten so laut miteinander, dass man seine eigenen Worte nicht verstand. Die, die unbedingt nach oben wollten oder runterkommen mussten, mussten sich mit den Ellenbogen Platz verschaffen. Diejenigen, die eine schriftliche Bestätigung hatten, gingen fröhlich hinein, als sie aufgerufen wurden, und kamen schimpfend oder weinend wieder heraus.

Nach ein paar Stunden Wartezeit war es uns endlich gelungen, in den Warteraum zu gelangen. Die Beamten mussten sich durch den Raum einen Weg kämpfen und baten die Leute um Ruhe, um ihre Arbeit fortsetzen zu können. Für die Familien, denen eine neue Wohnung zugeteilt wurde, musste sich jemand finden, der die alte übernahm. Das führte zu großem Streit, weil Familien ohne Kinder eine neue Wohnung zugeteilt wurde, während sich Familien mit mehreren kleinen Kindern mit einer alten zufriedengeben mussten. Sie kamen mit einem Papierfetzen raus, auf dem der Name derer stand, deren Wohnung sie sich anschauen sollten, um Bescheid zu geben, ob sie sie haben wollten oder nicht.

Nach einer endlosen Wartezeit trat eine Familie auf uns zu und forderte uns auf, sie zu begleiten. Unterwegs versuchte die Dame, uns davon zu überzeugen, dass die Chancen für uns sehr schlecht stünden, wenn wir ihre Wohnung nicht akzeptierten. Dass sie sich in der Stadtmitte befände und wir somit alle Geschäfte zum Einkaufen in der Nähe hätten. „Wenn alles so schön und wunderbar ist, warum wollen Sie dann weg von hier?", fragte ich „Sie sind nur zwei Personen, aber wir in ein paar Tagen drei." Von der Eingangstür gelangten wir durch einen Hof in ein Zehn-Familien-Haus, das in U-Form angelegt war. Die Wohnung befand sich am Ende des Hofes, auf der rechten Seite. Schon beim Hineingehen konnte man erkennen, dass es sich um eine sehr kleine Wohnung handelte. Die Tür war sehr niedrig, denn man musste sich bücken, um einzutreten. „Wie groß ist die Wohnung?", fragte ich sie. „Dieses Zimmer ist 3 auf 4, und der Flur 1,5 auf 4." – „Und wie sehen die Wände aus? Sind sie nass?" – „Ein wenig", gab sie nach eine kurzen Bedenkzeit zu. „Wieso nur ein wenig, sie sind nass bis fast an die Decke!", schaltete sich meine Frau ein. Die Frau glaubte wohl, es mit zwei Blinden zu tun zu haben und uns nicht die Wahrheit sagen zu müssen.

Die Wohnung war sehr klein, so dass wir uns mit der Entscheidung sehr schwer taten. Die alte Dame war furchtbar ungeduldig und drängte auf eine Entscheidung. Unterwegs blieben wir zurück, um uns zu beratschlagen. „Sie ist klein, aber besser als die andere. Außerdem haben wir keine Zeit zum Warten." Das stimmte wohl, aber ich wollte von den Behörden wissen, wie es möglich sein könne, dass zwei Personen ausziehen, weil sie zu klein ist, und drei Personen sie akzeptieren müssten. „Ja, so ist es", kam die Antwort, „aber in ein paar Monaten oder spätestens in einem Jahr werden wir Ihnen eine bessere anbieten." Ich war davon überzeugt, dass es sich wieder mal um hohle Worte handelte, dass aber letztendlich nichts geschah.

Nachdem uns die Papiere ausgehändigt wurden, gingen wir in die Wohnung zurück, um zu klären, wann wir den Schlüssel erhielten. Die 51-jährige Eva war sehr zufrieden, dass es ihr gelungen war, die Wohnung loszuwerden, aber das war nicht alles, was ihr auf dem Herzen lag, sie wollte auch ihr Mobiliar an den Mann bringen. So versuchte sie, meine Frau davon zu überzeugen, dass es keinen Sinn hätte, neue Möbel für eine so kleine Wohnung zu kaufen, zumal wir ja in kurzer Zeit sowieso eine andere kriegen würden. Ich hörte ihnen ruhig zu, als sie aber über den Preis verhandelten, schien dieser mir zu hoch, und ich schaltete mich ein. Ich machte den Vorschlag, alle Gegenstände, die an der Wand angelehnt waren, herüberzuziehen, um zu sehen, wie alles aussah. Als sie den Vorschlag hörte, verstummte sie sofort. Und nach einer Weile sagte sie: „Ich glaube, es ist nicht notwendig." – „Warum denn nicht mehr? Meine Liebe, ich möchte schon wissen, wofür ich das Geld ausgebe." Dann erklärte sie sich einverstanden, den Schrank herüberzuziehen. Als ich die Hand zwischen Schrank und Wand steckte, hielt ich ein Stück vom Schrank in der Hand, so kaputt war er, und nass obendrein. „Was sagen Sie jetzt, verehrte Frau Eva?" – „Na ja, es ist so, wie es aussieht, aber für diese Wohnung neue Möbel zu kaufen lohnt sich nicht." Die Zeit war endlich gekommen, in eine Wohnung einzuziehen, so schlecht sie auch war, um von den vielen schlaflosen Nächten befreit zu sein.

30.

Aber zu diesen schwierigen Lebensbedingungen kamen stetig neue hinzu. Denn es gab auch große Probleme mit dem Kochen, besonders für die mit kleinen Kindern, weil es zu lange dauerte, bis man mit Holz oder Kohle Tee oder Milch erwärmen konnte. Der Strom wurde häufig abgestellt und war gleichzeitig sehr teuer. Also blieb uns nur die Möglichkeit, wieder von Tür zu Tür zu gehen und für einen Gasherd zu kämpfen, der sehr geeignet und zudem billiger war, einem jedoch nur von den Behörden zugeteilt wurde. Die Reihenfolge der Begünstigten war ja klar: Als Erstes kamen die Beamten dran, dann jene mit Geld und guten Beziehungen, und als Letztes waren, wenn überhaupt noch was übrig blieb, die vielen anderen an der Reihe. Aber nur, wenn ein Antrag gestellt wurde. Danach ging es mit der Warterei auf den Bescheid weiter, den man allerdings nur erhielt, wenn der Antrag genehmigt wurde.

Um die gesetzlichen Regelungen einzuhalten, sprach ich mit meinem Kollegen Klement, der ebenfalls zwei Kinder hatte, zuerst beim Präsidenten des Blindenbundes vor, um ihn zu bitten, sich dieses Problems anzunehmen. Dieser aber lehnte unseren Vorschlag ab, mit der Begründung, dass sie vor zwei Jahren für einen unserer Kollegen einen Antrag gestellt und noch immer keine Antwort erhalten hätten. „Warum hat das denn so lange gedauert? Können Sie oder wollen Sie nichts für uns tun?", fragten wir ihn. Wütend über die Art, wie er sich wieder zu entschuldigen versuchte, verließen wir ihn und gingen direkt zu den Behörden. Wie immer und überall war auch hier der Pförtner der erste Ansprechpartner, der in vielen Fällen eine große Hilfe war, weil er darüber Auskunft geben konnte, an welche Tür man zuerst klopfen musste. Dann gingen wir zu dem Beamten, den er uns empfohlen hatte, aber niemand war da und die Tür verschlossen. Wir fragten im Nachbarzimmer nach ihm. Die nette Beamtin wusste zwar nicht, wo ihr Kollege zu finden war, empfahl uns aber, es in einem anderen Büro zu probieren. Es war ein sehr langer Flur, in dem wir andauernd Leuten begegneten, die uns stets fragten, wen und was wir suchten. Wir kannten aber keinen Namen, auch die Nummer der Tür war uns nicht bekannt, wir wussten nur, dass es die letzte auf der rechten Seite des Flures war.

Da auch mein Kollege Klement über einen geringen Sehrest verfügte, gingen wir, um sicherzugehen, dass es die letzte war, an dieser vorbei. Jemand, der auf uns aufmerksam geworden war, fragte, ob wir nicht gut sehen könnten und wen wir suchten. Dann klopfte er an die Tür und verkündete seinem Kollegen, dass er zwei blinde Besucher habe. „Was kann ich denn für Sie tun?", wollte der Beamte wissen. „Tun können Sie sehr viel, wenn Sie die Person sind, die wir suchen." Wir brachten unser Anliegen vor, worauf er, tief Luft holend, erklärte: „Sie haben ja einen Präsidenten beim Blindenbund, der Ihre Probleme erledigen und euch nicht von Tür zu Tür gehen lassen sollte." – „Ja, da haben Sie schon recht, nur sagt er uns immer, dass er nichts für uns tun kann. Wir kommen gerade von ihm und haben deswegen mächtig Streit gehabt." – „Gut, dann wollen wir mal sehen, was ich für Sie tun kann. Bleiben Sie ruhig sitzen, bis ich wieder da bin. Ich schau mal nach, ob ich Genosse Annan finden kann, der einmal wöchentlich Sprechstunde hat und genau diese Probleme zu lösen versucht. Vielleicht klappt es jetzt, damit Sie nicht noch einmal kommen müssen."

Wir waren erstaunt und positiv überrascht über seinen guten Willen und seine Freundlichkeit, blieben aber noch skeptisch, da er uns mit seiner Höflichkeit wie alle anderen auch in die Irre führen könnte. Doch es dauerte nicht lange, bis er wieder da war und uns bat, ihm ins Sekretariat zu folgen. Unterwegs wiederholte er immer wieder, dass wir unseren Präsidenten und seine Mitarbeiter zwingen müssten, sich um unsere Probleme zu kümmern, das sei schließlich ihre Pflicht. Denn auch er hätte ein paar Jahre als Beamter bei einem Blindenbund gearbeitet. Dann öffnete er eine Tür und sagte zur Sekretärin: „Dies sind die zwei Genossen." Kurz darauf wurden wir im Büro des Genossen Direktor Annan empfangen, der uns wie alle anderen die Frage stellte: „Was führt Sie denn zu mir, meine Lieben?" – „Ja, wir möchten wie viele anderen einen Gasherd für unsere Familie haben." – „Sie brauchen also zwei Gasherde, wenn ich richtig verstanden habe?" – „Ja, Sie haben richtig verstanden." – „Wie ich sehe, sind Sie beide blind. Wissen Sie, dass ein solcher Gasherd sehr gefährlich ist, wenn man nicht mit ihm umgehen kann?" – „Ja, das wissen wir, denn wir haben uns zuerst erkundigt, wie alles aussieht." – „Dann ist ja alles in Ordnung. Haben Sie auch Kinder?" – „Ja, mein Kollege hat zwei und ich vorläufig eins." – „Gibt es noch blinde Familien außer Ihnen?" – „Ja, wir sind an die sieben oder acht Familien." – „Gut", schloss Genosse Annan, „dann sollen alle, die einen Gasherd wünschen, einen Antrag stellen. Bringen Sie sie dann ins Sekretariat. Aber ich möchte Sie darauf aufmerksam machen, wie diese Gasherde zugeteilt werden. Zuerst sind diejenigen an der Reihe, die die meisten Kinder haben, und so geht es weiter, bis auch die an der Reihe sind, die keine haben. Das bedeutet, dass Sie vielleicht nicht die Ersten sein werden, aber ich verspreche Ihnen, dass Sie innerhalb der nächsten zwei bis drei Monate Ihre Gasherde bekommen werden. Ich hoffe, dass Sie mich gut verstanden haben und dass alles in Ordnung ist."

Wir bedankten uns herzlich bei ihm, in der Hoffnung, dass es nicht mehr notwendig sein würde, ihn ein weiteres Mal wegen derselben Angelegenheit zu stören. Es war der 28. Juni 1968, ein Tag, den ich unbedingt aufschreiben wollte, um mich von der Ehrlichkeit dieses Direktors überzeugen zu können. Denn auf einen solch ehrlichen Menschen traf man sehr selten. Als wir in der Werkstatt diese Nachricht bekannt gaben, fingen alle laut an zu lachen und sagten: „Wer weiß, bei wem ihr gewesen seid, der euch alles versprochen hat, um euch so schnell wie möglich loszuwerden. Alle beklagen sich darüber und sind bereit, das Doppelte zu zahlen, wenn sie die Möglichkeit hätten, einen solchen Gasherd zu bekommen. Und wenn er so toll ist, dieser Beamte, warum hat unser Kollege, der seit über zwei Jahren einen Antrag gestellt hat, noch immer keinen Bescheid erhalten?"

Als wir das hörten, wurden wir traurig, aber ich gab die Hoffnung nicht auf. „Wir haben unsere Pflicht getan und euch mitgeteilt, was man uns gesagt hat. Wer diesen Worten Glauben schenkt, der muss bis morgen einen Antrag stellen, und wenn es doch so sein sollte, wie ihr meint, dass jemand Spott mit uns treiben will, dann werden wir diejenigen sein, die zu ihm gehen werden. Aber jetzt bleibt uns nichts anders übrig, als die genannte Zeit abzuwarten."

Fast jeden Tag fand sich einer, der über uns lachte, bis mir die Sache zu viel wurde und ich darauf verzichtete, ihnen eine Antwort zu geben. Nach all den negativen Erfahrungen, die sie gemacht hatten, konnten sie sich nicht vorstellen, dass es Ausnahmen gab. Trotz der Meinungsverschiedenheiten, die es gab, kam genau nach einem Monat die gute Nachricht. Die ersten zwei hatten die Zuteilung erhalten und mussten nur noch den Gasherd abholen. Die Nachricht schlug ein wie eine Bombe und kam genau in dem Moment, als niemand mehr daran zu glauben wagte. Meine Kollegen wunderten sich, dass es in einem Ort, in dem Behörden und Beamten wenig Vertrauen geschenkt wurde, einen Menschen gab, der noch was auf Ehrlichkeit und Hilfsbereitschaft hielt. Es ging weiter mit der Zuteilung, und innerhalb des genannten Zeitraumes wurden zur Freude aller alle gestellten Anträge genehmigt.

31.

Unser kleiner historischer Agrarort fing an zu blühen und änderte von Tag zu Tag sein Aussehen, was uns Bewohner nicht nur erfreute, sondern auch dazu ermutigte, neue Hoffnungen auf bessere Lebensbedingungen zu schöpfen. Denn alles war so geplant, dass Apulum in ein paar Jahren zu einem Industrieort heranwuchs. Von einem Ende der Stadt zur anderen stieß man stets auf Baustellen. Es wurden viele Fabriken, Sozialwohnungen und Kulturräume gebaut, gleichzeitig arbeitete man an der Wasser- und Gaskanalisierung. Angesichts dieser Entwicklung stellten wir uns die Frage, was wir unternehmen könnten, um unsere Lebenssituation zu verbessern und geräumigere und neuere Wohnungen zu erhalten. Ich hatte die Idee, mich schriftlich an die zuständigen Behörden zu wenden, um für alle Blindenfamilien neue Wohnungen zu beantragen. Bevor ich dieses wichtige Projekt in die Wege leitete, wollte ich zuvor unsere Blindenführung davon in Kenntnis setzen, die ich gleichzeitig um ihre Unterstützung bat. Als der Führung dies zu Ohren kam, kam sie aus dem Staunen nicht mehr heraus, aber Präsident Runcan sagte nach einer Weile zu seinem Sekretär: „Ich glaube, das ist noch nicht der richtige Moment für eine solche Aktion. Außerdem ist es uns als Blindenorganisation nicht erlaubt, so etwas zu unternehmen. Aber wenn Sie, Genosse Krauss, nicht verzichten wollen", fuhr der Präsident fort, „können Sie dieses Projekt gerne in Angriff nehmen. Nur wäre es wichtig, vorbeizukommen, bevor sie das

Memorandum abschicken, damit auch wir es lesen und eventuell korrigieren, damit kein Missverständnis entsteht und es zu keinem Verstoß gegen die kommunistischen Regelungen kommt."

Ich erklärte mich einverstanden, dass sie es lasen, wollte aber nicht zulassen, dass etwas geändert wurde. Die Regelungen waren mir schließlich bereits bekannt. Also setzte ich mich hin und begann nachts ein Schreiben zu verfassen, weil ich nur in der Nacht meine Ruhe hatte, um mich angesichts der Wichtigkeit des Vorhabens zu konzentrieren. Da ich überzeugt war, dass alles in Ordnung war, bat ich eine Maschineschreiberin, mir vom Memorandum vier Abschriften zu machen. Drei davon wollte ich an verschiedene Behörden schicken, eins wollte ich behalten. Dann ging ich wie vereinbart zum Blindenbund, damit sie mir nicht vorwerfen konnten, ich hätte ihnen nicht Bescheid gegeben. Nachdem der Sekretär mit lauter Stimme vorgelesen hatte, sagte er: „Es geht, alles scheint in Ordnung zu sein." Aber der Präsident, der vor seinem eigenen Schatten Angst hatte, versuchte mich mit zitternder Stimme davon zu überzeugen, dass es gut wäre, das Memorandum ein paar Tage bei ihnen zu lassen, damit alles gründlich überprüft würde und noch überlegt werden könne, wie am besten zu verfahren sei. „Sie, Genosse Präsident Runcan, können sich überlegen, so lange Sie es wünschen, aber ich habe keine Zeit zum Überlegen. Ich habe entschieden, die Briefe morgen abzuschicken." – „Wohin willst du sie denn schicken?", kam auch sofort die Frage. „Jedenfalls werden nur Ämter sie erhalten, die für solche Angelegenheiten zuständig sind und von denen ich mir Hilfe erhoffe. Ich schicke sie nach Bukarest an CSP, an CC und an UC Com." – „Warum denn an so viele Behörden?" – „Weil ich nicht wissen kann, welche dieser Behörden einen größeren Einfluss hat. Außerdem hoffe ich, dass sich von so vielen eine findet, die uns helfen wird."

Die Unzufriedenheit des Präsidenten war nicht zu übersehen. Ich hatte gegen seinen Willen entschieden, und er konnte mich von meinem Vorhaben nicht abbringen. Das sei nicht in Ordnung, versuchte er es noch einmal, aber mein Entschluss stand fest.

Der Präsident stand mit seiner Haltung alleine da, und er verlor nach und nach die Unterstützung seiner Mitarbeiter, denn diese waren inzwischen der Ansicht, dass der Blindenbund mit einem solchen Präsidenten keine gute Chancen hatte, voranzukommen und die Interessen der Blinden zu vertreten. Als der Präsident vorgestellt wurde und die Mitarbeiter erfuhren, dass er vor dem Krieg Lehrer in einem Gymnasium gewesen war, wurden große Hoffnungen in ihn gesetzt. Im Krieg verlor er sein Augenlicht. Nach dem Krieg wurde allen, die eine gute Ausbildung hatten und sich auf die Seite der Kommunisten stellten, eine Stelle als Lehrer in den Blindenschulen oder als Präsident in einem Blindenverband zugeteilt. Die meisten von ihnen bemühten sich aus Kräften, das Blindenwesen zu verbessern. Deshalb konnte keiner von uns verstehen, warum es unser Präsident nicht tat, in einer Zeit, in der so viele Probleme zu erledigen waren. Er konnte doch so vieles auf legalem Wege erreichen, ohne Angst haben zu müssen, seinen Job als Präsident zu verlieren.

Nach ein paar Tagen erhielt ich eine schriftliche Bestätigung mit der Unterschrift und Registratur der angeschriebenen Institutionen. Jetzt wusste ich genau, dass, den gesetzlichen Regelungen zufolge, innerhalb eines Monats auch eine schriftliche Bestätigung kommen musste. In dem Bescheid wurde mir mitgeteilt, dass mein Wunsch den zuständigen Behörden übermittelt worden sei und dass mein Anliegen gründlich überprüft werde. Erst dann würden wir einen endgültigen Bescheid erhalten.

Es war ja zu erwarten, dass eine solche Schlacht nicht so einfach zu gewinnen war, aber es war ein erster Schritt in die richtige Richtung. Bei unseren regelmäßigen Treffen mit anderen Verbänden wurde über dieses Thema heftig diskutiert und von allen als eine gute Idee akzeptiert. Sie folgten meinem Beispiel, damit wir gemeinsam den Druck auf die Behörden erhöhen und unser Ziel erreichen konnten. Weil auch in den vielen anderen Landesverbänden ein sehr großer Mangel an Wohnungen herrschte, war allen klar, dass es uns nur gelingen konnte, wenn wir gemeinsam an demselben Strang zogen.

Wie zu erwarten war, war das ein zäher Kampf, aber nach fast zwei Jahren kam der endgültige Bescheid. Das geschah am Ende des Jahres 1968, als man uns schriftlich darüber informierte, dass uns von sieben Wohnungen, die wir verlangt hatten, fünf vom CSP zugeteilt wurden. „Das bedeutet, dass uns diese Wohnungen vom 1. Januar bis zum 31. Dezember 1969 zugewiesen werden müssen. Dann muss ich nur noch mit dem schriftlichen Bescheid bei den zuständigen örtlichen Behörden vorstellig werden, um in Erfahrung zu bringen, wie und von wem uns diese Wohnungen zugeteilt werden." Ein Besuch bei den Behörden ergab, dass sie uns von der Firma, in der wir arbeiteten, zugeteilt werden sollten und dass sich eine Kommission bilden musste, die allen blinden Familien einen Besuch abstatten sollte, um festzulegen, wer die neuen Wohnungen bekommen sollten. Diese müssten dann in einer Liste festgehalten und an die zuständigen Behörden weitergeleitet werden. Doch die Kommission erschien gar nicht erst, und uns wurde klar, dass uns ein erneuter Kampf bevorstand.

So gingen über sechs Monate ins Land, bis der Werkstattleiter uns die Nachricht überbrachte, dass man uns eine Wohnung zugeteilt habe und wir mit ihm zu entscheiden hätten, wer sie erhalten sollte. Die Nachricht schlug ein wie ein Blitz, und wir begannen erregt, unseren Unmut kundzutun: „Wo ist die Kommission, die all dies Anfang des Jahres hätte festlegen müssen, so wie uns gesagt wurde?" – „Ich weiß nicht, was man euch versprochen hat, und es geht mich auch nichts an", erklärte der Werkstattleiter unwirsch. „Als Erste schlage ich Familie Elias vor. Habt ihr etwas dagegen?" Alle waren darüber empört, dass man einem Werkstattleiter erlaubte, selbst zu entscheiden, wem die Wohnungen zugeteilt werden sollten. Auch dieses Mal hatte er die Gelegenheit genutzt, um uns zu zeigen, wozu er in der Lage war. Nach einem längeren Streit kamen wir schließlich überein und akzeptierten seinen Vorschlag, obwohl die Familie Elias nur ein Kind hatte und die beste Wohnung bekam, eine Zwei-Zimmer-Wohnung, während andere mit zwei Kindern lediglich über eine Ein-Zimmer-Wohnung verfügten, die zudem schlechter ausgestattet war.

Alle waren bestürzt und verunsichert und forderten, man solle für die restlichen vier Familien die Reihenfolge festlegen, damit es nicht mehr so weit kommen dürfe, dass gerade der ohne Wohnung blieb, der sich dafür eingesetzt hatte. Meine Kollegen gaben mir den Rat, mich wieder einzuschalten, um die Situation zu verfolgen, denn die Betrügereien hatten wieder begonnen.

Mir wurde jedoch allein bei dem Gedanken, von vorne zu beginnen, übel. Nach einer so langen Wartezeit, nachdem ich den Eindruck gewonnen hatte, dass alles in Ordnung war, wieder Klinken zu putzen – diese Vorstellung war mir unerträglich. Aber es blieb mir keine andere Wahl, als es nochmals anzugehen. Es war sehr schwierig, in Erfahrung zu bringen, wie viele Wohnungen bis zu dem Zeitraum von allen, die uns gehörten, bereits vergeben worden waren. Tag und Nacht zerbrach ich mir den Kopf, wem ich vertrauen könnte und wer bereit sein würde, mir solche Dinge zu verraten. Das waren eine Menge Fragen, auf die ich noch keine Antwort wusste. Ich konnte mir nicht vorstellen, dass es jemanden gab, der mir die Wahrheit sagen würde, weil zu viele Leute Interesse daran hatten, selbst eine gute Wohnung abzusahnen. Aber gerade in einer Zeit, als ich für mich entschieden hatte, mich nicht mehr so ins Zeug zu legen, da ich sowieso nichts erledigen könne, kam die geheime Nachricht: dass man im selben Blockhaus Blinden zwei Wohnungen zugeteilt, dass aber die Firma eine davon einer anderen Familie zugewiesen habe. Einer Familie also, die überhaupt nichts mit diesen Wohnungen zu tun hatte. Das war doch sehr auffällig.

Nachdem ich die ganze Sache mit einer Vertrauensperson verfolgt hatte, wurde uns bewusst, warum das notwendig war. Seit dem 1. April 1968 wurde eine neue territoriale Aufteilung vorgenommen. Bei dieser Gelegenheit wurde unser ehemaliges kleines Städtchen eine Landeshauptstadt. So bildeten sich mehrere Amtshäuser, von denen eines unter dem Namen UJCM unserer Firma und vielen anderen gehörte. Viele Beamte hatten keine Wohnung und pendelten aus Orten bis zu 80 km in die Arbeit. Deshalb war ein solches Manöver notwendig, und wir durften ihnen nicht auf die Schliche kommen.

Als wir uns dieser Tatsache sicher waren, machte ich mich mit einem blinden Kollegen auf den Weg nach Bukarest. Hier stellten wir uns beim Zentralen Blindenverband vor, erklärten dem Präsidenten die Sachlage und fragten gleichzeitig um Rat, ob das, was wir weiterhin zu unternehmen gedachten, aus seiner Sicht in

Ordnung sei. Der Präsident stellte uns die Sozialleiterin zur Verfügung, die uns zu der Schwerbehindertenabteilung begleitete, zu dem UC COM. Ich berichtete auch hier von meinen Beobachtungen über den Zustand der Wohnungen, die uns zugewiesen wurden. Dann hörte ich den Leiter der Schwerbehindertenabteilung, Genosse Stancu, am Telefon nach dem Beamten schicken, der für Wohnungen, die vom CSP den Blindenverbänden zugeteilt wurden, zuständig war, er solle mit der Liste aus unserem Ort bei ihm vorstellig werden. Bis der Beamte eintraf, unterhielten wir uns über andere Probleme, die es in den Blindenwerkstätten gab. Als der Beamte mit leeren Händen kam, war mein Gesprächspartner überrascht. Vor allem als er zu hören bekam, dass nur unser Ort keine Liste geschickt hatte. „Wie ist das denn möglich?", fragte er sich erstaunt. Es ist schon fast Ende des Jahres, und wir wissen noch immer nicht, wem diese Wohnungen zugeordnet sind?" Kopfschüttelnd erteilte er dem Beamten den Auftrag, sich unverzüglich und in unserem Beisein in schriftlicher Form an die Zuständigen unseres Ortes zu wenden. Dass sie innerhalb von zehn Tagen verpflichtet seien, ihnen die Liste mit denen, denen diese Wohnungen zugesprochen wurden, zur Verfügung zu stellen. Er bat ihn ferner, alle zu verständigen und uns eine Kopie des Schreibens auszuhändigen. Wir verabschiedeten uns von unserem Gesprächspartner mit einem herzlichen Dankeschön für sein großes Entgegenkommen und sein Interesse an unseren Problemen. Wir gingen davon aus, dass dies ein ehrliches Gespräch war und dass nicht mehr als das getan werden konnte. Auch die Sozialleiterin war mit dem, was wir erreicht hatten, zufrieden und wünschte uns viel Glück.

Nach unserer Rückkehr in die Werkstatt wollten wir so lange wie möglich über unseren Besuch in Bukarest Stillschweigen bewahren und abwarten, bis sich jemand bei uns meldete. Aber der Werkstattleiter, der wie ein schlauer Fuchs um uns herumschlich und stets betrunken war, versuchte immer wieder, uns zu einem Gespräch zu verleiten. „Na, was habt ihr erledigt, und mit wem habt ihr gesprochen?" Wir waren sicher, dass er uns aushorchen wollte, um dann zu den Zuständigen zu laufen und ihnen zu verraten, was er von uns erfahren konnte. Wir wussten aber auch, dass er vieles erzählen würde, was wir nie gesagt hatten. „Ja, ihr seid gewesen und gekommen, aber wohl nichts erledigt", stichelte er weiter. „Denn ein Genosse wird einem anderen Genossen nie die Augen ausstechen." – „Dieses Sprichwort ist uns sehr wohl bekannt, aber was hat das mit uns zu tun?"

Die zehn Tage vergingen, dann noch einige dazu, und noch immer keine Bewegung. Alles schien so, als hätten wir überhaupt nichts unternommen. Dass der Werkstattleiter gegen uns war und mit den Beamten vom UJCM mitspielte, war uns klar, auch dass der Kampf noch längst nicht vorbei war. So entschieden wir uns, dem Präsidenten Rusu vom UJCM einen Besuch abzustatten, um in Erfahrung zu bringen, was er uns zu der schriftlichen Forderung aus Bukarest sagen konnte und dazu, dass innerhalb von zehn Tagen eine Antwort gegeben werden musste. Wir brauchten nicht lange, um festzustellen, dass wir es mit einem arroganten Politiker zu tun hatten, der sich diplomatisch jeder Verantwortung zu entziehen versuchte. Denn er umging geschickt unsere Fragen, versuchte uns zu erklären, dass es im Wohnungswesen noch immer sehr große Schwierigkeiten gab, vor allem seitdem unser Ort eine Landeshauptstadt geworden war. Es sei zu erwarten, dass auch wir das verstehen, denn es seien noch immer viele Beamte ohne Wohnung. Er gehöre schließlich auch zu denen, die sich jeden Tag bis zu 80 km auf den Weg in die Arbeit machen müsse.

Nach dieser Tirade drückte ich ihm unbeeindruckt das Papier aus Bukarest in die Hand und bat ihn, laut vorzulesen, was da geschrieben stand. „Wir wollen nichts als eine schriftliche Antwort auf dieses Schreiben, das Sie seit so langer Zeit erhalten und noch immer nicht beantwortet haben." – „Ja", erwiderte er und räusperte sich, „ich erinnere mich vage an ein solches Schreiben, und ich glaube, dass unsere Zuständigen es beantwortet haben." – „Wenn ich das richtig verstanden habe, hätten Sie auch uns schriftlich benachrichtigen müssen." – „Das finde ich aber nicht unbedingt notwendig! Obwohl, warten Sie einen Moment, ich bin gleich zurück."

Als er wieder ins Zimmer trat, teilte er uns mit, dass er jemanden verständigt habe, der mehr davon wissen müsste. Er reichte ihm das Schreiben, und der Beamte erwiderte: „Normalerweise beschäftigt sich mein Bürokollege mit diesen Angelegenheiten, der ist aber zurzeit in Urlaub. Ich kann mich allerdings entsinnen, dass er ein solches Schreiben beantwortet hat." – „Und wo ist die Kommission, die unsere Wohnungen besichtigen sollte, um festzustellen, wem sie zugewiesen werden sollen?" – „Na ja, man war der Meinung, dass eure Situation gut bekannt sei und es nicht notwendig wäre, eure Wohnungen zu besichtigen." – „Das kann doch nur unser schlauer Werkstattleiter gewesen sein. Wer sind die fünf Familie auf der Liste? Und wer außer uns zwei hat noch zwei Kinder und eine so schlechte Wohnung wie wir? Aus wem setzt sich die Kommission zusammen?" Der Beamte fühlte sich in die Ecke gedrängt und verweigerte nunmehr jede Antwort, so dass wir nichts mehr aus ihm herausbekamen.

Wir hatten das Gefühl, dass ein falsches Spiel mit uns gespielt wurde, und noch am selben Tag schrieb ich eine Beschwerde an die Schwerbehindertenabteilung in Bukarest und setzte sie darüber in Kenntnis, dass wir nach zwei Monaten noch immer keinen Bescheid erhalten hätten und dass wir uns am Jahresende befänden und nicht wüssten, was mit den anderen vier Wohnungen geschehen sei. Daher seien wir in einem so schwierigen Fall, in dem noch immer keine Lösung in Sicht war, auf ihre Hilfe angewiesen.

Nach ein paar Tagen erhielten wir Bescheid. Bei ihnen sei alles in Ordnung, sie hätten die Liste erhalten. Dieser Bescheid war sehr kränkend, und so klopften wir erneut an alle möglichen Türen, um in Erfahrung zu bringen, wer die vier Familien sein könnten. Doch wir konnten nichts erreichen, niemand gab diese Information preis. So machten wir uns erneut auf den Weg nach Bukarest. Als der Leiter der Schwerbehindertenabteilung, Genosse Stancu, uns sah, fragte er uns verwundert, ob es sich um dieselbe Angelegenheit handele: „Ja, es geht noch immer um dieselbe Sache." – „Wieso denn? Haben Sie unsere Antwort auf Ihre Reklamation nicht erhalten?" – „Doch, aber wir wissen nicht, wer die anderen auf der Liste sind." – „Wie ist das denn möglich? Wir haben auf den Brief, den wir in Ihrer Anwesenheit geschrieben haben, Antwort erhalten. Es wurde uns mitgeteilt, dass sich eine Kommission gebildet habe, die sich um die Verteilung der Wohnungen kümmere, und dass auch die anderen Wohnungen in den ersten drei Monaten des nächsten Jahres fertig sein werden." – „Ja, das klingt ja alles wunderbar, nur kennen wir persönlich keine Kommission, und wir bezweifeln, dass es eine solche gibt." – „Das ist ja unglaublich, ich lese Ihnen jetzt den Brief vor."

Der Brief war ein Spiegel der Unverschämtheit und Gefühllosigkeit unserer örtlichen Diplomaten und Beamten, die ihre Machenschaften so weit wie möglich zu vertuschen suchten. Von den fünf Familien hatten drei bereits eine Wohnung, so dass sie es nicht für nötig hielten, ihnen neue Wohnungen zuzuteilen. Wir fragten unseren Gesprächspartner, ob es helfen würde, wenn wir ihm die Verträge dieser Kollegen bringen würden, aber er meinte, ihnen seien die Hände gebunden, wir könnten uns nur noch schriftlich an die „anderen Zuständigen" wenden. Wer damit gemeint war, wollte er nicht sagen, doch wir wussten, wer es war. Es konnte sich nur um den CSP handeln, der in die Wohnungen investiert hatte, wobei aus unserer Sicht jedoch der Fehler gemacht wurde, dass sie nicht direkt dem Blindenbund zugeteilt worden waren. So wäre es sicher für alle Beteiligten viel einfacher gewesen. Also kehrten wir unverrichteter Dinge nach Hause, um wieder Klinken zu putzen, bis sie unserer satt wurden und wir zu unserem Recht kamen.

In der Zwischenzeit wurde meine Frau zum Präsidenten Rusu des UJCM gerufen, der sie bat, ich solle mich beruhigen und nicht mehr so viel Geld auf Reisen und Reklamationen verschwenden. Er versprach, unser Problem in kurzer Zeit zu lösen. Meine Frau arbeitete im selben Haus und unter seiner Führung. Mir war aber sein Versprechen nicht genug, weil ich seinen Worten kein Vertrauen schenken konnte. Daher wollte ich ein persönliches Gespräch mit ihm führen. Ich bat meine Frau, ihn zu fragen, wann er Zeit für ein Gespräch habe, aber er entschuldigte sich immer wieder, er sei sehr beschäftigt und ständig unterwegs.

So versuchten wir, ihn in seinem Büro abzupassen. Als er uns sah, setzte er ein joviales Lächeln auf: „Sehr gut, dass Sie gekommen sind, ich wollte Sie sowieso in diesen Tagen verständigen. Damit wir sehen, was ich für Sie tun kann, um Ihre Situation zu verbessern." – „Was Sie für uns tun können, wissen Sie ganz genau, sogar viel besser als wir, denn Sie haben uns genügend an der Nase herumgeführt, wegen unseres Rechts, das uns gesetzlich zugeteilt worden ist. Ihre Leute haben eine Liste geschickt, die nicht der Wahrheit entspricht." – „Ja, auch das stimmt, aber nicht ich habe entschieden, wer auf dieser Liste stehen soll. Mir wurde nur gesagt, dass geantwortet wurde und dass alles in Ordnung sei. Auch das stimmt, dass es sehr viele Pendelfahrer bei uns gegeben hat, deren Situation wir erledigen mussten. Aber jetzt wird ein Blockhaus mit 15 erstklassigen Wohnungen gebaut, nur für unsere Firma, und nun sind auch Sie beide an der Reihe." – „Wie können wir denn sicher sein, dass nicht auch diesmal alles vertuscht wird? Können Sie uns schriftlich versichern, wo und wann diese Wohnungen fertig sind?" – „Glauben Sie, ein schriftliches Dokument wäre sicherer als mein Ehrenwort?", fragte er. „Was für ein Vertrauen können wir nach allem, was wir schon erlebt haben, in Sie setzen? Glauben Sie uns, in unserem Fall hätten Sie auch nicht anders gedacht. Geben Sie uns mindestens die Anschrift bekannt, damit wir verfolgen können, wann dieses Blockhaus fertig ist, und überlegen können, was zu unternehmen ist." – „Ja, das kann ich Ihnen sagen, es wurde uns fürs kommende Frühjahr versprochen. Aber es kann natürlich eine Verspätung geben, weil der Konstrukteur seine Termine nicht immer einhalten kann. Jetzt haben Sie die Gelegenheit, alles mitzuverfolgen, und wenn es soweit ist, kommen Sie zu mir, um darüber zu reden, ist es gut so? Denn mehr als das kann ich Ihnen nicht sagen." – „Wenn das alles stimmt, wäre das sicher gut, aber das werden wir in den nächsten Tagen erfahren."

Am nächsten Tag gingen mein Kollege und ich nach der Arbeit sofort auf die Baustelle, um uns zu erkundigen. Wir fragten die Bauarbeiter, wo denn ihr Chef sei. Unter großen Mühen – man musste von einem Stein auf den anderen und über schmale, wacklige Bretter gehen – schaffte es mein blinder Kollege, ihn ausfindig zu machen. Nach einer kurzen Erklärung schaute der Bauleiter in seine Papiere, schien aber zunächst nicht fündig zu werden. „Doch, Sie haben Recht", meldete er sich nach einer Weile zu Wort, „ich habe das Papier gefunden." Dann erklärte er die Richtung, wo die drei Blockhäuser zu finden waren, das mittlere würde der genannten Anschrift entsprechen. „Und wann wird es fertig sein?" – „Geplant ist es für Mai. Aber man muss mit einer Verspätung von bis zu zwei Monaten rechnen."

32.

Alles schien in Ordnung zu sein, nur mussten wir uns noch sieben Monate gedulden. Da wir so viele Jahre auf eine neue Wohnung gewartet hatten, war das keine Ewigkeit. Nur blieb noch immer die Frage offen, ob Genosse Rusu diesmal sein Ehrenwort halten würde. Der Winter 1969-1970 verging nur schwer, obwohl es ein schöner Winter war, kalt und mit viel Schnee. Als sich endlich der Frühling meldete und der Schnee geschmolzen war, begann die Natur zu neuem Leben zu erwachen. Die Bäume fingen an zu blühen, die Wiesen wurden von einem zarten Grün überzogen, und ein leichter Blumengeruch streifte unsere Nasen. Es war so schön, wieder unter einem wunderbaren blauen Himmel spazieren zu gehen, in der Hoffnung, dass die Zeit gekommen war, in eine neue Wohnung umzuziehen. Seitdem es wieder schön warm geworden war, gingen wir einmal in der Woche auf die Baustelle, um zu erfahren, wie weit die Bauarbeiten fortschritten. Mein Kollege Klement freute sich und war sich sicher, dass es dieses Mal klappen würde, da seine Wohnung infolge der großen Überschwemmung vom 16. Mai des vergangenen Jahres unter Wasser gesetzt wurde. Auch bei uns stand das Wasser ca. 25 cm im Hof, aber ein paar Millimeter unter der Grenze, um in die Wohnung eindringen zu können.

Ende Juni befanden sich die Bauarbeiten in einem entscheidenden Stadium, denn man spürte schon beim

Eingang den scharfen Lackgeruch. Es waren sehr schöne Wohnungen, die Fußböden waren mit Parkett ausgelegt, die Zimmer groß, mit einer großen Küche und einem schönen, bis zu einer Höhe von 1,20 Meter gefliestem Badezimmer. „Es soll uns schließlich nicht leidtun, dass wir so lange gewartet haben", bemerkte mein Kollege schelmisch, „denn so schöne Wohnungen habe ich noch nie gesehen."

Wir stiegen die Treppen hinauf, um uns zu erkundigen, wann die Arbeiten abgeschlossen wurden. Im zweiten Stock wurden wir gefragt, wen wir suchten. „Wir möchten mit jemandem reden, der uns sagen kann, wann das Haus fertiggestellt wird." – „Was geht Sie denn das an?" – „Man hat uns in diesem Blockhaus eine Wohnung zugeteilt." – „Das glaube ich nicht. Wo arbeiten Sie?" - „Bei der Firma Mureschu." – „So weit mir bekannt ist, gehört dieses Blockhaus der Securitate und dem Verteidigungsministerium." – „Sind Sie sich da ganz sicher?" – „Ich habe die Papiere nicht bei mir, aber ich glaube nicht, dass ich mich irre." – „Ist es vielleicht die falsche Anschrift? 5 B." – „Die stimmt, aber seit einem Monat werden wir von den Behörden unter Druck gesetzt, die Bauarbeiten so schnell wie möglich abzuschließen. Wo haben Sie noch so gute Wohnungen gesehen wie diese? Da muss man sich schon fragen, an wen solche Wohnungen vergeben werden."

Als ich das hörte, begann ich vor Wut zu zittern und unterließ es, weitere Fragen zu stellen. Als er unsere Niedergeschlagenheit wahrnahm, sagte er: „Es tut mir sehr leid, aber ich kann nicht verstehen, wer Ihnen solche Märchen auftischt." Ich war fassungslos und starr vor Schreck. Ich fragte mich immer wieder, wie ein Mensch so tief sinken und uns so an der Nase herumführen konnte. Aber mein Kollege meinte nur, dass der Mann, den wir getroffen hatten, wahrscheinlich keine Ahnung hatte. Das wiederum hielt ich für ziemlich unwahrscheinlich.

Am nächsten Tag fanden wir uns bei Genosse Rusu ein. Als er uns sah, kam wie immer die Frage, wie er uns helfen könne. „Ja, die Bauarbeiten werden in Kürze abgeschlossen, deswegen sind wir hier." Er holte tief Luft und sprach: „Wenn ich Ihnen jetzt sage, dass man uns dieses Blockhaus vor zwei Monaten genommen hat und es der Securitate und dem Verteidigungsministerium zugeteilt hat, werden Sie mich einen Lügner nennen. Leider wissen wir, die kleinen Firmen, heute nicht, was morgen geschieht, wir sind bei solchen Entscheidungen immer die Letzten. Wenn ich Ihnen sage, dass man uns ein Blockhaus mit 20 Wohnungen ohne Termin und Anschrift versprochen hat, werden Sie denken, dass ich wieder alles vertuschen will."

Niemand sagte ein Wort, weil die Enttäuschung viel zu groß war. Dass der Präsident sich diesmal bemühte, uns von seiner Ehrlichkeit zu überzeugen, daran gab es keinen Zweifel. Warum es in einem kommunistischen Land selbst unter den Firmen solche Unterschiede gab, konnten wir nicht verstehen. Dass wir weiterkämpfen mussten, um unser Ziel zu erreichen, wurde immer notwendiger. Kaum dass wir uns von den Strapazen der letzten Schlacht erholt hatten, mussten wir von Neuem beginnen. Diesmal begannen wir bei den örtlichen Kreispolitikern, bis wir zu dem Bürgermeister und den Landespolitikern kamen. Gleichzeitig wandte ich mich auch schriftlich an die Behörden, um ihnen unsere Lebensumstände in den letzten Jahren zu erläutern.

In den Audienzen bei den Politikern konnten wir nichts erreichen, so dass wir uns entschieden, beim Bürgermeister vorstellig zu werden, weil man uns versicherte, dass man mit ihm über alles reden könne. Nur stießen wir auch hier auf große Schwierigkeiten, denn es gab sehr viele Menschen, die zu ihm wollten. Manchmal wurde uns mitgeteilt, er könne seine Termine nicht einhalten, weil er mit wichtigeren Problemen beschäftigt sei, so dass wir nach Hause gingen. Später erfuhren wir allerdings, dass er doch da gewesen war. So beschlossen wir, so lange zu warten, bis wir uns sicher waren, dass er nicht im Hause war und dass jemand anderes ihn vertrat.

Als mein Kollege und ich aufgerufen wurden und den Raum betreten wollten, hörten wir einen Beamten, der den Bürgermeister vertrat, unfreundlich sagen: „Warum kommt ihr zu zweit herein?" – „Ich bin blind, und er ist mein Begleiter, außerdem kommen wir in derselben Sache." Der Beamte regte sich furchtbar auf und fing an zu schimpfen: „Ja, ihr seid die Blinden, die sich nachts in Restaurants herumtreiben und sich betrinken, dann zerschlagt ihr in der Stadt die Fensterscheiben und setzt die Polizei in Alarm, und jetzt kommt ihr mit Wünschen zu uns?"

Bei diesem unerwarteten Angriff versuchte ich meine Worte mit Bedacht zu wählen und mich nicht allzu sehr aufzuregen. Mit ruhiger Stimme erklärte ich: „Wenn ich mich nicht irre, sind alle Politiker von den besten Mitgliedern gewählt worden, die genau wissen müssen, wie man mit den Leuten und ihren Bedürfnissen umgehen muss. Aber wir müssen leider feststellen, dass Sie von Ihrem Verhalten her auch einer von denen sind, die dies nicht zu wissen scheinen." – „Mir sollen Sie sagen, was Sie über uns wissen, und dann auf Widersehen, denn mit Ihnen gibt es nichts mehr zu diskutieren."

Da ich noch immer auf der Türschwelle stand, fasste ich sofort den Griff und zog meinen Kollegen weg. Dann trat ein Sekretär auf mich zu, der unser Gespräch mitgeschrieben hatte, fasste mich an der Hand und bat mich, Platz zu nehmen und ihm in Ruhe unser Anliegen zu schildern. Gleichzeitig entschuldigte er sich im Namen des anderen für seine unbedachten Äußerungen. Dann sagte ich, dass wir eigentlich den Bürgermeister sprechen wollten. „Der Bürgermeister ist noch in einer Sitzung." – „Mit wem hatten wir denn die Ehre?" – „Das war Genosse Wirtschaftspolitiker Bukur." – „Ach so, er beschäftigt sich nur mit Wirtschaftspolitik." – „Nein, in einer Audienz kann man alle Anliegen vorbringen, weil alles aufgeschrieben und anschließend an die Verantwortlichen weitergegeben wird." – „Trotzdem, wäre es denn möglich, mit dem Bürgermeister zu sprechen?" – "Ja, das verspreche ich Ihnen", gab der Sekretär zurück, "aber jetzt sagen Sie mir bitte, worum es geht, vielleicht können auch wir etwas für Sie tun." Ich erzählte, dass es um die Wohnungen ging, die uns Blinden vom CSP für das Jahr 1969 zugeteilt wurden, dass inzwischen aber Jahre vergangen waren und wir noch immer mit leeren Händen dastünden. "Ja, ich erinnere mich, dass in einer Sitzung über solche Sachen gesprochen wurde", erklärte der Wirtschaftspolitiker, der sich inzwischen beruhigt hatte, "ich verspreche Ihnen, mich für Sie einzusetzen."

So verging eine Woche nach der anderen. Jedes Mal, als wir uns bei der Information erkundigten, wurde gesagt, wir sollten es nächste Woche wieder versuchen. Doch es kam Gott sei Dank auch der Tag, an dem uns endlich verkündet wurde: "Heute ist alles in Ordnung." Es wurde uns der Ausweis verlangt, und wir mussten im Warteraum Platz nehmen. Es war fast eine Stunde vergangen, keiner zeigte sich, und die Angst, dass wir die Nachricht erhielten, dass der Bürgermeister verhindert sei, wurde immer größer. Endlich wurde die Tür geöffnet, und unsere Namen wurden aufgerufen. Aufgeregt traten wir ein, ich blieb aber an der Tür stehen, bis ich mir sicher war, wer der Beamte war. Der Sekretär forderte uns auf, Platz zu nehmen und Genosse Bürgermeister unsere Angelegenheit zu erläutern.

Nachdem ich unser Anliegen vorgebracht hatte, stellte der Bürgermeister mit ruhiger Stimme einige Fragen und warnte gleichzeitig davor, nicht den Fehler zu machen zu glauben, dass nun, nachdem wir ihn gesprochen hatten, unsere Probleme schon gelöst seien. Denn er persönlich könne auch keine Entscheidung treffen, die Angelegenheit müsse in einer Vorstandssitzung besprochen werden. Dann stand er auf und erklärte, dass es dazu nichts mehr zu sagen gebe, aber dass er einige Fragen an mich hätte. Ich dachte an die Armen draußen, die sehnlichst auf ein Gespräch mit ihm warteten, aber er meinte, die bekämen noch die Gelegenheit, vorzusprechen.

Der Bürgermeister wollte wissen, was für eine Ausbildung ich hatte, ob ich ihm etwas über unseren Blindenbund sagen könne, fragte nach dem Grund meiner Blindheit. Als ich seine Fragen beantwortet hatte, sagte er: „Der heutige Tag ist für mich eine Freude, weil ich so schöne und gute Dinge über Blinde erfahren konnte. Gleichzeitig muss ich sagen, dass man Sie auf keinen Fall mit den Blinden vergleichen kann, denen ich bis jetzt begegnet bin. Und weil man mit Ihnen so vernünftig sprechen kann, möchte ich noch etwas wissen. In Sitzungen ist mir häufig zu Ohren gekommen, dass es Blinde gebe, die ins Restaurant gehen und sich betrinken und um Mitternacht, wenn sie nach Hause geschickt werden, die Leute aus dem Schlaf reißen oder Fensterscheiben zerschlagen." – „Auch wir haben davon gehört, aber sehr wenig, und ob unsere Führung oder der Präsident etwas davon weiß, ist mir nicht bekannt. Aber wenn wir an das Sprichwort denken „Es gibt keinen Wald ohne trockenes Holz", müssen wir davon ausgehen, dass es auch schwarze Schafe gibt. Denn außer der Blindheit haben einige mit anderen Krankheiten zu kämpfen wie Alkoholismus, Nervenleiden oder Krankheiten, die schwer heilbar sind. Aber all das darf kein schlechtes Licht über die anderen Mitglieder unseres Blindenverbandes werfen." – „Nein, keineswegs. Ich möchte mich bei Ihnen herzlichst bedanken, weil ich so vieles von Ihnen erfahren habe. Bislang habe ich von der Existenz eines Blindenbundes kaum etwas gewusst." Er verabschiedete sich mit dem Versprechen, dass er alles in seiner Macht Stehende tun werde, um uns zu helfen.

Inzwischen hatte ich auch die Bestätigung erhalten, dass meine Reklamationen eingegangen waren. Seitdem warteten wir ungeduldig auf eine schriftliche Antwort. Dann kam auch eine Bestätigung, in der wir gebeten wurden, uns in der Landeshauptstadt beim Amt für Beschwerden zu melden. Hier schienen wir es auf den ersten Blick wieder mit einer unangenehmen Person zu tun zu haben. Kaum hatten wir hinter uns die Tür geschlossen, als uns jemand mit dröhnender Stimme fragte, wen wir suchten. Ich reichte ihm die Bestätigung, und nachdem der Beamte sie gelesen hatte, wollte er wissen, ob wir eine Beschwerde bei ihm eingereicht hätten. „An Sie habe ich sicher keine Reklamation geschrieben, aber wenn Sie uns sagen oder vorlesen, worum es geht, kann ich mich vielleicht erinnern."

Wir hörten dann, wie er einige Schubläden aufriss und wieder zumachte und wild in den Papieren herumblätterte. Er versicherte sich zwischendurch einige Male meines Namens, dann sagte er: „Wie ich sehe, geht es hier um drei Reklamationen, die Sie an verschiedene Institutionen mit demselben Inhalt geschickt haben. Jetzt lese ich Ihnen eine vor." – „Ja, das sind sie", versicherten wir ihm, er aber las sie zu Ende und verkündete ernst: „Jetzt haben Sie das Messer in der Hand, und wenn Sie wissen, wie man es benutzt, werden Sie auch erreichen, was Sie sich wünschen. Wenn nicht, werden Sie für immer alles verlieren. Gehen Sie bitte in den Warteraum und überlegen Sie sich die ganze Sache gut. Denn in ein paar Minuten werde ich Sie zum Chefdirektor der Bauplanungsabteilung unseres Ortes begleiten, den Sie von Ihrem Anliegen überzeugen können.

Es dauerte nicht lange, und wir wurden in einen anderen Warteraum begleitet. Nach einer Weile öffnete sich die Tür, und ich hörte jemanden sagen: „Das sind die Herren, die mit Ihnen sprechen wollen." Der Beamte trat auf uns zu und bat uns zu warten, bis er eine schriftliche Antwort vorbereitet hatte. Dann kam er und las sie uns vor, aber mit dem Ergebnis waren wir nicht zufrieden, denn er schlug uns vor, dass wir innerhalb von drei Wochen in eine drittklassige Wohnung einziehen könnten. Aber solche Wohnungen waren sehr klein und hatten keine Türen von einem Zimmer zum anderen. Die zweite Möglichkeit war, sechs oder acht Monate zu warten, bis uns eine zweitklassige Wohnung zugeteilt wurde. Über ein erstklassiges Appartement wurde überhaupt keine Wort mehr verloren. Dann gab es auch noch das Problem mit dem Stockwerk, weil es ab dem dritten Probleme mit dem Wasser gab.

Weil wir unzufrieden waren, sagte er: „Gut, dann schreibe ich einen anderen Bescheid, der hoffentlich Ihren Wünschen entspricht." Aber auch dieser brachte nicht viel Neues, es wurde nur behauptet, dass wir bis zu anderthalb Jahre auf ein erstklassiges Appartement warten müssten und dass wir das Recht hätten, uns selbst das Stockwerk auszusuchen. Auf die Frage, warum wir so lange warten müssten, nachdem wir schon so lange belogen worden waren, antwortete er, dass zurzeit nur die drittklassigen Wohnungen gebaut wurden, weil dies schneller ging, um die Leute zufriedenzustellen, die nach der Überschwemmung ohne Wohnungen geblieben waren. „Mit diesem Bescheid melden Sie sich beim Wohnungsamt, um mit Ihnen zu entscheiden, welche der drei Möglichkeiten Ihnen passen." – „Den Bescheid schicken Sie uns besser offiziell mit der Post zu."

Als wir den schriftlichen Bescheid mit der Unterschrift von zwei Landesbehörden erhielten, machten wir uns schon am nächsten Tag auf zum Wohnungsamt. Hier hatten wir die Gelegenheit, mit dem Vizepräsidenten Ionescu zu sprechen. Nachdem er den Inhalt durchgelesen hatte, sagte er: „Gut, es ist alles in Ordnung, Sie können gehen. Wenn die Wohnungen fertig sind, werden wir Sie verständigen." – „Wieso denn? Bitte lesen Sie den Inhalt mit lauter Stimme vor, vielleicht haben wir von gestern bis heute vergessen, was da geschrieben steht." – „Für mich ist alles klar", sagte er, doch dann begann er zu lesen. Er las jedoch nur den Abschnitt, in dem es um die drittklassigen Wohnungen ging. „Warum lesen Sie nicht alles? Oder glauben Sie, wenn wir blind sind, wissen wir nicht, worum es da geht? Schließlich sind wir nicht wieder da, um uns hinters Licht führen zu lassen. Sie haben doch den Stempel und die zwei Unterschriften gesehen?" Da er keine andere Wahl hatte, las er den ganzen Inhalt und sagte: „Sind Sie jetzt zufrieden? Für welche Wohnung haben Sie sich entschieden?" – „Wir haben die erstklassigen gewählt." – „Ist Ihnen denn klar, wie lange Sie warten müssen? Außerdem, wer kann schon wissen, ob diese überhaupt noch gebaut werden." – „Gut, dann nehmen wir endgültig die zweiten. Und jetzt geben Sie uns bitte schriftlich, dass wir bei Ihnen gewesen sind und für welche Variante wir uns entschieden haben, mit dem heutigen Datum und Ihrer Unterschrift. Oder Sie können das auf dieses Papier schreiben, es gibt noch genügend Platz." Der Vizepräsident wehrte ab, doch wir blieben hartnäckig, bis er alles niederschrieb. Dann baten wir ihn, er solle uns vorlesen, was er geschrieben hatte.

Wir verabschiedeten uns sehr höflich voneinander, im Glauben, dass nun alles in Ordnung war. Aber um sicher zu gehen, bat ich einen Wartenden, uns das Handgeschriebene vorzulesen. Es schien alles zu stimmen, doch mussten wir betrübt feststellen, dass die Unterschrift fehlte. Ohne an die Tür zu klopfen, traten wir ein. Als er uns so erregt sah, fragte er: „Was ist denn los?" – „Haben Sie denn keinen Namen, oder scheuen Sie sich, die Verantwortung zu übernehmen?" – „Wie ich sehe, kann ich Sie nicht so einfach loswerden", seufzte er und unterzeichnete.

Draußen wartete unser Gesprächspartner auf unsere Rückkehr. Er folgte uns bis auf die Straße und erzählte, dass auch er seit Jahren ohne Erfolg die Ämter abklappere, bis jetzt aber noch nichts erledigt habe. Er habe uns schon öfter gesehen. „Sie werden auch nichts erledigen, wenn Sie nicht fünf- bis zehntausend Lei hinlegen. Erst dann werden Sie sehen, wie schnell plötzlich alles geht. Denn das Geld zieht immer zum Geld." – „Ja, aber woher so viel Geld mit fünf Kindern und nur einem Lohn? Wir Armen werden wohl immer arm bleiben. Also gibt es keine andere Wahl, als zu warten, bis jemand auch an uns Arme denkt. Wir sind im Besitz der Papiere, haben die Unterschrift der Behörden, und trotzdem tun sie, was sie wollen. Verletzen und ignorieren die gesetzlichen Regelungen, vertuschen alles so weit wie möglich, ohne vor irgendjemandem, der sie zur Rechenschaft ziehen könnte, Angst haben zu müssen. Das ist sehr traurig, sehr traurig", sagte ich deprimiert und machte mich kopfschüttelnd auf den Heimweg.

33.

In der Zeit, in der das Blockhaus fertig gebaut werden sollte, hatte ich den Urlaub geplant, um in Kur zu fahren. Ich erhoffte, mich dadurch etwas vom Stress zu erholen, meine angeschlagenen Nerven zu beruhigen und meine Rheumaschmerzen zu behandeln. Mein Vater begleitete mich, weil meine Frau mit unseren zwei kleinen Söhnen zu Hause bleiben musste. An dem Tag, als ich noch unterwegs war, wurde meine Frau von einer außergewöhnlichen Nachricht überrascht. Ob es so geplant oder einfach ein Zufall war, war schwer zu sagen, denn am Tag meiner Ankunft im Erholungsort ging ich sofort zur Post, um ihr meine Adresse durchzugeben. Ich saß aber wie auf Kohlen, konnte kaum erwarten, die gute Nachricht zu erfahren. Ihre Stimme von dem anderen Ende der Leitung klang so fröhlich, dass sie meine Spannung nur noch mehr erhöhte.

„Heute Morgen, sofort nachdem der Präsident gekommen war, wurde mir mitgeteilt, ich solle mich umgehend bei ihm melden. Dann sagte er, dass die Zeit gekommen sei, uns und deinem Kollegen Klement zu helfen. Er hätte zwei Wohnungen, die wir uns anschauen sollten. Er stellte mir sofort ein Auto zur Verfügung, um deinen Kollegen abzuholen und um die Wohnungen zu besichtigen." – „Was sagst du da? Lass mich in Ruhe und rede keinen Blödsinn, oder willst du mich veräppeln?", rief ich in den Hörer. „Nein, es ist ernst gemeint", versicherte mir meine Frau Corina. „Wieso denn gerade heute, nachdem ich den Ort verlassen habe? Ich glaube, da stimmt etwas nicht. Und wie hast du entschieden?" – „Ich habe sie akzeptiert, was konnte ich noch tun, denn er hat uns die Bedingung gestellt, in zwei Stunden Bescheid zu geben." – „Und gefällt sie dir?" – „Ja, es geht schon", sagte sie halbherzig, „nur ist sie im vierten Stock." – „Was für ein Komfort ist es?" – „Davon habe ich keine Ahnung." – „Haben die Zimmer Türen, ist ein Balkon vorhanden?" – „Ich glaube nicht, aber ich bin mir nicht sicher." – „Gut, mir gefällt das alles nicht. Erstens ist sie im letzten Stock, wo es kein Wasser geben wird, und zweitens darfst du nicht umziehen, bis ich nicht nach Hause komme." – „Das geht aber nicht, denn in spätestens vier Tagen müssen wir umgezogen sein." – „Von einer solch unverschämten Bedingung habe ich noch nie gehört. Gut, mach, wie du es für richtig hältst, aber das Papier, das ich für die geplante Wohnung habe, darfst du niemandem geben. Und dem Präsidenten Rusu werde ich noch heute Abend einen Brief schreiben und ihn auf solche Art dafür beglückwünschen, dass er sich ein ganzes Leben lang an mich erinnern wird. Ich habe einen Zimmerkollegen, der Polizist ist, den werde ich bitten, mir den Brief zu schreiben."

In meinem Schreiben überschüttete ich ihn mit Vorwürfen und machte meinem angestauten Ärger Luft. Ich erinnerte ihn an seine begangenen Fehler, an seine Ausreden und Ausflüchte. „War das nicht schon genug, Genosse Präsident, was Sie für uns getan haben? Wo ist denn Ihre Menschlichkeit geblieben? Und was Ihre sehenden Leute aus guten Gründen ablehnen, wird uns Schwerbehinderten zum Fraß geworfen. Wie hätten Sie reagiert, wenn man Ihnen eine Frist von zwei Stunden für eine solche Entscheidung gewährt hätte? Und noch etwas möchte ich Sie fragen, Genosse Präsident. Stellen Sie sich mal vor, ich wäre der Präsident und Sie an meiner Stelle, wie hätten Sie reagiert?"

Als er den Brief gelesen hatte, erteilte er seiner Sekretärin sofort den Auftrag, meine Frau zu sich zu rufen. Sie wurde in der alten Wohnung mitten in den Umzugsvorbereitungen angetroffen. „Lade nichts mehr auf und komm sofort zum Präsidenten", sagte die Botin. „Was ist denn los?" – „Ich weiß es nicht." Als sie eintraf, fand sie ihn sehr traurig vor. Er sagte, sie solle sofort den Umzug abbrechen und ein paar Tage warten, vielleicht könne er eine andere Möglichkeit finden, uns zu helfen. „Schau, ich habe hier einen Brief von deinem Mann, vielleicht findet sich eine Wohnung in einem anderen Stock." – „Ja, aber ich habe schon einen Transport geschafft, und der zweite ist schon geladen." – „Macht nichts, warte, bis ich dir Bescheid gebe, was du tun sollst."

Doch der Präsident konnte nichts anderes finden, und so zog sie in eine drittklassige Zwei-Zimmer-Wohnung mit sehr kleinen Zimmern, ohne Türen zwischen den Räumen und ohne Balkon und Wasser ein. Doch es sollte noch dicker kommen. Als ich wieder zu Hause war, fiel mir im Schlafzimmer auf, dass etwas nicht in Ordnung war, weil mir nachts immer etwas ins Gesicht fiel. Als meine Frau das Bett machte, fand sie etwas Weißes, das mit Sand zu vergleichen war. Und nach ein paar Tagen war auch die große Überraschung da. Nach dem Essen ging ich wie immer ins Schlafzimmer, um die Nachrichten zu hören. Als ich den ersten Schritt ins Zimmer machte, trat ich auf einen Müllhaufen. Ich bückte mich, um mit den Händen herauszufinden, was es sein könnte, und rief nach meiner Frau, sie solle sich eine Überraschung ansehen. Als sie ins Zimmer trat, rief sie entgeistert: „Großer Gott, die Decke ist herabgefallen!" – „Es ist nicht die ganze Decke, nur der Putz. Es ist sicher sehr kalt gewesen, als hier verputzt wurde, er konnte nicht trocknen, und jetzt ist er runtergefallen."

In einer solch maroden Wohnung und unter diesen Bedingungen wollten wir nicht lange leben, deshalb hielt ich auch weiterhin an dem fest, was wir mit Genosse Vizepräsident Ionescu vom Wohnungsamt vereinbart hatten. Wir gingen regelmäßig auf die Baustelle, um zu erfahren, in welchem Stadium sich die Bauarbeiten befanden. Es ging leider sehr langsam voran, es waren keine Fortschritte zu erkennen. Erst nachdem die geplante Wartezeit abgelaufen war, wurde mit der Arbeit begonnen. Seitdem tummelten sich auf der Baustelle eine Menge Leute herum, Frauen und Männer, die den Fachleuten die Ziegeln und andere Materialien reichten, damit diese schneller fertig wurden. Es war ungewöhnlich, so viele Leute auf einer Baustelle zu sehen. Dann hörten wir sie untereinander reden: „Wir müssen fleißig sein, wenn wir hier eine Wohnung kriegen wollen." – „Ja, nur soll es uns nicht wie den anderen ergehen", ließ sich ein anderer vernehmen. Da überfiel uns von Neuem eine furchtbare Angst. Resigniert und beunruhigt fragten wir uns, was das schon wieder zu bedeuten hatte und von wem wir Näheres erfahren könnten.

An einem der darauffolgenden Tage kam meine Frau sehr traurig und niedergeschlagen aus der Arbeit heim, und als ich sie fragte, was denn mit ihr los sei, jammerte sie: „Ich bin so müde, meine Füße und Hände zittern, denn heute habe ich den ganzen Tag Ziegeln auf einer Baustelle geschleppt. Unsere Firma schickt jeden Tag Mitarbeiter der Reihe nach hin, mit der Begründung, dass die Wohnungen unserer Firma zugeteilt wurden. Ich glaube, dass es dieselbe Anschrift ist, die auf dem Papier vom Wohnungsamt steht." – „Das wäre keine schlechte Sache, auf diese Art hätten auch wir eine größere Chance. Und der Präsident hätte die Möglichkeit, seine gute Absicht zu beweisen."

Inzwischen waren ein Jahr und zwei Monate vergangen, und die Bauarbeiten neigten sich dem Ende zu. Seitdem überkam mich wieder eine große Anspannung, und ich hatte schlaflose Nächte allein beim Gedanken daran, weil ich nichts Gutes erwartete. Ich wusste auch nicht mehr, an welche Tür ich klopfen sollte, denn ich hatte in niemanden Vertrauen. Aber inzwischen hatte der Bürgermeister bei der Fabrik angerufen und gebeten, mir Bescheid zu geben, dass ich mich beim Wohnungsamt melden sollte. Hier erwartete uns zu unserer großen Enttäuschung derselbe Vizepräsident Ionescu: „So, nun ist die Zeit gekommen, auch eure Situation zu klären."

Er schickte uns in ein Büro, wo man uns die Zuteilung gab, wobei uns gesagt wurde, dass ich im ersten Stock und mein Kollege im zweiten ein Appartement erhalten hätte. Wir kehrten in die Arbeit zurück, und kurz darauf erschien meine Frau. „Was hast du erledigt?", fragte sie gespannt. „ich habe ein Papier bekommen, das sich diesmal Zuteilung nennt." – „Wo ist es? Oder hast du gar nichts erreichen können?" –„Das kann schon möglich sein, denn heutzutage habe ich in mein eigenes Hemd kein Vertrauen mehr." Sie las zweimal, dreimal, dann sagte sie aufgeregt: „Diese Anschrift stimmt nicht mit der, die auf dem Papier steht, überein. Hast du das Papier noch?" – „Ja sicher" – „Hör auf zu arbeiten und hör mir gut zu, was ich dir vorlese." Ja, sie hatte Recht, diese Unverschämten hatten auch diesmal versucht, uns zu täuschen.

Noch am selben Nachmittag besichtigten wir die uns zugewiesene Wohnung. Das Blockhaus befand sich in der Nähe des Hauses, das ursprünglich für uns vorgesehen war. Nur waren es wieder drittklassige Wohnungen, wie die, die wir schon hatten. Ich war am Verzweifeln und verbrachte eine extrem unruhige Nacht. Am nächsten Morgen verlangte ich mich von der Arbeit für den Tag frei. Genosse Ionescu tat überrascht, als wir erneut bei ihm auftauchten und fragte unschuldig, was denn nun schon wieder nicht in Ordnung sei. „Sie haben noch den Mut, eine solche unverschämte Frage zu stellen, obwohl Sie genau wissen, was hier abläuft? Und das ist nicht das erste Mal, dass Sie versuchen, uns in die Irre zu führen. Wo ist denn Ihre Menschlichkeit, von der andauernd gesprochen wird? Seit Jahren treiben sie Spott mit zwei Schwerbehinderten, die nichts anderes verlangen als Gerechtigkeit. Jetzt haben auch wir die Geduld verloren, wir werden dieses Büro nur noch tot verlassen, wenn Sie es auch diesmal nicht ernst meinen. Hier haben Sie die zwei Papiere, das von gestern und das, das Sie persönlich unterschrieben haben. Was soll man da noch verstehen?"

Genosse Ionescu war von diesem Gefühlsausbruch, mit dem er nicht gerechnet hatte, etwas überwältigt und versuchte, so gut es ging, die Wogen zu glätten: „Ja, ja, doch es gibt eine Menge Anwärter auf diese Appartements. Daneben gibt es viele Bruchbuden, in denen Leute leben, die wir ebenfalls mit Wohnungen versorgen müssen."– „All das geht uns nichts mehr an, Sie haben uns schon zu oft Märchen erzählt. Nicht wir sind diejenigen, die seit Jahren versprechen und ohne Unterlass und ohne Scham lügen. Gute Leute sind solche, die nicht versprechen, sondern bereit sind, etwas zu tun. Bitte stellen Sie sich vor, ich wäre an Ihrer Stelle und Sie an unserer. Was hätten Sie gesagt, wenn ich so etwas mit Ihnen getan hätte?" Vor Nervosität tastete ich auf dem Bürotisch herum, bis ich das Telefon in den Händen hielt. Ich griff sofort nach dem Hörer und wählte die Nummer seines Chefs, von der Landeshauptstadt. Als er merkte, was ich vorhatte, nahm er mir sofort den Hörer aus der Hand und sagte: „Das dürfen Sie nicht tun. Und jetzt setzten Sie sich bitte in den Warteraum, bis ich von meinem Kollegen Contor, mit dem ich über Ihre Situation sprechen werde, zurückkomme." – „Wir haben

Ihnen von Anfang an gesagt, dass wir diesen Raum nicht verlassen werden, solange Sie unser Problem nicht erledigen." – „Na gut, bitte beruhigen Sie sich und bleiben Sie hier sitzen, ich bin bald zurück."

Nach über einer Stunde Streit kam endlich die gute Nachricht, wenn man sie noch so nennen durfte. Genosse Ionescu war es „mit großer Mühe", wie er sagte, gelungen, eine Zuteilung für uns zu erwirken. Die schlaflose Nacht und die unglaubliche nervliche Anspannung ließen mich in Tränen ausbrechen, und ich erklärte mit Nachdruck: „Ich hoffe, dass Sie wenigstens diesmal ehrlich sind." Dann verabschiedete er sich von uns und begann auch zu weinen. Es trat eine tiefe Stille ein, in der nur noch stilles Weinen zu hören war. Verblüfft fragte ich mich, warum auch er weinte. Bevor der Beamte uns die Zuteilung gab, verlangte er die Erlaubnis uns vorzulesen, was da geschrieben wäre. Ich war plötzlich so müde, als hätte ich die ganze Nacht Steine geschleppt. Ermattet kehrte ich in die Arbeit zurück, aber noch immer in Sorge, dass etwas nicht in Ordnung sein könnte. Als ich mich dem Pförtner näherte, fing er an zu rufen: „Komm, ich will dir gratulieren, erstens für deinen Mut, und zweitens dass es dir doch noch gelungen ist, nach einem so langen Kampf eine so schwierige Sache zu meistern." Ich fragte ihn nicht, wie die Nachricht schon zu ihm vorgedrungen war, weil ich zu erschöpft war, um Fragen zu stellen. Ich erreichte meinen Arbeitsplatz, wo ich ebenfalls vom Chef der Verwaltung überrascht wurde, der lachend zu mir sagte: „Herzlichen Glückwunsch zu deinem heutigen Erfolg und dass du eine so schwierige Prüfung erfolgreich bestanden hast." – „Woher wissen Sie davon, mein verehrter Chef, ich habe noch mit niemandem darüber gesprochen." – „Ja, die Telefonleitungen sind schneller, als man glaubt. Der Vizepräsident Ionescu hat sich telefonisch beim Sekretariat gemeldet und davon berichtet, mit welcher Entschiedenheit du heute gehandelt hast. Du hast heute frei, geh und erhol dich von allem, was du mitmachen musstest. Denn du siehst krank aus."

34.

Nachdem ich mit viel Beharrlichkeit und Kampfgeist zur Freude aller dieses große Problem gelöst hatte, wandte ich mich einem anderen zu, das mir genauso auf der Seele lag. Als ich wegen der Wohnung bei den Behörden ein- und ausging, versuchte ich, auch eine andere, für mich sehr wichtige Angelegenheit zu erledigen, denn der Beruf als Telefonist, für den ich ausgebildet war, machte mir viel mehr Spaß und Freude. Erst recht, wenn ich an die historischen Erfahrungen und an die Zukunft dieses Berufes dachte. Nur hatte ich auch hier große Hürden zu überwinden. Es war so, wie uns in der Schule gesagt wurde, dass es äußerst schwierig war, die zuständige Behörde davon zu überzeugen, dass Blinde genauso gut arbeiten konnten wie Sehende. Überall, wo ich erfuhr, dass es automatische Vermittlungen gab, stellte ich sofort einen Antrag und stellte mich gleichzeitig bei den Vorsitzenden der Firma oder der Fabrik vor. Aber stets bekam ich dieselbe Antwort, dass es keine freie Stelle gebe und dass sie ihren Mitarbeitern nicht kündigen würden, um mir einen Gefallen zu tun. Einige wollten wissen, wie denn ein Blinder diese Arbeit verrichten könne, wenn er nichts sah, um schreiben zu können. Wie und wo ich ausgebildet wurde oder ob ich ein Zeugnis hatte, interessierte niemanden. Keiner wollte mit Blinden zu tun haben. Erstens, weil sie keine Erfahrungen mit ihnen hatten, zweitens weil ich der Erste in der Stadt war, der diesen Wunsch äußerte, und noch keine Informationen oder gesetzliche Regelungen hierzu vorlagen.

So musste ich mir gründlich überlegen, wie all das Unmögliche doch möglich gemacht werden konnte. Mithilfe der Beziehungen, die ich hatte, begann ich mich zu erkundigen, wo neue Fabriken gebaut wurden, um rechtzeitig einen Antrag zu stellen. So konnte mir keiner erzählen, dass die Stellen schon besetzt waren. Es dauerte nicht lange, bis ich erfuhr, dass eine große Fabrik gebaut wurde, die innerhalb von zwei Jahren fertig sein sollte. Ich stellte sofort einen Antrag, kaum dass die Bauarbeiten begonnen hatten, in der Absicht, der Erste zu sein, und hoffte auf die Unterstützung des Präsidenten unseres Blindenbundes Runcan, der mir bislang allerdings keine Dienste erwiesen hatte. Dieser versicherte mir noch am Anfang, dass er ein sehr großes Interesse habe, mich zu unterstützen, es wäre auch für ihn eine Ehre und Freude, wenn einer seiner Mitglieder als Telefonist arbeiten würde. Und dass er alles unternehmen würde, was in seiner Macht stand, um diesen Traum Wirklichkeit werden zu lassen.

Nach fast drei Jahren Wartezeit und inständiger Hoffnung kam schließlich die ersehnte Nachricht von einer Vertrauensperson, dass die Vermittlung installiert sei und in einigen Tagen die Telefonisten da sein müssten. Dass die Anträge überprüft worden seien, mein Name jedoch nicht aufgetaucht sei. Ob er verloren gegangen oder mit Absicht unterschlagen worden sei, könne er nicht beurteilen, deshalb sei es gut, rechtzeitig beim Direktor vorzusprechen. Und weil mir viel an diesem Beruf lag, ging ich in den folgenden Tagen, begleitet vom Präsidenten und seinem Sekretär. Da es uns mit sehr großer Mühe gelungen war, die Sekretärin zu überzeugen, dass wir ihn unbedingt sprechen mussten, versuchte auch sie, ihn davon zu überzeugen. Nach einer langen Wartezeit akzeptierte er schließlich, uns zu empfangen, mit einer Verachtung, die unschwer zu erkennen war. Der Präsident und der Sekretär begannen die Angelegenheit vorzutragen, danach erklärte er in gelangweiltem Ton: „Die Personen, die wir für diesen Posten angestellt haben, haben seit zwei Jahren einen Antrag gestellt." – „Na gut, ich habe aber seit drei Jahren den Antrag gestellt", sagte ich sofort. „Es kann möglich sein", entgegnete er, „aber ich kann mich nicht erinnern, einen Antrag mit einem solchen Namen in den Händen gehabt zu haben, und jetzt ist es zu spät, um noch etwas zu ändern."

Niedergeschlagen und empört verließen wir den Direktor, wobei ich feststellen musste, dass keiner der beiden versucht hatte, das Mindeste zu tun, um mir zu helfen. Und weil es um diese Uhrzeit keinen öffentlichen Verkehr in Richtung Innenstadt gab und es ein warmer und schöner Herbsttag war, entschieden wir uns, zu Fuß zu gehen. Eine sehr gute Gelegenheit, um dem Präsidenten Runcan meine Meinung zu sagen. Nachdem ich meine Vorwürfe losgeworden war, kam es zu einem Streit, wobei ich ihm die Frage stellte, was denn genau er in meiner Sache unternommen habe. Dann verabschiedete ich mich mit dem Versprechen, mich nie wieder an ihn zu wenden. Von nun an musste ich mich allein durchschlagen.

Kurz darauf erfuhr ich, dass der Name dieses Mannes, der mir seine Hilfe verweigert hatte, in Großbuchstaben in dem Stadtteil, in dem ich wohnte, auf allen Straßenschildern zu sehen war. Er war von den Landesbehörden vorgeschlagen, als Abgeordneter für unseren Kreis zu kandidieren. Er war mitten im Wahlkampf und organisierte für die Bewohner des Kreises, seine zukünftigen Wähler, Veranstaltungen, um seine Pläne vorzustellen. Was er unternehmen werde, wenn er die Wahlen gewann, um etwas Besseres und Schöneres für den Kreis zu tun. Und weil er mir noch immer so nahe am Herzen lag, wollte ich unbedingt an seinen Veranstaltungen teilnehmen. Mit meinen Worten wollte ich ihn unbedingt daran erinnern, dass, wenn er seinen Plänen dieselbe Aufmerksamkeit schenkte wie mir, man seine Versprechungen nicht ernst nehmen könne. Als er an der Reihe war, all denen, die Vorschläge gemacht hatten, auch Antworten zu geben, erhielt ich die, dass er das, was in meinem Fall geschehen war, aufrichtig bereue. Schließlich habe er nichts über eine solche Ausbildung von Schwerbehinderten gewusst. Eine Entschuldigung gab es immer für die Genossen, um mit sauberen Händen dazustehen. Aber obwohl ich sehr enttäuscht von dem, was ich erlebt hatte, war, wollte ich nicht aufgeben. Ich versuchte erneut, Erkundigungen in meiner Sache anzustellen, in der Hoffnung, dass ich es schaffte und dass sich jemand fand, der mir helfen konnte.

Am anderen Ende der Stadt, so wurde mir berichtet, wurde eine Porzellanfabrik gebaut, in der sicher auch eine Vermittlung entstehen würde. Um mir Gewissheit darüber zu verschaffen, musste ich jemanden finden, der mir genauere Informationen liefern konnte, um meine nächsten Schritte planen zu können. Und so geschah es an einem schönen warmen Nachmittag, dass mich ein guter Nachbar fragte, ob ich mit ihm einen Spaziergang machen wolle. Als wir müde geworden waren und weil es sehr warm war, machte ich den Vorschlag, ein Bier trinken zu gehen. Wir gingen in einen Biergarten in die Richtung, aus der die Arbeiter aus der Porzellanfabrik kamen. Weil es keine leeren Tische mehr gab, setzten wir uns an einen, an dem bereits drei Männer saßen. Die drei hatten ein sehr lustiges Spiel begonnen. Einer von ihnen sagte Gedichte auf, und die anderen sollten ihm den Autor oder den Namen des Gedichtes nennen. Wir wurden ebenfalls aufgefordert, mitzumachen, wenn es uns Spaß machte. Das Spiel wurde immer lustiger, und man konnte erkennen, dass der, der die Gedichte vortrug, sehr intelligent und gebildet war. Von den anderen beiden wurde er stets respektvoll mit „Herr Ingenieur" angesprochen. Das war ein Zeichen, dass die drei sich gut kannten. Als das Spiel beendet war, sagte der Ingenieur: „Ich möchte, dass wir miteinander Bekanntschaft machen, wenn Sie nichts dagegen haben, denn ich hatte eine Menge Spaß." Er reichte uns die Hand und sagte: „Ich bin Ingenieur Zeleanu von der Porzellanfabrik und Chef der Kontroll- und Qualitätsabteilung." Die anderen zwei waren Mitarbeiter derselben

Abteilung. „Wie schön, bei einer solchen Fabrik möchte auch ich gerne arbeiten." – „Sehr gut, aber ich möchte Ihnen eine Frage stellen, wenn Sie nichts dagegen haben. Wie ich sehe, sind Sie blind." – „Ja, das stimmt." Daraufhin sagte er eine Weile kein Wort mehr, und ich hatte den Eindruck, dass er mich bemitleidete. Dann kam endlich die Frage, auf die ich gewartet hatte: „Obwohl Sie blind sind, möchten Sie in einer solchen Fabrik arbeiten?" – „Ja, das stimmt!" – „Und was könnten Sie bei uns arbeiten?" – „Zum Beispiel als Telefonist." – „Telefonist!", sagte er verwundert. „Ja, ich habe eine zweijährige Ausbildung in diesem Bereich, und jetzt suche ich einen Arbeitgeber. Wird bei Ihnen nicht auch eine Vermittlung installiert?" – „Doch, sicher, die ist schon da, wenn ich mich nicht irre, aber Telefonisten gibt es noch keine, so weit mir bekannt ist. Intern können wir miteinander sprechen, Verbindungen nach außen gibt es allerdings noch keine." – „Von wem könnte ich Näheres darüber erfahren?" – „Von mir, wenn ich Ihnen helfen kann." – „Es wäre wunderbar und sehr freundlich von Ihnen, wenn Sie das für mich tun könnten." Er kramte aus seiner Tasche ein Stück Papier und etwas zum Schreiben hervor, dann fragte er, was ich wissen wolle. Als er sich alles notiert hatte, gab er mir ein Papier mit seiner Telefonnummer und seiner Anschrift. Dann sagte er, dass ich ihn schon am nächsten Abend anrufen könne. Und weil es spät geworden war, entschuldigte er sich und sagte, es sei an der Zeit, nach Hause zu gehen.

Unterwegs machte ich mir Gedanken, ob von dem Ingenieuren Gutes zu erwarten war. Mein Vertrauen in die Menschen war schwer angeschlagen, aber ich wollte es noch einmal versuchen. Am nächsten Tag ging ich zu einer Telefonzelle, doch am anderen Ende der Leitung meldete sich niemand. Nach einer halben Stunde versuchte ich es noch einmal und hatte mehr Glück, denn am anderen Ende der Leitung meldete sich eine sehr leise Stimme, die fragte, wen ich zu sprechen wünsche. „Herrn Ingenieur Zeleanu", sagte ich. „Er ist noch nicht gekommen, worum handelt es sich denn?" Ich schilderte kurz mein Anliegen. „Dann müssen Sie nochmals anrufen, denn er kommt immer sehr spät." Wann ich noch anrufen konnte, wusste ich selber nicht, denn es war bereits 22,30 Uhr. Es später zu versuchen war mir unangenehm. Und weil ich nicht wusste, was zu tun war, machte mein Nachbar den Vorschlag, bis zu ihm spazieren zu gehen, es wäre ja nicht so weit, vielleicht hätten wir Glück, ihn zu treffen, oder wir warteten vor seiner Wohnung, bis er heimkam. Es war schon 23 Uhr, und vom Ingenieuren keine Spur. Dann sagte mein Nachbar, wir sollten in den dritten Stock steigen und vor seiner Tür warten. „Und wenn es noch Licht gibt oder wir jemanden reden hören, klingeln wir an der Tür, ansonsten gehen wir nach Hause. Eine andere Möglichkeit gibt es nicht mehr um diese Uhrzeit." Wir lehnten uns an die Tür und spitzten die Ohren, konnten aber nichts hören. Licht gab es in der Wohnung. Ich klingelte kurz, worauf sich die Tür öffnete. Dieselbe Stimme wie am Telefon fragte: „Wen suchen Sie?" – „Noch immer sind wir es." – „Mein Mann ist aber noch nicht da. Auch ich warte mit dem Essen auf ihn, ich weiß nicht, wo er so lange bleibt. Worum geht es?" – „Ich habe gestern mit ihm gesprochen und ihn gebeten, sich zu erkundigen, in was für einem Zustand sich die Vermittlung der Fabrik befindet! Und ob es bereits Telefonisten gibt." – „Wenn es darum geht, kann ich Sie viel besser informieren, denn ich arbeite als Buchhalterin. Die Vermittlung funktioniert intern, aber weil das Gebäude noch nicht fertig ist, gibt es auch keine Telefonisten, und die Bauarbeiten können noch bis zu einem Jahr andauern." Ich bedankte mich herzlich und entschuldigte mich, sie um diese späte Uhrzeit gestört zu haben. Zufrieden mit dem, was ich erfahren hatte, machten wir uns auf den Heimweg. Beim Ausgang trafen wir auch den Ingenieuren, der uns die Aussagen seiner Frau bestätigte.

Nun konnte ich weitermachen. Ich war zu der Überzeugung gelangt, es von oben nach unten zu versuchen, denn die Kleinen konnten die Verordnungen von oben nicht so einfach verweigern. Ich setzte mich also hin und verfasste ein Memorandum an den Ministerpräsidenten, eine Kopie meines Zeugnisses legte ich bei. Und wartete. Die 30 Tage, in der eine Antwort erfolgen musste, verstrichen, und noch viel mehr, aber es kam nichts. Es war noch nie geschehen, dass ich so lange auf eine Antwort warten musste, und weil ich ja wegen der Wohnung und anderen Problemen ständig bei den Behörden unterwegs war, stieß ich zufällig auf den Wirtschaftspolitiker. Als er meinen Namen hörte, wiederholte er ihn ein paar Mal und wunderte sich. Dann hörte ich, dass er in Papieren herumblätterte, immer wieder fragend: „Wie ist Ihr Name?" Schließlich wandte er sich zu mir und fragte: „Sind Sie derjenige, der ein Memorandum an den Ministerpräsidenten geschrieben hat? In dem Sie verlangen, als Telefonist angestellt zu werden?" – „Ja, ich bin es!" – „Sehr gut, dass Sie zu mir gekommen sind, denn ich wollte Sie in den nächsten Tagen benachrichtigen, bei mir vorstellig zu werden, weil die Denkschrift mir zugeteilt worden ist."

Es begann ein ernstes Gespräch. Diesmal wählte der Politiker seine Worte mit Bedacht, weil er sich wahrscheinlich an das unangenehme Gespräch, das wir in der Vergangenheit miteinander geführt hatten, erinnerte. Auf die Frage, ob ich einen Antrag gestellt hätte, wollte ich ehrlich sein. Nein, denn sie hätten ihn sowieso nicht anerkannt. Bei einer anderen Fabrik hätte ich drei Jahren, bevor die Vermittlung installiert wurde, einen Antrag gestellt, und als ich erfuhr, dass es nicht mehr lange dauern würde, stellte ich mich beim Direktor vor, der mich kurzerhand mit den Worten abspeiste, er könne sich nicht erinnern, einen solchen Antrag erhalten zu haben. Deshalb wollte ich es diesmal auf einem anderen Weg versuchen. „Ja, es ist sehr gut so", pflichtete mir der Wirtschaftspolitiker bei. „Dann verbleiben wir so, dass Sie nächste Woche Montag wieder im Büro vorbeischauen, um mit dem Personalchef dieser Fabrik zu sprechen."

Wie vereinbart machte ich mich und mein Begleiter an dem besagten Tag auf den Weg in sein Büro. Hier versuchte der Wirtschaftspolitiker Bucur den Personalchef zu erreichen, aber die Zeit verging, und vom Personalchef kam kein Lebenszeichen. „Er ruft ja gar nicht an, vielleicht ist er gar nicht in der Arbeit", sagte Genosse Bucur. „Es hat keinen Sinn, Zeit zu verlieren. Gehen Sie nach Hause und kommen Sie morgen um dieselbe Zeit wieder, vielleicht haben wir mehr Glück."

Am nächsten Tag konnte er nur mit Mühe den Personalchef auftreiben. Dann hörte ich ihn sagen: „Ich habe neben mir einen Genossen, der blind ist und eine Ausbildung zum Telefonisten vorweisen kann. Er hat ein Memorandum an den Ministerpräsidenten verfasst, das mir zugeteilt worden ist." Was für eine Antwort er von dem anderen Ende der Leitung erhielt, war nicht schwer zu erraten. Ich konnte nur feststellen, dass Genosse Bucur sich furchtbar aufregte und mit lauter Stimme fragte: „Seit wann haben die vier Genossinnen einen Antrag gestellt? Gut, aber der Genosse neben mir hat seit über zwei Jahren einen eingereicht", war seine erregte Antwort. „Mich geht das nichts an. Suchen Sie seinen Antrag, wie und wo Sie wollen, nur lassen Sie ihn nicht verloren gehen." Das Gespräch zog sich noch eine geraume Weile hin, dann hörte ich, wie er den Hörer auflegte. „Ich glaube, Sie haben auch mitgekriegt, dass der Genosse mit Ihnen nicht einverstanden ist. Aber er wird damit nicht durchkommen", beruhigte er mich. „Jetzt versuche ich es mit dem Direktor, vielleicht ist er verständnisvoller." Doch der Direktor war nicht zu erreichen. „Jetzt bin ich am Ende mit meinem Latein", seufzte der Politiker. „Nächste Woche beginnen die Winterfeiertage, dann das Neujahr, so dass wir nichts mehr unternehmen können. Und wie ich erfahren habe, wird es noch zwei, drei Monate dauern, bis die Vermittlung eingerichtet ist. Dann verbleiben wir so, wir treffen uns am 15. Januar wieder, vielleicht gelingt es mir in der Zwischenzeit, etwas zu erreichen."

35.

Das Jahr 1971 ging vorbei, und 1972 hatte begonnen. Ob ich den ersten Schritt ins neue Jahr mit dem rechten Fuß oder dem linken getan hatte, war schwer zu sagen, aber es war offensichtlich, dass es diesmal einen guten Willen gab. Deshalb versuchte ich, mich zurückzuhalten und die Beamten machen zu lassen, weil ich feststellen konnte, dass sie mir helfen wollten. So glaubte auch ich immer mehr an ein gutes Ergebnis. Auch wenn mir auffiel, dass die Behörde, die auf meiner Seite war, doch zögerte, weil sie von meinen Fähigkeiten nicht genügend überzeugt war. Doch sie konnte mich andererseits von meinem Vorhaben nicht abbringen. Ich hielt weiterhin an meinem Ziel fest, denn ich wusste, dass dies meine einzige und letzte Chance war, die ich unbedingt nutzen wollte.

Wie vereinbart wurde ich am 15. Januar bei Wirtschaftspolitiker Bucur vorstellig, um in Erfahrung zu bringen, wie weiter verfahren werden sollte. Als er mich und meine Frau sah, kam er auf uns zu, und wir wünschten uns gegenseitig ein glückliches und erfolgreiches neues Jahr. Dann sagte er: „Heute können wir nichts mehr tun. Inzwischen habe ich Ihre Situation auch mit anderen besprochen. Es ist so vereinbart worden, uns am 24. Januar um 9 Uhr hier zu treffen." Warum auch das noch geschehen musste, konnte ich mir nicht erklären. Ich zerbrach mir von Neuem den Kopf, was sich schon wieder gegen mich zusammenbraute, denn ich hatte erfahren, dass immer häufiger die Frage aufkam, wer denn bereit sein würde, eine so große Verantwortung auf sich zu nehmen.

Aber so wie die vielen anderen Tage vergingen auch die nächsten, und ich fand mich mit meinem Kollegen Klement optimistisch wie vereinbart bei Genosse Bucur ein. Er kam, begrüßte uns und ging in sein Büro. Kurz darauf ging noch jemand hinein, und wir hörten sie miteinander reden, konnten aber nichts verstehen. Dann kam eine zweite Person dazu. Das Gespräch wurde zu dritt fortgeführt, dann öffnete sich die Tür, und wir traten ein. Wir wurden gebeten, am Tisch, an dem bereits die beiden anderen Herren saßen, Platz zu nehmen. „Heute werden zwei weitere Genossen an unserem Gespräch teilnehmen", verkündete Wirtschaftspolitiker Bucur. „Es geht um einen Genossen Politiker mit organisatorischen Angelegenheiten und dem Direktor der Telekommunikationsunternehmen." Ohne Aufforderung eröffnete der Politiker, der für den organisatorischen Bereich zuständig war, das Gespräch: „Wie ich erfahren habe, wollen Sie als Telefonist arbeiten. Wissen Sie, was auf Sie zukommt, wenn Sie angestellt werden?" – „Natürlich, ich habe eine zweijährige Ausbildung in diesem Bereich." – „Wie und womit werden Sie die Gespräche und andere Nachrichten, die Sie weiterleiten müssen, schreiben, wenn Sie nicht sehen?" – „Mit einer solchen Schreibmaschine, mit der ich in der Blindenschule die Aufgaben geschrieben habe." – „Na gut, aber wie Sie vielleicht wissen, gibt es bei allen Vermittlungen optische Signale. Woher können Sie wissen, welche der vielen Lampen aufleuchtet, wenn Sie nicht sehen, um entsprechend handeln zu können?" – „Sie dürfen nicht vergessen, dass es überall auch einen akustischen Appell gibt, außerdem werden in meinem Fall alle Lampen durch sogenannte Taststifte ersetzt." – „Gut, dann wird Ihnen ein 14-tägiges Praktikum bei der Post gewährt, und Sie können uns von Ihren Fähigkeiten überzeugen." – „Das Ganze ist doch nicht so einfach, wie Sie denken. Erstens weil die Damen meine Punktschrift nicht lesen können, und zweitens kann ich ihre Schrift nicht lesen. Außerdem ist es unrentabel, für nur zwei Wochen in so viele Taststifte zu investieren." – „Ich gehe davon aus, dass Sie wissen, dass ein Telefonist sehr pünktlich sein muss. Er muss als Erster da sein und als Letzter den Arbeitsplatz verlassen. Wie können wir sichergehen, dass wir uns auf Sie verlassen können?" – „Ich habe einen guten Kollegen, der neben mir wohnt und mir helfen wird, bis ich jemanden von der Fabrik gefunden habe oder alleine gehen kann." – „Diese Antwort befriedigt uns nicht", warf der Politiker ein. „Wenn Sie sich in ein paar Tagen zerstreiten und nicht mehr pünktlich in die Arbeit kommen, was tun Sie?" – „Gut, dann mache ich Ihnen einen Vorschlag, der Sie und mich in gleicher Weise beruhigen wird. Wie ich erfahren habe, gibt es täglich Anzeigen, dass man Arbeitskräfte für diese Fabrik sucht. Stellen Sie doch meine Frau ein, dann können Sie sicher sein, dass ich pünktlich da sein werde." – „Was, Sie haben eine Frau, die sieht? Und wo arbeitet sie jetzt?", fragte der Politiker und kam aus dem Staunen nicht mehr heraus. „Sie ist sehend und arbeitet jetzt beim UJCM."

Es wurde ganz still im Raum, dann hörte ich jemanden zum Telefonhörer greifen und hörte ihn fragen, ob er mit dem Sekretariat des UJCM verbunden sei. „Hier ist Cretu, Politiker für organisatorische Fragen. Ich möchte wissen, ob Sie eine Angestellte namens Corina haben? Ja, ja, können Sie mir auch den Präsidenten Rusu ans Telefon geben? Gut, sagen Sie ihm, dass diese Genossin ab dem 1. Februar in der Porzellanfabrik arbeiten wird." Als ich diese Worte hörte, wusste ich nicht, wie ich mich verhalten sollte. Dann forderte Cretu den Genossen Direktor auf, seine Meinung über das, was er innerhalb der letzten Stunde erfahren hatte, zu äußern. Dieser war überrascht, dass ich alle Fragen so gut beantworten konnte. „Es ist mir eine Freude zu erfahren, wie gut auch Blinde in diesem Bereich ausgebildet werden", fuhr er fort. „Ich bin überzeugt, dass Sie ein guter Telefonist sind. Das werden Sie uns in Zukunft beweisen, so dass es uns nicht leidtun muss, Ihnen geholfen zu haben. Ich hoffe, dass alles Nötige besprochen wurde", sagte dann der Direktor. „Auch ich glaube, es ist alles geklärt", pflichtete ihm der Politiker für organisatorische Fragen bei, fügte aber noch, an mich gewandt, hinzu, dass ich jetzt das, was ich versprochen hatte, unter Beweis stellen müsse.

Die beiden Politiker standen auf und verließen den Raum. Mein Begleiter und ich wurden von Genosse Bucur aufgefordert, im Warteraum Platz zu nehmen.

Warum, wurde uns nicht gesagt. Nach einer geraumen Weile trat jemand in sein Büro ein, kurz darauf öffnete sich die Tür, und die zwei kamen auf uns zu. „Das ist Genosse Direktor von der Porzellanfabrik." Ich versuchte, ihm mein Anliegen vorzubringen, aber er unterbrach mich: „Ich habe verstanden, Sie wollen einen Arbeitsplatz, um das tägliche Brot für Ihre Familie zu verdienen." – „Ja, genau das wünsche ich mir." – „Gut, wenn das so aussieht, gehen Sie zum Parkplatz, da ist mein Auto und der Chauffeur, er wird Sie zur Fabrik fahren." Ich verabschiedete mich für immer von Genosse Bucur und bedankte mich herzlich für alles, was er für mich getan hatte. Dann sagte er, ich solle mich bei Schwierigkeiten an den Genossen Direktor wenden.

In der Fabrik wurden wir vom Chauffeur bis zum Personalbüro begleitet. Wir klopften an die Tür und traten ein, dann ließ sich eine unangenehme Frauenstimme vernehmen: „Wen suchen Sie?" – „Den Genossen Personalchef." – „Er ist nicht da, Sie müssen noch warten." – „Gut, dann warte ich." – „Aber nicht hier, Sie müssen hinausgehen und da warten", sagte sie schnippisch. Ich trat hinaus und lehnte mich an die Wand, weil ich bereits ahnte, dass mir eine lange Wartezeit bevorstand. Denn hier begann ein neues Katz-und-Maus-Spiel, an dem ich teilnehmen musste. Ich wartete mit meinem Begleiter in einer Kälte von minus 15 Grad, dazu blies uns ein eisiger Wind entgegen, und von einer Abteilung in der Nähe drang ein so ohrenbetäubender Motorenlärm zu uns, dass wir schreien mussten, um uns verstehen zu können. Mein Kollege Klement versuchte mir zu erklären, was in unserer Nähe geschah. Dass es immer dieselben Leute seien, die ein- und ausgingen, die uns ansahen, sich ein Zeichen machten und wieder weggingen. All das schien meinem Kollegen merkwürdig, und er fing an, sich aufzuregen. Dann ging er zum Pförtner, den er zu kennen glaubte, um ihn zu fragen, wie der Personalchef aussah.

Wir warteten fast zwei Stunden in der eisigen Kälte, und keiner sagte ein Wort. Ich klopfte an und trat ein. Sofort meldete sich dieselbe Stimme: „Er ist noch nicht da, wahrscheinlich kommt er heute auch nicht mehr." Wütend verließ ich das Büro. Aber ich hatte noch nicht die Tür hinter mir zugezogen, als mein Kollege fragte: „Hast du etwas erledigt?" – „Leider nicht, heute kommt er wahrscheinlich nicht mehr." – „Was sagst du da? Hier ist etwas nicht in Ordnung, der Pförtner hat mir gesagt, dass er ständig an uns vorbeigegangen ist. ‚Der große Mann, der euch immer so ansieht', hat er gesagt. Na gut, pass auf, was ich jetzt tun werde, wenn er wieder vorbeikommt." Kaum hatte er das ausgesprochen, hörte ich ihn auch schon sagen: „Hallo, Genosse Chef, wie lange wollen Sie uns noch an der Nase herumführen?" Er blieb stehen und fragte nervös: „Wer sind Sie, dass Sie auf eine solche Art mit mir reden?" – „Bitte bespucken Sie uns nicht, denn wir haben uns heute früh gewaschen", hörte ich meinen Kollegen zum Personalchef sagen. Er ging in sein Büro und schlug die Tür hinter sich so stark zu, dass ich spürte, wie die Wand an meinem Rücken erzitterte. Kurz darauf hörte ich dieselbe unangenehme Frauenstimme, die mich hineinbat, allerdings ohne meinen Kollegen. „Worum geht es denn, schießen Sie los", forderte mich der Personalchef ungehalten auf, als hätte er keine Ahnung davon. „Ich denke, dass ich nicht alles von Anfang erzählen muss. Genosse Direktor hat Ihnen sicher Bescheid gegeben, und gleichzeitig sind Sie von den Behörden informiert worden, um was es geht. Ich möchte als Telefonist bei Ihnen angestellt werden." – „Gut, hier haben Sie die Papiere", sagte er aufgeregt. „Das geht nicht so, wie Sie es sich vorstellen. Zuerst möchte ich die Vermittlung besichtigen. Bei dieser Gelegenheit können Sie mich vielleicht loswerden, wie Sie es sich auch wünschen." – „Dann müssen Sie draußen warten, bis derjenige gefunden wird, der den Schlüssel hat."

Als mein Kollege erfuhr, dass wir wieder warten mussten, sagte er: „Hier werden wir zum Narren gehalten. Na gut, das wird ja auch vorbeigehen, jetzt werde ich genau beobachten, was er tut." Der Personalchef ging ein paar Mal hin und her, bis er neben mir stehen blieb und sagte, dass er denjenigen, der den Schlüssel hatte, nicht finden könnte. Dann kam er mit einem weiteren Mitarbeiter, der sich als Leiter der Elektroabteilung vorstellte, um uns zu überzeugen, dass der Schlüssel nicht aufzutreiben war. „Gut, bitte sagen Sie uns, wo das Sekretariat ist, damit wir mit dem Genossen Direktor sprechen." – „Er ist zurzeit nicht in der Fabrik." – „Macht nichts, wenn alles so aussieht, gehen wir zu den Behörden, um ihnen mitzuteilen, wie Sie uns behandelt haben."

Als wir weggingen, fragte der Pförtner, ob wir etwas erledigt hätten. Wir verneinten. „Aber wir gehen jetzt zu den Behörden." Wir hatten uns keine 200 Meter entfernt, als wir jemanden hinter uns schreien hörten: „Hallo, hallo Genossen, bleibt stehen." Als uns der junge Mann erreichte, war er ganz aus der Puste: „Sind Sie die Genossen, die die Vermittlung besichtigen wollen?" Wir könnten zurückgehen, denn sie hätten den Schlüssel gefunden. Im Flur vor der Tür warteten der Personalchef und eine Dame, die mein Kollege gesehen hatte, als wir warteten. Sicher war auch sie eine von denen, die mich ganz schnell los werden wollten. Der Junge öffnete die Tür, und wir traten ein. „Wie schön warm es hier ist", sagte ich, „nach drei Stunden Wartezeit draußen im Kalten." Ich zog den Mantel aus, um besser tasten zu können, setzte mich auf den Stuhl vor dem Vermittlungspult und fing an zu überprüfen. Nach einer Weile sagte ich: „Es tut mir sehr leid, aber genau so was suche ich seit Jahren. Jetzt können Sie mir die Papiere geben, Genosse Chef."

Im Personalbüro holte ich für mich und meine Frau die Papiere ab, und wir machten uns ruhig zu Fuß auf den Nachhauseweg. Unterwegs erzählte mein Kollege mir alles, was ihm aufgefallen war. Dass der Kampf noch nicht beendet war, weil die Dame ganz bestimmt eine meiner Gegnerinnen sein würde. „Sie wird dich sicher unter Druck setzen und mit Lügen vorzugehen versuchen, um dich loszuwerden. Deshalb musst du gut vorbereitet sein für diesen letzten Kampf, den es sicher noch geben wird. Denn als du zu dem Personalchef sagtest, dass es genau das sei, was du seit Jahren suchtest, blickte sie ihn starr an, machte ihm mit dem Kopf ein Zeichen und lief ganz rot an."

Es standen uns nur wenige Tage zur Verfügung, um unsere Papiere zu erledigen. Meine Frau war sehr traurig, nach so vielen Jahren ihren Arbeitsplatz verlassen zu müssen, denn es war ihr gut da ergangen, und das Verhältnis der Mitarbeiter untereinander war sehr herzlich. Sie beugte sich, um mir einen Gefallen zu tun, damit ich pünktlich zur Arbeit erscheinen konnte. Für mich stand fest, dass ich als Telefonist arbeiten wollte. Aber bei meiner Frau wurde zwischen dem Direktor und den Behörden nur so viel vereinbart, dass sie dieselben Arbeitszeiten hatte wie ich, damit wir gemeinsam in die Arbeit kommen konnten. Der Personalchef schikanierte sie, wo er nur konnte, versuchte, sie unter Druck zu setzen und ihr Schichtarbeit unterzujubeln. Sie verweigerte daraufhin diese Arbeitsstellen und kam traurig und weinend zu mir. Als wir uns keinen Rat mehr wussten, machten wir uns auf den Weg zum Genossen Direktor. Dieser sagte: „Ich weiß nicht, was mit diesem Menschen los ist. Will er nicht oder kann er nicht verstehen, worum es hier geht? Gehen Sie in die Vermittlung und warten Sie da, bis wir Sie benachrichtigen."

Als wir sein Büro verließen, kam auch der Personalchef die Treppen hinunter. Der Direktor rief ihn zu sich und forderte ihn auf, meiner Frau einen Arbeitsplatz zur Verfügung zu stellen, wie vereinbart worden war, und ihn umgehend über seine Entscheidung in Kenntnis zu setzen. Nach ein paar Tagen kam der Verwalter und stellte sich als mein neuer Chef vor. Ich könne mit meinen Problemen ruhig zu ihm kommen, meine Frau sei ebenfalls ihm zugeteilt und im Sekretariat als Kurier angestellt. Er hoffe auf eine gute Zusammenarbeit, er sei schließlich auch Brillenträger. Ich hatte zu dem Zeitpunkt noch immer keine Beschäftigung, weil die Errichtung der Vermittlung sich von Tag zu Tag hinzog, bis endlich die Spezialisten kamen, um sie endlich in Betrieb zu setzen und sie an die Außenwelt anzuschließen.

36.

Die Nachricht, dass ein blinder Telefonist angestellt wurde, machte schnell die Runde. Alle Beamten, die täglich viele Gespräche führen mussten, fragten sich besorgt, wie das mit einem solchen Telefonisten klappen sollte. Bei allen Gelegenheiten und in den Sitzungen stellten die Büro- und Werkstattleiter diese Frage. „Wir müssen die Zeit abwarten, bis er die Arbeit beginnt, nur so werden wir uns von seiner Kompetenz überzeugen können", antwortete ihnen der Direktor. Weil die schlechten Gerüchte um sich griffen und kein Ende fanden und weil keiner Auskunft geben konnte, versuchte es der Chefingenieur. Er wollte sich selbst ein Bild machen, um dann die anderen von dem, was er in Erfahrung bringen konnte, in Kenntnis zu setzen. Ruhig und höflich eröffnete er das Gespräch. „Wie Sie wahrscheinlich mitgekriegt haben, gibt es im Zusammenhang mit Ihrer Person eine Menge Fragen. Ich persönlich glaube nicht, dass Sie die ganzen Informationen im Sinn behalten können. So stellt sich zu Recht die Frage, wie Sie sich in diesem Beruf zurechtfinden werden?" Ich griff zur Schreibmaschine, legte sie auf den Tisch und bat ihn, mir einen Text oder ein Gespräch zu diktieren. Nachdem ich ihm das Geschriebene vorgelesen hatte, schlug er mir freundschaftlich auf die Schulter und sagte: „Jetzt werden alle Augen machen, ich wollte mich nur selbst von Ihren Fähigkeiten überzeugen."

Schließlich kam auch der Tag, an dem zwei Fernleiter der Telekom kamen, um die Amtsleitungen anzuschließen. Es war der 26. Februar, und kaum war seit der Ankunft der Fernleiter eine halbe Stunde vergangen, als ich eine mir bekannte Frauenstimme hörte, die sich bei diesen vorstellte. Ich erkannte, dass sie sich gut kennen mussten, denn sie lachten und machten viel Spaß, und nach einer Weile hörte ich einen von ihnen sagen: „Jetzt sollen wir sehen, wie Sie sich zurechtfinden, gnädige Frau! Wir sind gekommen, um die Amtsleitungen anzuschließen." – „Aber bitte, kommen Sie und erklären Sie mir noch einmal, bevor Sie die Verbindung machen." Sie traten ans Vermittlungspult und erklärten ihr, wie man mit dem Zubehör umgehen musste, um eine Verbindung herzustellen. Dann hörte ich einen lachend sagen: „Es ist ja genau dieselbe Vermittlung, bei der Sie Praktikum gemacht haben", aber sie fand sich nicht zurecht, sie hatte überhaupt keine Ahnung von all dem Zubehör, das sich auf dem Vermittlungspult befand und wie es zu bedienen war. Sie machte alles zufällig, ohne zu überlegen oder Fragen zu stellen, warum es so und nicht anders getan werden musste. Der Fernleiter begann zu lachen und sagte: „Nicht so, Frau Florica, Sie haben nicht auf die richtige Taste gedrückt." Er erklärte ihr noch einige Male, dann verließ er sie, um seine Arbeit zu erledigen. Sie folgte ihm und löcherte ihn mit unzähligen Fragen, die der Fernleiter gut gelaunt beantwortete. Obwohl auch er davon überzeugt war, dass die Dame nichts kapierte. Um sie zu beruhigen, sagte er: „Heute machen wir nur die Vorbereitungen, Sie haben bis morgen früh Zeit, sich mit dem Ganzen anzufreunden."

Bevor sie weggingen, wollten sie noch einmal alles überprüfen, um sicherzugehen, dass am nächsten Tag alles planmäßig funktionieren würde. Sie baten die Dame, am Vermittlungspult Platz zu nehmen und nichts anderes zu tun als das, was man ihr sagte. Fröhlich setzte sie sich hin und sagte: „Ich bin fertig, was soll ich tun?" – „Gehen Sie auf die erste Leitung." – „Ich bin da!" – „Wieso sind Sie da, hier sieht man nichts. Versuchen Sie es noch einmal. Was machen Sie da, Frau Florica, wissen Sie noch immer nicht, welches die erste und welches die zweite Leitung ist?" Er kam und erklärte ihr geduldig alles von Anfang an, dann ging er zurück. „Gehen Sie auf die erste Leitung!" – „Bin da!" – „Drücken Sie auf die Taste 1, und jetzt auf die 2!" Dann wurde es auf einmal ruhig, und die zwei unterhielten sich flüsternd. Währenddessen fragte die Dame immer wieder, was sie weiter tun solle. Dann kam der Fernleiter, setzte sich ans Pult, kehrte zu dem anderen zurück und fragte dann mit einem ironischen Lächeln: „Wo arbeiten Sie denn jetzt?" – „Im Büro beim Absatzmarkt." – „An Ihrer Stelle würde ich da bleiben", sagte der alte Fernleiter, „als hier bei diesem Stress, denn den werden Sie sicher haben mit den Leuten." – „Das darf nicht wahr sein", regte sie sich auf. „Dann kann ich lieber als Chemielaborantin arbeiten, wofür ich ausgebildet bin, ich bin nur zufällig zum Absatzmarkt gekommen, unter der Bedingung, als Telefonistin zu arbeiten, wenn die Vermittlung in Betrieb genommen wird." – „Das ist Ihre Entscheidung, gnädige

Frau, aber Sie werden sich ganz bestimmt an meine Worte erinnern."

Sie verließen zu dritt den Raum, und ich blieb allein. Ich setzte mich sofort ans Vermittlungspult und überprüfte das Zubehör, so wie ich es von ihnen erfahren konnte. Ich versuchte es auch mit der Nebenstelle, die es da gab, um Bescheid zu wissen, wenn die Zeit auch für mich gekommen war. Am nächsten Morgen wartete die Dame bereits an der Tür, als ich eintraf. Ich öffnete die Tür, und sie rannte an mir vorbei, ging zum Kleiderschrank und zog sich um. Dann setzte sie sich ans Vermittlungspult und begann, mit sich zu reden. Kurz darauf trafen auch die zwei Fernleiter ein, und mit einem Lächeln fragten sie Frau Florica, ob sie gut geschlafen und etwas Schönes geträumt habe. Sie zogen sich um und gingen zur Verwaltung, um Bescheid zu geben, dass die Vermittlung in Kürze in Betrieb gesetzt wurde. Nach ihrer Rückkehr teilte der alte Fernleiter der Dame die Rufnummern mit. Gleichzeitig bat er sie, sich aufzuschreiben, welche Rufnummern es auf der ersten, zweiten und den anderen Leitungen geben würde, damit sie antworten konnte, wenn sie gefragt wurde. „Wenn jemand Sie nachts aus dem Schlaf reißt und Sie danach fragt, müssen Sie das wissen", verkündete er lachend. „Jetzt überlegen Sie sich gut, was zu tun ist, denn in zehn Minuten wird die Vermittlung in Betrieb gesetzt."

Dann hörte ich es das erste Mal klingeln und wie ihre Stimme zu zittern begann. Der Fernleiter nahm ihr sofort den Hörer aus der Hand und wählte die Verbindungen, damit sie noch einmal sehen konnte, wie es ging, und sie sich und ihre Stimme beruhigen konnte. Beim Weggehen reichten ihr beide die Hand und wünschten ihr viel Erfolg in ihrem neuen Beruf. Dann verließen sie den Raum, und sie stand nun allein und ohne Unterstützung da. Ich hörte sie immer unruhiger werden und sie schließlich weinend sagen: „Ich habe eine sehr gute Verbindung hergestellt, ich kann auch nicht verstehen, warum Sie nicht sprechen konnten." Und weil die Beamten alle dieselbe Entschuldigung hörten, regten sie sich auf und kamen zur Vermittlung. Sie begannen mit ihr zu streiten und sagten: „Wie können Sie uns allen immer dasselbe sagen, wir wollen sprechen, und an dem anderen Ende der Leitung gibt es niemanden."

Tagelang ging es unter diesen Bedingungen weiter, ohne dass sich etwas änderte. Die Leute kamen dann auf mich zu und fragten, ob nicht ich ihnen sagen könne, was geschehen sei, dass sie nicht sprechen konnten. „Solange ich nicht arbeite, um festzustellen, wo das Problem liegt, kann ich Ihnen auch keine Antwort geben." Weil ja keine Verbesserung in Sicht war, kam am nächsten Tag, von den Beamten gedrängt, der Leiter der Elektroabteilung, um sich selbst ein Bild von dem Ganzen zu machen. Mit ruhiger und müder Stimme wandte er sich an die Dame, sie solle ihm doch bitte erklären, warum niemand verbunden werden könne. „Ich kann nicht verstehen, warum sich die Leute beklagen, denn ich habe immer eine sehr gute Verbindung hergestellt." – „Warum kann man dann nicht sprechen, verehrte

Dame?" – „Ich weiß überhaupt nicht mehr, was ich Ihnen sagen soll." – „So kann es nicht weitergehen", sagte der Ingenieur mit lauter Stimme.

Die Leute kamen, um sich bei ihr zu beschweren, sagten, sie habe keine Ahnung von dem Beruf, sie solle lieber aufgeben und denen Platz machen, die etwas davon verstünden. Der Ingenieur stand da und hörte zu, ohne ein Wort zu sagen. Weil er von der Dame nichts erfahren konnte, wusste er nicht, was noch zu tun wäre. Er rauchte eine Zigarette nach der anderen und ging von einem Zimmer zum anderen. Dann verließ er uns für eine Weile. Jetzt war die Zeit da, dass die Dame ihm Kopfschmerzen bereitete, wegen der er vor einem Monat lügen musste, dass die Schlüssel verschwunden waren.

Als er zurückkam, klopfte er mir freundschaftlich auf die Schulter und führte mich in den Nebenraum, um, wie er sagte, eine gemeinsame Lösung zu finden, weil es so nicht weitergehen könne. Sogleich wandte er die Frage an mich, warum man meiner Meinung nach keine Verbindung herstellen könne. „Es gibt, denke ich, nur zwei Möglichkeiten. Es kann einen technischen Defekt geben oder einen beruflichen Mangel." – „Und wie können wir das feststellen?", fragte er sogleich. „Ganz einfach! Sie bitten die Dame, mich für einige Minuten ans Vermittlungspult zu lassen, und Sie bleiben hier und heben den Hörer auf, wenn es klingelt. Wenn Sie Ton haben, wählen Sie eine Nummer, und wenn es keinen Ton gibt, ist es ein technischer Defekt." – „Sehr gut", sagte der Ingenieur fröhlich. Er führte mich zu der Dame, die er bat, mir am Vermittlungspult Platz zu machen. Aufgeregt fragte sie, die so schnell nicht aufgeben wollte: „Glauben Sie vielleicht, dass ein Blinder es besser schaffen kann als ich?" – „Das geht Sie überhaupt nichts an, denn ich habe die Nase voll von Ihren Märchen."

Ich machte mich mit dem Ingenieuren sofort an die Arbeit, und nachdem wir alles überprüft hatten, stellte sich heraus, dass eine Leitung in Ordnung war, bei der anderen hingegen ein technischer Defekt vorlag. Dann fragte der Ingenieur erleichtert: „Sie haben Recht gehabt, aber was können wir jetzt tun?" – „Ganz einfach, Sie verständigen die zwei Fernleiter, die das Problem beheben werden. Nur müssen auch Sie dabei sein, denn bislang haben Sie mit mir noch kein Wort gesprochen, und die Dame wird ihnen auch keine Auskunft geben können."

Kurz darauf waren die Fernleiter da und gingen zu Frau Florica, um sie zu fragen, was los sei. Diese konnte ihnen allerdings nicht viel sagen. Als ich sie kommen hörte, klingelte ich sofort nach dem Ingenieur, der bald erschien. Der alte Fernleiter schien bekümmert, dass die Dame keine Ahnung hatte. Dann erkundigte er sich beim Ingenieuren nach dem neuesten Stand. „Ich werde es Ihnen sofort zeigen, nur soll der Herr zum Vermittlungspult gehen!" – „Na gut, dann soll er gehen", verkündete der stets gut gelaunte Fernleiter diesmal mit trauriger Stimme. Als ich klingelte, nahm der Ingenieur den Hörer ab und reichte ihn dem Fernleiter. „Gut, er soll das wiederholen, jetzt ist alles klar. Gleich wird alles in Ordnung sein", teilte er dem Ingenieuren mit. Sie blätterten in ihren Plänen, besprachen die Vorgehensweise, und nach einer Weile hörte ich den Ingenieuren sagen: „Jetzt scheint alles in Ordnung zu sein. Aber die anderen sollen das auch probieren, solange Sie noch da sind, und dann hoffe ich, dass die Vermittlung funktioniert, damit mich die Leute endlich in Ruhe lassen."

Er blieb noch da, nachdem die zwei den Raum verlassen hatten, um mit mir organisatorische Probleme zu besprechen, um Schwierigkeiten dieser Art in Zukunft zu vermeiden. Denn es störte ihn, andauernd auf dieses Thema angesprochen zu werden. Dass die Leute unter solchen Bedingungen ihre Arbeit nicht erledigen könnten. Deshalb wurde schließlich die Vermittlung in Betrieb genommen, um die Arbeit der Beamten zu erleichtern, nicht zu erschweren. „Denn jeder Anfang ist schwer, bis man sich an die Arbeit gewöhnt. Na gut, nun möchte ich aber wissen, warum Sie bis jetzt noch nicht Platz am Vermittlungspult genommen haben." – „Ich glaube, dass es einen guten Grund dafür gibt, solange die Arbeitszeiten nicht geregelt sind, für jeden von uns beiden. Ich habe kein Interesse daran, mich mit der Dame zu streiten. Weil jeder von uns auch die Verantwortung für das, was er tut, übernehmen muss." – „Aha, ich glaube, ich habe verstanden, was Sie damit sagen wollen. Aber jetzt bitte ich Sie, mir den Gefallen zu tun und sich für den Rest des Tages hinzusetzen und festzustellen, ob es weitere technische Defekte gibt. Und ich werde mich auf den Weg zum Verwalter und, wenn notwendig, zur Führung machen, um Ihren Vorschlag zu erledigen."

Also setzte ich mich hin und fragte die Dame, ob es noch Gespräche gebe, die sie nicht erledigen konnte. „Nein", antwortete sie schnippisch. Nach ca. 20 Minuten gingen zwei Ferngespräche ein, die von ihr bestellt wurden, und weil sie nicht mehr da war, um zu sagen, wem sie gehörten, lehnte ich sie ab. Kurz darauf meldete sich die Beamtin, die die Gespräche bestellt hatte. Als sie meine Stimme hörte, entschuldigte sie sich und sagte, dass sie auf zwei wichtige Ferngespräche warte, die sie bei meiner Kollegin bestellt habe. Ich erklärte ihr, was mit den Gesprächen geschehen sei, dann sagte sie: „Sagen Sie ihr, es wäre viel vernünftiger, sich eine andere Arbeitsstelle zu suchen, denn als Telefonistin ist sie unfähig, und keiner, der seine Verpflichtungen telefonisch erledigen muss, wird mit ihr einverstanden sein."

Vergeblich versuchten wir es auf vernünftige Art und Weise, sie wollte sich von niemandem etwas sagen lassen. Sie wiederholte stets dasselbe, dass ihr der Personalchef und der Leiter des Absatzmarktes versichert hätten, dass sie die künftige Telefonistin sein werde, weil es eine bessere als sie nicht gebe. Immer, als mir die Reihe kam, mich ans Vermittlungspult zu setzen, holte sie sich einen Stuhl und setzte sich auf die gegenüberliegende Seite des Vermittlungspults. Anfangs glaubte ich, sie würde sich neben mich setzen, um zu sehen, wie ich arbeite, damit auch sie es in den Griff bekam, aber Frau Florica hatte ganz was anderes geplant, sie unterbrach kurzerhand meine Verbindungen.

Da platzte mir die Hutschnur, und ich machte sie darauf aufmerksam, auf ihre Finger aufzupassen, wenn sie nicht ohne sie bleiben wolle. Weil auch das sie nicht beeindruckte, bat ich sie, am Tisch sitzen zu bleiben, denn sie hätte zwei gute Augen, um von da zu gucken. Aber sie stand auf und ging einfach weg, und als sie zurückkam, setzte sie sich wieder hin. Mich machte ihre Anwesenheit sehr nervös, denn ich konnte nicht ruhig arbeiten, und wenn ich arbeitete, konnte ich dies nur mit einer Hand tun, denn mit der anderen musste ich auf ihre Finger aufpassen. Schließlich schlug ich ihr mit der Faust auf die Finger oder drehte ihr die Hand, bis sie es gut zu spüren bekam und sich weinend davonmachte. Ich fragte mich immer, wohin sie wohl verschwand, dass sie so gut gelaunt zurückkehrte. Vielleicht machte ihre Vertrauensperson ihr Mut, dass sie die Einzige sei, die die Gelegenheit habe, mich unter Druck zu setzen, damit ich vielleicht doch aufgebe. Dann erfuhr auch ich, dass sie sich andauernd beim Personalchef und dem Leiter des Absatzmarktes beklagte, dass ich nicht schreiben könne, nicht sehen könne, welche der Lampen aufleuchtete, dass sie mir alle Verbindungen herstellen müsse, dass alle in der Fabrik darunter leiden müssten, wenn ich bleiben würde. Sie wollte sie dazu bewegen, dem Direktor einen Besuch abzustatten, um ihn über die bestehenden Missstände zu unterrichten. Dass ich die aufleuchtenden Lämpchen nicht sah, war richtig, aber ich hörte ja das akustische Signal, mit dem ich mich sehr gut zurechtfinden konnte. Außerdem war bekannt, dass ich die Lampen durch Taststifte ersetzen würde, wenn sichergestellt war, dass ich bleiben würde.

Letzen Endes war es ihr gelungen, ihren ehemaligen Chef, den Leiter des Absatzmarktes, so sehr in Sorge zu versetzen, dass er beim Direktor um ein Gespräch bat, um ihn über die Missstände in der Vermittlung zu unterrichten. Inzwischen leitete aber ein anderer Direktor die Fabrik, der mehr über das Blindenwesen wusste, weil seine Frau sehbehindert war und mehrere Augenoperationen in Zürich, Wien und Bukarest über sich ergehen lassen musste. Im Sekretariat fragte ihn die Sekretärin nach seinem Anliegen. „Ich muss über eine sehr ernste Angelegenheit mit Genosse Direktor sprechen, die im Interesse unserer Fabrik ist." – „Gut, aber ich muss wissen, worum es geht, damit ich es Genosse Direktor sagen kann." Dann begann er das vorzubringen, was er von seiner ehemaligen Mitarbeiterin erfahren hatte.

Meine Frau befand sich in der Nähe, als er dies sagte, und als die Sekretärin sie sah, legte sie den Finger auf den Mund und gab ihr ein Zeichen, sie solle schweigen und ihn ausreden lassen. Sie fragte ihn, wie er sicher sein könne, dass alles, was er sagte, auch stimmte. „Das alles weiß ich von der Dame, die mit diesem Blinden arbeitet." – „Demnach glauben Sie den Lügen dieser Dame?", schaltete sich meine Frau ein. „Woher wissen Sie, dass es Lügen sind?", fragte der Leiter des Absatzmarktes, an meine Frau gewandt. „Weil dieser Blinde mein Ehemann ist!" Der Mann verstummte und wurde ganz rot vor Verlegenheit. Er schien über seine weitere Vorgehensweise nachzudenken, doch er hatte kaum Zeit zum Überlegen, weil sich just in dem Moment die Tür öffnete und er hineingebeten wurde. Sein Gespräch mit dem Direktor dauerte aber keine zwei Minuten. Er verließ das Sekretariat, ohne aufzuschauen oder ein Wort zu sagen.

Am nächsten Morgen rauschte Frau Florica gut gelaunt in die Vermittlung und setzte sich ans Pult. Bald darauf wurde sie gebeten, sich im Personalbüro zu melden. Hier wurden ihr drei Angebote unterbreitet, Stellen mit einem höheren Lohn. Die einzige Bedingung war, auf die Telefonistenstelle zu verzichten. Obwohl sie ein paar Tage Zeit hatte, in Ruhe eine Entscheidung zu treffen, lehnte sie sofort alle Angebote ab. Sie traf weinend ein und redete pausenlos, ohne dass jemand wirklich wissen wollte, was sie bewegte. Die Fabrik hätte viel zu leiden, wenn sie als Telefonistin wegfalle, zudem würden sich die Beziehungen zu der Firma, in der ihr Mann ein großer Chef sei, verschlechtern und so weiter und so fort.

Alle wurden sehr schnell fertig mit ihr, nur ich musste unter ihrer Anwesenheit leiden, und kein Ende war in Sicht. Nach so vielen Wochen und Monaten nervenaufreibender Arbeit mit dieser Frau fragte ich mich, wie lange ich das noch aushalten könnte. Seitdem ihr die drei Angebote gemacht wurden, wurde sie immer hinterhältiger, fasste mit einer Hand die meine, um mit der anderen alle Verbindungen zu unterbrechen. Als ich das merkte, schlug ich mit solcher Kraft auf das Vermittlungspult, dass alle Deckel von den Lampen wegflogen. Auch Frau Florica erschreckte sich, sprang sofort vom Stuhl auf und verschwand. In diesem Augenblick kam meine Frau zur Brotzeit. Als sie mich in diesem Zustand sah, fing sie an zu weinen und fragte, ob ich den Verstand verloren hätte. „Hat sie dir nicht schon genug angetan? Willst du jetzt auf die Straße geworfen werden?" – „Ja, genau das will ich! Man soll einmal und endgültig entscheiden, wer gehen muss und wer da bleibt. Von nun an werde ich nicht mehr arbeiten!" Als Frau Florica den Streit zwischen mir und meiner Frau hörte, setzte sie sich sofort ans Vermittlungspult und begann fröhlich zu arbeiten. Sie war fest davon überzeugt, den Kampf gewonnen zu haben und dass ich aufgeben würde. Die Leute wussten, dass ich da sein musste, weil sie auf bestellte Gespräche warteten, und fragten nach mir. „Er will nicht mehr arbeiten", sagte sie allen. „Warum denn?", wurde sie gefragt. „Das weiß ich nicht", war ihre schnippische Antwort, die sie mit auffallend kindischer Stimme vortrug.

Über mein eigenes Verhalten verärgert überlegte ich, was weiter zu tun wäre. Ich eilte in den Nebenraum und setzte mich mit dem Ingenieuren von der Elektroabteilung und dem Verwalter in Verbindung, um ihnen meine Entscheidung mitzuteilen. Der Verwalter, mein Chef, wollte nicht glauben, dass eine Frau so etwas tun konnte und versicherte mir, dass sich alles klären werde, dass es möglicherweise noch am selben Tag zu einer Entscheidung kommen werde. Von dem sehr nervenaufreibenden und schwierigen Tag war ich ziemlich erschöpft. Kurz vor Feierabend wurde Frau Florica zur Personalabteilung gerufen, wo ihr mitgeteilt wurde, was der Vorstand entschieden habe. Sie dürfe von nun an die Vermittlung nicht mehr betreten, die einzige Chance wäre, eines der drei Angebote anzunehmen. Sie kam weinend zurück, um ihre Sachen zu packen. Dabei musste ich mir anhören, dass allen ihre Entscheidung noch leidtun werde und dass sie lieber weggehe, als das, was man ihr vorschrieb, zu akzeptieren. Dann hörte ich endlich, wie sie die Tür so kräftig hinter sich zuschlug, dass die Wände erzitterten.

37.

Am nächsten Tag konnte ich es kaum glauben, mich allein bei der Arbeit zu sehen und mich nicht mehr gegen meinen ärgsten Feind verteidigen zu müssen. Aber das Gefühl, mich verteidigen zu müssen, wollte mich lange Zeit nicht verlassen. In der Zeit, die ich mit dieser Frau verbringen musste, war ich wegen der nervlichen Belastung und den schlaflosen Nächten so abgemagert, dass mich ein guter Wind hätte wegblasen können. Diese Prüfung, die ich unbedingt bestehen wollte, auch mit einer solchen Dame, war für mich die größte psychische Herausforderung meines Lebens. Ich hielt weiterhin fest an meinem Ziel, um allen zu beweisen, dass auch gut ausgebildete Blinde einen guten Job leisten konnten. Mein Traum, dessen Erfüllung während der Zusammenarbeit mit Frau Florica immer unmöglicher erschien, war wahrgeworden, und das mit Gottes Hilfe.

Als ich endlich allein geblieben war, versuchte ich, mich so schnell wie möglich von den Strapazen der letzten Wochen und Monate zu erholen und wieder einen klaren Kopf zu kriegen, um das, was ich mir vorgestellt hatte, in die Realität umzusetzen, und problemlos und ruhig zu arbeiten. Und nicht zuletzt um all denen, die immer gegen mich waren, zu beweisen, dass ich meine Arbeit aufgrund meiner Blindheit keineswegs schlecht machte und alle problemlos ihren telefonischen Verpflichtungen nachgehen konnten. Als Erstes ließ ich alle Lampen des Vermittlungspultes durch Taststifte ersetzten. Hier gab es auch einige Hürden zu bewältigen, bis ich die Zuständigen von der Bedeutung dieser Taststifte überzeugen konnte, damit es bei der Vermittlung keine Nachteile gab. Dann ging es an den Einbau der Taststifte. Dass ein solcher für einen Fernleiter oder Elektriker ganz einfach zu bewältigen war, konnte keiner verstehen, bis sie die Taststifte mit ihren eigenen Augen sahen. Die Lampen mussten lediglich rausgeholt und durch Taststifte ersetzt werden, die dieselben Funktionen übernehmen würden. Der einzige Unterschied war, dass da, wo eine Lampe aufleuchtete, nun ein Taststift herausfuhr, der zudem von einem Sehenden genauso gut wie die Lampe genutzt werden konnte. Da es mir gelungen war, sie von der Notwendigkeit dieser Änderung zu überzeugen, übernahmen die Zuständigen auch die Kosten, für die ich aufgekommen war, da ich mich zu Beginn meiner Anstellung dazu verpflichtet hatte, alle notwendigen Änderungen aus eigener Tasche zu bezahlen.

Als alles umgebaut war, wie ich es wünschte, konnte ich mich endlich auf meine Arbeitsverpflichtungen konzentrieren. Die Mitarbeiter gewöhnten sich schnell an meine Arbeitsmethoden und waren zufrieden, wie ich sie bediente. Einige von ihnen kamen persönlich zur Vermittlung, um sich zu bedanken, oder vielleicht auch aus Neugier, um einem Blinden bei seiner Arbeit über die Schulter zu schauen. Sie wollten alles wissen und wunderten sich, wie mühelos ich mit der Tastatur umging, wie ich alles so schnell schreiben und es dann auch noch mit den Fingern lesen konnte. Einige von ihnen waren mit der Zeit meine besten Freunde, waren bereit, mir zu helfen, wenn ich Vorschläge machte, wie man das Zimmer besser und schöner gestalten könnte. Ich wurde sogar vom Direktor und Bürgermeister mit einem Besuch überrascht. Letzterer hatte mir, als ich noch zu ihm in Audienz ging, versprochen, mir einen Besuch abzustatten, wenn es mir gelänge, einen solchen Arbeitsplatz zu ergattern, um sich selbst von dem, was ich ihm erzählt hatte, zu überzeugen. Er, der anfänglich ziemlich skeptisch war, war über die durchgeführten Umbauten überrascht, und als sein Blick auf die Blindenschreibmaschine fiel, bat er mich, sie ihm vorzuführen. Dann sagte er: „Ich hätte nicht gedacht, dass auch Blinde so gut ausgebildet sind." Bevor er sich verabschiedete, versicherte er mir, dass, solange er Bürgermeister sei, kein Blinder auf dieselben Schwierigkeiten in diesem Bereich stoßen müsse wie ich. Auch der Direktor erklärte, dass ich mich zu jeder Zeit an ihn wenden könne, wenn es Schwierigkeiten geben sollte, die ich mit meinem Chef nicht erledigen könne.

Auch die Leute, die sich von außen meldeten, wunderten sich, bei dieser Fabrik stets eine männliche Stimme zu hören. Einige baten dann, mit der Vermittlung verbunden zu werden, andere wunderten sich, als sie erfuhren, dass in einer so großen Fabrik ein Mann als Telefonist angestellt war. Sogar die Telefonistinnen der Ferngesprächvermittlung waren erstaunt, dass eine männliche Stimme die Ferngespräche bestellte. Als sich die Nachricht von dem blinden Telefonisten in der Porzellanfabrik mit Blitzgeschwindigkeit verbreitet hatte, waren alle Telefonistinnen unheimlich nett und freundlich. Ich hatte sogar das Gefühl, dass sie miteinander darum wetteiferten, wer mich am schnellsten bedienen sollte, als ich Ferngespräche bestellte. Mit einigen von ihnen hatte ich eine Menge Spaß, und ich hörte sie sagen: „Alles könnte viel schöner sein, wenn Sie nicht so alt wären." – „Was sagen Sie da, mein Fräulein? Ich habe kaum meine Karriere begonnen und soll auch schon in Rente gehen? Wenn sich einmal die Gelegenheit ergibt, uns zu treffen, werden Sie so etwas ganz bestimmt nicht mehr behaupten." – „Bitte entschuldigen Sie", sagte dann die nette Dame, „ich habe mich hinsichtlich Ihrer Stimme geirrt." Und so dauerte es nicht lange, bis auch dieses Rätsel gelöst wurde.

Als ich nach ein paar Tagen zur Post ging, um meine Telefonabrechnung zu bezahlen, fragte mich die Angestellte nach meiner Nummer und meinem Namen, den sie einige Male wiederholte. Als sie mir das Restgeld herausgab, hörte ich jemanden flüsternd fragen: „Ist das nicht der Telefonist von der Porzellanfabrik?" Ich wollte mich dazu nicht äußern, weil ich nicht direkt angesprochen wurde, und verließ den Raum. Als ich auf die Straße trat, begrüßte mich eine bekannte Frauenstimme: „Sind Sie vielleicht der Telefonist von der Porzellanfabrik?" – „Das bin ich in der Tat", sagte ich dann lachend, und sie fügte hinzu: „Nun kann ich mich mit eigenen Augen davon überzeugen, dass ich mich hinsichtlich Ihrer Stimme geirrt habe, denn Sie sind ja ein gut aussehender junger Mann. Ihrer Stimme nach hätte ich gedacht, dass ich es mit einem alten Mann mit weißem Bart zu tun habe."

Auch in der Fabrik hatte sich inzwischen die Atmosphäre sehr zum Guten entwickelt. Meine ehemaligen Feinde hatten sich geändert und sich mir zugewandt. Einige von denen, mit denen ich täglich häufiger verkehrte, schlugen mir vor, nach der Arbeit mit ihnen spazieren zu gehen. Endlich war es so weit, dass auch für mich bessere Zeiten anbrachen, die ich mir sehnlichst herbeigewünscht hatte, um ein bisschen mehr Freude und Zufriedenheit bei der Arbeit zu verspüren. In relativ kurzer Zeit war es mir gelungen, die Beamten, mit denen ich täglich in Verbindung stand, auf meiner Seite zu haben. Durch harte und ehrliche Arbeit hatte ich mir einen guten Namen gemacht.

Mein großes Glück war, dass ich sehr schnell alles im Griff hatte. Wenn jemand um die Telefonnummer einer Fabrik im Ort oder anderer Firmen bat, bekam er umgehend die Rufnummer, denn in unserer Stadt gab es keine Firma, von der ich nicht eine oder mehrere Rufnummern kannte. Und weil ich häufig angesprochen wurde, ob ich nicht die Abfahrtzeiten der Busse und Züge in Erfahrung bringen könnte, besorgte ich mir hierfür die geeigneten Fahrpläne. Als die Mitarbeiter feststellten, dass sie auch in diesem Bereich eine schnelle und richtige Auskunft erhielten, waren sie überrascht und fragten, woher ich das alles wüsste. Und weil man den Eindruck hatte, dass meine Fähigkeiten noch nicht vollständig ausgeschöpft waren, wurde mir der Vorschlag gemacht, mir auch die Verbindung mit der Sprechanlage herzustellen. Denn ich sei der Einzige, der jederzeit erreichbar war, was bei dringenden Durchsagen besonders wichtig war. Es reichte, eine solche Idee nur zu erwähnen, und sofort wurde ich vom Direktor angerufen, der mich fragte, was ich davon hielte. Zwar hatte ich genug zu tun, denn ich war allein mit so vielen Problemen, aber ich wollte mich ihrem Wunsch nicht widersetzen. So war es in ein paar Tagen so weit, dass ich mich auch mit den Durchsagen beschäftigen musste. Als die Mitarbeiter der Porzellanfabrik merkten, dass das eine gute Idee war und ich deren Umsetzung mühelos bewältigen konnte, wurde ich von vielen angerufen, die mir zu meinen Erfolg gratulierten. Sie fragten mich, wie ich so viele Daten in meinem Kopf speichern könnte. Das sei mit einem elektronischen Kopf vergleichbar, sagten sie. Und so erhielt ich in der Fabrik den Spitznamen „der elektronische Kopf". Ich spürte ihre Zufriedenheit und war stolz darauf.

Nach über acht Jahren hartnäckigem Kampf begannen auch für mich gute Zeiten. Es waren kaum ein paar Monate vergangen, seitdem ich mit meinem Job sehr zufrieden war, als mich die überraschende Nachricht erreichte, dass meine Kolleginnen und Kollegen vom Blindenbund sowie der Vorstand des Zentralverbandes und die örtlichen Behörden mich als Präsidenten unseres Blindenbundes wählen wollten. Zwar waren vorher schon solche Gerüchte im Umlauf gewesen, ich hatte sie aber nicht ernst genommen. Alle versuchten, mich davon zu überzeugen, dass ich als Ehrenamtlicher in all den Jahren viel für unseren Bund geleistet hätte, nun war die Zeit gekommen, die Früchte meiner harten Arbeit zu ernten. Ich wurde sogar von einem Politiker angerufen, der sich noch gut an mich aus der Zeit erinnerte, als ich zu ihm in Audienz ging. Er schien von der Nachricht sehr begeistert und wollte sie mir als Erster überbringen. Er erzählte, dass alle, außer einer Person, die mich nicht gehen lassen wollte, diese Entscheidung begrüßten. Das war mein Direktor, der mit meinen Leistungen sehr zufrieden war. Um mich an sich zu binden, bot er mir in den folgenden Tagen einen höheren Lohn an.

Eine solche Entscheidung zu treffen, fiel mir allerdings sehr schwer. Wenn all das geschehen wäre, bevor ich als Telefonist angestellt wurde, wäre mir eine Entscheidung leicht gefallen, da ich nichts zu verlieren hatte. Auch der Delegierte des Zentralverbandes aus Bukarest kam drei Tage vor der Konferenz und den Wahlen zu mir nach Hause, um mich davon zu überzeugen, dass ich als Einziger für diesen Posten in Frage käme, da alle mit mir einverstanden waren. Auch die Behörden hätten ihm zugesichert, dass sie mich bei Bedarf unterstützen würden.

Für mich war allerdings das Risiko zu groß, weil mich zu viele persönliche Gründe hemmten. Dann kam auch noch eine Überraschung, mit der ich niemals gerechnet hätte. Ein sehr guter Freund, der beim Absatzmarkt arbeitete, fragte mich eines schönen Tages nach der Mittagspause, ob ich etwas für den Nachmittag geplant hätte. „Vorläufig habe ich noch nichts vor." – „Gut, dann hole ich dich ab, und wir gehen direkt aus der Arbeit spazieren. Gib auch deiner Frau Bescheid, sie soll nicht mit dem Essen auf dich warten, es wird heute länger dauern." – „Wenn du es so wünschst, werde ich dir die Bitte nicht abschlagen."

Gesagt – getan! Nach Feierabend erschien mein guter Freund Sasu, um mich abzuholen. „Wir gehen über die Hügel, durch die schöne Landschaft", verkündete er gut gelaunt, „das ist viel schöner, und die Strecke ist kürzer. Durch die Stadt gibt es einen zu großen Lärm und den schlechten Treibstoffgeruch der Autos." Als wir uns der Stadt näherten, stießen wir auf ein neu eröffnetes Restaurant, das innen sehr modern eingerichtet war. „Was wäre, wenn wir hier essen gehen würden?" – „Na ja, normalerweise wäre das kein großes Problem, aber jetzt bin ich mit den Finanzen nicht vorbereitet." – „Du brauchst nicht vorbereitet zu sein, und obwohl ich weiß, dass dir der Lärm und der Rauch im Restaurant nicht gefällt, tu mir bitte den Gefallen. Wir gehen auch in einen Raum, in dem es nicht so viel Rauch oder Lärm geben wird." – „Na gut, wenn dies dein Wunsch ist, können wir gehen."

Wir durchschritten einen großen Raum, bis wir ans andere Ende des Restaurants gelangten, dann betraten wir einen kleineren Raum, in dem kein Lärm zu vernehmen war und in dem nicht geraucht wurde. Wir machten noch ein paar Schritte geradeaus, dann bog mein Freund nach links und sagte: „Stopp, wir sind da.

Ja, schau mal, der Tisch ist schon gedeckt, und auch der Schnaps und die Teller sind da. Und rings um den Tisch befinden sich meine Arbeitskollegen und unser Chef. Seit Langem haben sie sich gewünscht, einen schönen Feierabend zu verbringen und dich als Gast in ihrer Mitte einzuladen. Jetzt will ich dir mit allen Bekanntschaft machen. Das ist unser Absatzleiter". Dieser erhob sich und sagte, als er mir die Hand reichte: „Ich war einer deiner Feinde. Das, weil ich noch nicht wusste, was auch Blinde alles zu leisten vermögen, und vielleicht stand ich auch zu sehr unter dem Einfluss der Dame, die dir das Leben so schwer gemacht hat. Und jetzt bitte ich dich, mich für die unbedachten Äußerungen im Sekretariat zu entschuldigen."

Mit einem Mal wurde es ganz still im Raum. Dann meldete sich mein guter Freund Sasu zu Wort: „Nun bitte ich euch, das Glas zu erheben und mit mir auf unsere Gesundheit und ein langes Leben zu trinken. Ich wünsche euch allen eine schöne Unterhaltung, lasst uns singen und tanzen, solange es uns gut geht." Dieser Tag und viele andere werden mir mein ganzes Leben in Erinnerung bleiben und mich stets begleiten. So wie die Jahre, die ich in einer so tollen Fabrik verbracht habe, und die wunderbaren Menschen, mit denen ich zusammengearbeitet habe. Ich werde sie nie vergessen.